# GEBOREN IN HAAT
# HERBOREN IN LIEFDE

UITGEVERIJ ORTHODOX LOGOS

# GEBOREN IN HAAT
# HERBOREN IN LIEFDE

Klaus Kenneth

**Vertaald door Ariadne Westerkamp**

Oorspronkelijke titel:
"Born to Hate, Reborne to Love"
Mount Thabor Publishing; First edition (2012)
ISBN-13: 978-0977498390

Boekontwerp door Max Mendor

© 2022, Uitgeverij Orthodox Logos, Nederland

www.orthodoxlogos.com

ISBN: 978-1-914337-84-0
ISBN: 978-1-80484-062-7

Niets uit deze uitgave mag worden verveelvoudigd en/of openbaar gemaakt door middel van druk, fotokopie, microfilm of op welke andere wijze ook zonder voorafgaande schriftelijke toestemming van de uitgever.

KLAUS KENNETH

# GEBOREN IN HAAT
# HERBOREN IN LIEFDE

UITGEVERIJ ORTHODOX LOGOS

# INHOUD

HOOFDSTUK I - JEUGD EN PUBERTEIT . . . . . . . . . . . . .7

HOOFDSTUK II - OP DE VLUCHT . . . . . . . . . . . . 22

HOOFDSTUK III - ZWARTE KUNSTEN, NIEUWE WERELD . . . . 32

HOOFDSTUK IV - OP ZOEK NAAR HET LICHT IN INDIA . . . . 43

HOOFDSTUK V - REIS DOOR AZIË . . . . . . . . . . . . . . 57

HOOFDSTUK VI - HET 'ECHT LEVEN' HERWINNEN . . . . . . 72

HOOFDSTUK VII - WESTWAARDS . . . . . . . . . . . . . . 82

HOOFDSTUK VIII - HET LAND VAN DE POEMA . . . . . . . 96

HOOFDSTUK IX - TERUG NAAR HET OUDE CONTINENT . . . .106

HOOFDSTUK X - IN DE KATHEDRAAL . . . . . . . . . . .125

HOOFDSTUK XI - EEN NIEUWE LEVENSWIJZE . . . . . . . .141

HOOFDSTUK XII - GESCHENKEN . . . . . . . . . . . . .167

HOOFDSTUK XIII   GELD EN ANDERE ZAKEN . . . . . . . .182

HOOHFDSTUK XIV - DE HEUVEL VAN MOEILIJKHEID . . . .206

HOOFDSTUK XV - EEN NIEUWE DEUR OPENT ZICH . . . . . 217

HOOFDSTUK XVI - ONTFERM U OVER MIJ, EEN ZONDAAR . . . .228

# HOOFDSTUK 1
## JEUGD EN PUBERTEIT

'Geef maar toe dat je die appel hebt gepikt.'
'Nee!'
Pats! Een flinke klap van de achttienjarige jongen raakte mijn gezicht.
'Geef nou maar toe! Jij jatte die appel toch, of niet soms?'
'Nee, echt niet!'
Ik bleef wanhopig schreeuwen en werd keer op keer geslagen.
'Ik zag je het doen, dus geef nou maar toe!'
'Nee, nee!' protesteerde ik als vijfjarige.
Ik was helemaal bont en blauw geslagen, alles draaide om me heen en ik ging bijna knock-out.
Weer viel er een reeks klappen. Hoe meer ik er kreeg, hoe meer ik volhardde die jongen te haten die mij, een klein kind, sloeg.
'Helemaal niet!' riep ik, 'Ik heb helemaal geen appels gepikt.'
Op dat moment kwamen de volwassenen tussenbeide, gelukkig voor mij, en onze ouders, geschokt door wat ze zagen, trokken ons uit elkaar.
In mijn hopeloze toestand won ik al snel hun medelijden en geen van hen had nog aandacht voor de schuldvraag. Ik had wel degelijk een appel van onze verhuurders boom gestolen, maar mijn trots en mijn haat voor mensen in het algemeen waren te sterk om dat onder ogen te zien en ik ging liever dood dan het toe te geven.
Ik was slecht, haatte de wereld en in ruil daarvoor haatte de wereld mij terug. In de daarop volgende jaren heb ik wel twintig keer aan de dood weten te ontsnappen—door verbranding, vergassing, verdrinking, messteken, slangenbeten, drugs, oorlog, zelfmoord, ongelukken, kogels, demonen, lynchen—God weet hoe! Na verloop van tijd raakte ik ervan overtuigd dat God echt alwetend is. Zijn Gratie die ons uitzoekt en ons door en door kent tijdens de verschrikkingen en de hel waar ik doorheen ging altijd mijn redding geweest. Ik was altijd al een dromer van mooie dromen. Helaas viel ik

keer op keer ten prooi aan de valstrikken van de wereld omdat ik de fout beging om mensen te vertrouwen. Ik kwam er al gauw achter dat de wereld zo'n slechte plek was, dat het niet waar kon zijn. Maar goed, mijn enige hoop was mijn vertrouwen in andere mensen.

Het hele trieste verhaal begon in feite al voor mijn conceptie. Mijn moeder leek me nooit helemaal geaccepteerd te hebben; ze kon het leven zelf niet eens accepteren. Hoe moet dit nu opgevat worden? Tegenwoordig, bij de Gratie van de Heilige Geest, kan ik de demonen herkennen en onderscheiden hoe hun machten en de vorstendommen van de duisternis en andere (verkapte) occulte krachten iemands leven kunnen beïnvloeden, zonder dat die persoon zich ervan bewust is waarom hij bepaalde keuzes maakt—tenminste, zolang hun manier van leven hen buiten de macht van Gods Gratie weet te houden.

De duistere machten staan vijandig tegenover het leven. De Schrift getuigd ervan dat occulte invloeden geërfd kunnen worden en kunnen teruggaan tot maar liefst vier generaties (Exod. 20:5). Dat verklaart mijn moeders houding en waarom ze er niet toe in staat was om lief te hebben, ook al wilde ze kinderen hebben. Dit werd waarschijnlijk veroorzaakt door haar contact met geesten of omdat ze dit, op haar beurt, van haar moeder geërfd had. Of wellicht had ze zelf ook nooit ouderlijke liefde ontvangen. Ik denk dat haar verlangen om dingen te bezitten die haarzelf zouden overleven—ze had tussen de twee wereldoorlogen immers al haar bezittingen verloren—de reden was voor de bezittelijke liefde die haar uiteindelijk fataal werd. Vanaf het moment dat ik geboren werd stond ik zonder twijfel onder de invloed van deze destructieve krachten, en voordat ze stierf vertelde ze me vaak over haar relaties met de geestelijke wereld en dingen over haar eigen moeder. Door deze ervaringen was mijn moeder niet in staat om nieuw leven aan te nemen —met andere woorden, mij. Ik heb het niet over een bewuste beslissing, maar de staat van haar ziel.

Op een dag was ik in een diepe meditatie, toen ik deze afwijzing van mijn moeder persoonlijk doorleefde. Mijn ziel leefde vanaf het eerste moment van de conceptie en door de kracht van een onbekende geest kon ik voelen—en wel heel duidelijk—dat ik was, dat ik leefde. Ik wist dat ik leefde. Maar dit duurde maar een fractie van een seconde, want er was ook een andere 'geest', de vijand van de liefde, in het hart en de ziel van mijn moeder, die dit 'nieuwe leven' aanviel: dit veroorzaakte een erg sterke innerlijke explosie. Ik spatte als een zeepbel uiteen.

Mijn 'wezen', nog maar net verschenen, spartelde in de pijn van die dodelijke ervaring, terwijl mijn onsterfelijke ziel wist dat ik niet langer in leven was. Ik was me ten volste van deze toestand bewust.

Biologisch gezien, echter, ontwikkelde ik me normaal en toen ik negen maanden later geboren werd, zag ik niet 'het licht', maar de duisternis van de wereld en dat op tweevoudige wijze.

Ik werd geboren in mei 1945 in een klein dorpje ten westen van Praag. Mijn ouders hadden echter geen enkele verbintenis met dit oord. Mijn moeder kreeg de weeën terwijl ons gezin angstvallig naar het zuiden trok, vluchtend voor de bombardementen van de geallieerden in Berlijn, waar mijn ouders tot kort daarvoor een relatief luxueus bestaan hadden geleid. Mijn moeder was een beroemde operazangeres, mijn vader dirigent. Toen het leger der geallieerden binnenviel, trokken ze weg met mijn twee oudere broers—van twee en één jaar oud—hopend een zuidelijker gebied te bereiken waar verwanten hen onderdak zouden kunnen bieden. In het begin reisden ze op een hooiwagen.

Op hun weg door het huidige Tsjechië werden ze omringd door griezelige herinneringen aan de haat die het Nazi-Duitsland om zich heen had gezaaid onder zijn tegenstanders. Steden en dorpen waren plat gebombardeerd en afgebrand, met als resultaat een bloedbad van Duitse soldaten die aan lantaarnpalen hingen. Maar ze bleven doorgaan, vastbesloten om aan het Rode Leger dat vanuit het oosten oprukte te ontsnappen. Alleen mijn komst deed hen voor een moment stoppen. Mijn moeder moest ergens gaan liggen omdat de weeën te hevig werden. De vroedvrouw die mijn vader vond was bij aankomst stomdronken en dus zag mijn vader zich genoodzaakt om zo goed hij kon bij te staan bij de geboorte. Enige tijd daarna werd ik in een kribbe van een oude winderige stal geplaatst. Dat was echter niet van lange duur, want er naderden soldaten. Mijn ouders pakten hun drie kinderen en sprongen op een goederentrein die ons naar het zuidwesten moest brengen.

Die reis werd abrupt beëindigd toen iemand met rauwe stem vanuit de trein schreeuwde: 'Eruit!' Alle vluchtelingen werden wakker en kropen angstvallig bij elkaar. Nog voordat ze konden gehoorzamen, begon iemand alle passagiers met een machinegeweer te doorzeven. Mijn ouders hadden geen idee over de identiteit van de aanvallers. Maar op wonderbaarlijke wijze wist ons gezin te overleven door het boze geschiet van een Amerikaanse soldaat die ingreep om een bloedbad te voorkomen. Pas veertig jaar later zou mijn vader mij vertellen over mijn eerste ontsnapping aan de dood.

Later zou ik nog een tweede overlevingservaring hebben op weg naar Zuid-Duitsland. Er was geen voedsel te vinden en ik stond op het punt om te verhongeren. In haar wanhoop ging mijn moeder bij alle ziekenhuizen langs om om voedsel te bedelen. In een povere houding liet ze mij aan de dienstdoende dokters en verplegers zien, maar hun antwoord was koel en duidelijk:

'Je mag van geluk spreken als je je kind nog een dag of twee bij je draagt—hij zal sterven. Er is geen kruimeltje eten te krijgen....' Maar ineens verscheen een aardige Amerikaanse soldaat die mijn moeder twee blikjes gecondenseerde melk en wat ander voedsel overhandigde om te overleven. Alweer een teken dat de hemelse liefde van God zijn beschermende hand boven de kleine Klaus hield, die bleef leven.

Mijn moeder, een jonge, aantrekkelijke vrouw, stond echter nog andere kwellingen te wachten. Eenmaal aangekomen in de zuidelijke stad Augsburg, werd ze uit de veetrein, waarmee we gereisd waren en waarin we ons verborgen hielden, getrokken en meegesleurd naar het kantoor van de stationswacht. Even later werd ze, met een bleek vervormd gezicht en gescheurde kleren, weer terug de wagon ingeduwd. Jaren later, kort voordat ze stierf, vertelde ze me met tranen in haar ogen wat ze destijds had moeten doorstaan om niet door de soldaten te worden vermoord.

Nadat we ons in Biberach hadden gevestigd, waren de omstandigheden nog steeds erg moeilijk daar er een ernstig voedseltekort heerste. Maar ik had een robuust gestel; ondanks de hongersnood bleef ik groeien. Het gebrek aan voedsel was niets vergeleken bij het gebrek aan liefde.

Mede door de erbarmelijke materiële omstandigheden, maar ook om diepere persoonlijke redenen, was mijn moeder niet in staat om mij moederlijke liefde te tonen. Noch was mijn vader—een charmant maar nutteloos persoon—sterk genoeg om het gezin door die hopeloos moeilijke jaren heen te helpen. Kort nadat we ons nieuwe thuis hadden, verliet hij mijn moeder. Wat tot gevolg had dat ik de leiding en bescherming van een vader nooit zou ervaren.

Het vluchtelingenleven trok hem kennelijk niet; hij dacht waarschijnlijk dat hij beter verdiende dan het eten van de aardappelschillen die vaak het enig beschikbare voedsel vormden. In het nieuwe stadje was de toestand echter niet veel beter. Mijn moeder had soep gemaakt van brood dat ze van de buren had gekregen, maar hij gooide het regelrecht het raam uit. Gezien zijn grove en ongevoelige gedrag was het misschien maar beter om geen vader te hebben.

Wat mijn moeder betreft, ze was zo materialistisch dat ze niet in staat was echte onvoorwaardelijke liefde aan mijn broers en mij te geven. Misschien was dat een van de redenen dat ze zoveel had moeten inboeten. Op het hoogtepunt van haar operacarrière had ze veel geld verdiend en werd ze gevleid door haar publiek. Haar thuisstad Berlijn lag inmiddels in puin en de theaters waar ze had opgetreden waren plat gebombardeerd. Maar haar problemen waren niet alleen van materiële aard; als ik in haar ogen keek, zag ik geen moederlijke tederheid maar iets afschrikwekkends en duisters, waardoor ik de drang voelde om weg te rennen.

Zo had ik geen enkel gevoel van veiligheid en was ik een vreemde in mijn eigen huis. Al vanaf dat ik klein was nam ik vaak de benen en bleef ik meerdere dagen weg. Vaak stond ik dan in de straat te wachten tot Amerikaanse tanks voorbijreden in de hoop dat de soldaten me wat droog brood of koekjes zouden toewerpen. Met wat geluk deden ze dat ook.

Uit louter pervers kinderlijke nieuwsgierigheid dronk ik wel eens het regenwater uit plassen en slikte soms de wormen in die aan het oppervlak dreven. In de nacht, zelfs al toen ik vijf of zes was, klom ik op het dak en probeerde te ontsnappen via de goot. Met de tijd werd ik er steeds behendiger in en verliet dikwijls onopgemerkt het huis, terwijl mijn moeder dacht dat ik in bed lag.

Zelfs op die zeer jonge leeftijd voelde ik me aangetrokken tot kerkhoven en alles dat met de dood te maken had. Tijdens mijn nachtelijke escapades slenterde ik over de begraafplaats en deed ik soms een dutje op de graven. Ik testte de grenzen van mijn moed en tegelijkertijd probeerde ik me te verbergen voor de onvriendelijke wereld. Misschien bood de dodenwereld een beter alternatief, of misschien waren mijn eenzame wandelingen op de één of andere manier we een zoektocht naar sterke emoties als vervanging voor ouderzorg. Het leek erop dat mijn broers beter tegen deze moeilijke familiaire omstandigheden bestand waren dan ik. Hoe dan ook, ik had de neiging om altijd anders te zijn dan andere kinderen. Dat maakte me eenzaam en kwaad.

Soms sliep ik de hele nacht op een graf en wenste ik dat de wezens van de doodse duisternis me kracht zouden schenken om te leven en een doel aan mijn leven zouden geven. Soms glipte ik 's middags het lijkenhuis vlak bij de begraafplaats binnen en raakte de lijken aan. Ze hadden een soort magische aantrekkingskracht op mij. Ik voelde een machtige kracht in mijn binnenste, de macht van wanhoop en haat. Ik haatte mijn moeder en alle andere volwassenen. Ik haatte de wereld om me heen, de school, mijn leraren en deze haat veranderde in wanhoop.

Mijn verlangen om de nacht te verkennen was vooral sterk bij volle maan. Soms, met name bij mijn eerste pogingen om uit het huis te ontsnappen, ging ik onbewust door naar de zolder. Mijn moeder vond mij dan slaapwandelend op de trap naar boven en leidde mij weer terug naar mijn bed. Op de momenten waarop ik gedwongen was om in bed te blijven, leed ik aan slapeloosheid en slechte gedachten. Ik lag dan maar te woelen of schreeuwde van de mentale pijn. Ik behoorde tot geen enkele wereld en voelde geen liefde om me heen. Het gebrek aan liefde hing over me heen als een dreigende schaduw die alle licht in duisternis veranderde. Alles wat ik mij nu van die tijd herinner is gebrandmerkt door kilheid, leegte, verdriet, eenzaamheid en vrees. Er was geen enkele plek waar ik me thuis voelde. Hoe kon ik geloven dat God een plan, een zin, een missie voor iedereen had? Als iemand me dat verteld zou hebben, zou ik het belachelijk gevonden hebben.

Omdat ze voelden dat ik anders was, begonnen de kinderen in de buurt me te pesten en te vernederen. Het interesseerde me niet om aan hun voetbalwedstrijden mee te doen, maar ze probeerden me te dwingen. Soms schopten ze me alsof ik de bal was. Dit was niet alleen een lichamelijke, maar ook een mentale en geestelijke kwelling. Ik was hulpeloos aan hun wilde spelletjes overgeleverd en niet in staat om mezelf te verdedigen. Als er nou tenminste één iemand bij was geweest die me zou accepteren, maar nee... niemand wilde me.

Ik wist niet hoe het was om een vriend van mijn leeftijd te hebben of om ergens toe te behoren en me op mijn gemak te voelen. Ik werd gestikt door mijn moeders zogenoemde 'liefde'. Nadat ik de hele dag was weggeweest voelde ik angst om ons huis binnen te gaan en die vrouw tegen het lijf te lopen die, ondanks dat ze zichzelf mijn moeder noemde, het er altijd over had dat ze maar beter dood had kunnen zijn. Mijn persoonlijke naam voor haar was 'vrouw van de duisternis'.

Louter haar aanwezigheid maakte me al bang, maar haar blik nog meer. Mijn gevoel dat er iets verschrikkelijks in haar afspeelde werd, naar ik me sindsdien realiseerde, bewaarheid. Op een dag nam ze mij en mijn broers naar de keuken, vastbesloten om ons en haarzelf te vermoorden door het gas van het fornuis aan te zetten. Ik heb geen bewuste herinnering aan dit incident, ze vertelde het mij op haar sterfbed. Hoe dan ook, haar moordpoging mislukte. Het was noch de eerste noch de laatste keer dat God mij redde van een gewisse dood.

Uit nood smeedde ik mijn eigen wereld, een wereld vol met helden die voor het recht tegen de slechteriken vochten en ongerechtigheid ongedaan maakten. Het idee dat er zoiets als gerechtigheid bestond had ik uit stripboeken geleerd. Mijn favoriete held was een prins, Leeuwenhart genaamd, wiens leven één grote strijd was. Ik had fantasieën over hoe ik wraak kon nemen op alle volwassenen voor wat ze mij hadden aangedaan.

Als gevolg begon ik mijn eigen wetten te maken. Pogingen om in mij de gangbare regels van het menselijk gedrag in te prenten mislukten; ik werd afgeschreven als 'niet op te voeden'. Maar dat weerhield me er niet van mijn eigen regelcodes uit te vinden. Ik luisterde naar niemand, niet naar mijn moeder, noch naar de nonnen in het kinderdagverblijf—die mij vernederden door een pleister op mijn mond te plakken als ik te veel praatte—of mijn andere leraren. Ook had ik geen respect voor de politie, met wie ik regelmatig in conflict kwam.

Toen ik opgroeide begon mijn opstandige houding op te vallen bij andere jongeren, zij voelden dat ik een gevoel voor leiderschap in me had en al snel werd ik omgeven door andere 'straatjongens' en was ik hun leider. We plachten roofovervallen te plegen bij de lokale winkels. Soms waren er conflicten met andere straatbendes, die dan met stenen en katapulten werden uitgevochten en eindigden met bloedende hoofden en blauwe ogen.

Om ongestraft te kunnen overleven werd ik een expert in liegen en wist ik mijn straatavonturen voor mijn moeder en leraren te verbergen. Als het thuis te moeilijk werd, trok ik me terug in het nabijgelegen bos, waar ik een natuurlijk verdekte plek had gevonden en een vrij comfortabel bed van bladeren en twijgen had gemaakt. Niemand vond me daar; het was een plek waar ik in alle rust mijn plannen en fantasieën kon bedenken.

Ik was vastbesloten me aan geen enkele autoriteit over te geven. Maar soms kwamen de autoriteiten achter me aan en had ik met vreselijke straffen te maken. In haar woede sloeg mijn arme moeder mij dan met een vuurtong terwijl ze mijn broeders om assistentie vroeg. Zij strekten mij uit op de vloer—de ene hield mijn armen en de andere mijn benen vast—en mijn moeder sloeg erop los tot het lichaam dat voor haar lag bloederig en onbeweeglijk was. Mijn broers huilden van de schok van wat ze hadden moeten doen. Mijn moeder wist niet beter. Ik vraag me nog weleens af wie van ons tweeën zwakker was?

Als een groep mensen van elkaar houdt en elkaar respecteert is hun menselijke energie en dynamiek als water in een correct hydro-elektrisch systeem dat in een positieve richting stroomt en een enorme kracht ontketent. Maar in mijn wereld leek mijn water in een dun straaltje eindeloos naar beneden te sijpelen tot een moreel niveau dat lager dan laag was.

Mijn haat jegens de wereld en mijn vastbeslotenheid om wraak te nemen, werden steeds groter. Onder de continue regen van slaag en pijn, zwoor ik aan mezelf om nooit een traan te laten noch enige emotie te tonen. Als ik dat zou doen, dan was dat een teken van zwakte en zouden de anderen hebben gewonnen. Ik gunde volwassenen een dergelijke overwinning niet. Integendeel, vanaf mijn vijfde zwoor ik nooit ook maar één traan te laten en die belofte heb ik de daarop volgende 28 jaren gehouden, totdat er iets gebeurde dat mijn opeengehoopte pijn en verdriet ontketende.

In plaats van mijn gevoelens te tonen, spendeerde ik veel van mijn jeugd aan het beramen van plannen die mij macht zouden opleveren. Er zou een dag komen waarop ik de machtigste zou zijn, daar was ik zeker van. Maar hoe ik dit doel zou bereiken, plande ik heel secuur: om te beginnen hoe ik mensen zo zou kunnen beïnvloeden dat zij net zoals ik zouden worden. Ik werd een kameleon die elke kleur kon aannemen en elk masker kon opzetten. Ik merkte dat ik met deze techniek tot in de ziel van de mensen kon doordringen en in hun huid kon kruipen. Soms speelde ik de hansworst— of om het even welke andere rol die noodzakelijk was om mijn doel te bereiken.

Pas toen ik machtig genoeg was om over mijn kwelgeesten te heersen, hield ik op met het ontwikkelen van deze vaardigheden.

In mijn latere puberjaren werden er duistere psychologische trucs tegen mij gebruikt, die zo sinister waren dat zelfs ik niet in staat was ze tegen te gaan.

Ondanks al mijn problemen, was ik gemotiveerd en intelligent genoeg om tot een goede middelbare school te worden toegelaten. Maar ik misdroeg me vanaf het begin door mijn leraren uit te dagen en vandalisme te plegen. Ik denk dat ik van mijn generatie één van de eersten was met lang haar en die slogans op muren sprayde. Na één termijn had ik het schoolrecord van 76 waarschuwingen in het klassenregister behaald en ik had de schorsgrens al bereikt. Ik hunkerde naar een beetje aandacht en het maakte niet uit of ik dat op een positieve of negatieve manier kreeg. Ook al lukte het me soms een academisch succesje te behalen, het kon het hiaat van liefde in mij niet opvullen.

Klaus was altijd het zwarte schaap die beschuldigd werd voor elke ongelukkige gebeurtenis of kleinzielige misdaad. Ik werd vals beschuldigd en dat maakte me woedend. Het kleine beetje gevoel van eigenwaarde dat ik nog over had werd ondermijnd door de bereidheid van anderen om elke gelegenheid om negatief over me te denken aan te pakken. Ik kreeg het gevoel dat het niet uitmaakte wat ik deed, ik werd toch altijd beschuldigd; het was alsof ik in een val was gelopen waar ik niet meer uit kon ontsnappen.

In het hele dorp begonnen de mensen te geloven dat ik schuldig was aan alle misdaden die er plaatsvonden. Mijn reputatie was zo slecht, dat de politie me dikwijls zelfs op school uit de les haalde om me op het politiebureau te ondervragen. Ik herinner me nog dat ik een keer drie dagen gevangen zat en drie Chinezen leerde kennen die Maoïsten waren. In mijn verlangen om ergens toe te behoren nam ik hun ideeën over en onderhield ik een paar jaar contact met hen, terwijl ik artikelen schreef voor hun tijdschrift 'China in beeld'. Gearresteerd en beschuldigd te worden werd een herhaaldelijk ritueel. Zelfs als de beschuldigingen klopten, voelde ik toch ongerechtigheid. Ik snakte naar een andere wereld waar een andere interpretatie van eerlijkheid bestond. In die wereld werden mijn wanhoop en eenzaamheid enigszins gerustgesteld.

Hoe meer ik mij als een rebel gedroeg, hoe sneller de psychologische toestand van mijn moeder achteruitging. In haar verwarring combineerde ze haar intensieve praktijk van het katholicisme met het experimenteren met spiritualiteit en pogingen tot het contact leggen met dubieuze spirituele entiteiten. Tegelijkertijd ging ze elke dag naar de mis en huilde ze in de kerk. Achterafgezien besef ik hoezeer ze geleden moet hebben. Natuurlijk toonde ze belabberd haar woede en irritatie als ik weer eens met de politie in aanraking kwam; en natuurlijk was haar raad altijd dezelfde, namelijk dat ik moest bekennen daar alle bewijzen tegen mij waren. Emotioneel hadden we beide een punt bereikt waarop we niet meer terug konden— we konden elkaar niet meer uitstaan.

Als laatste poging sleepte ze me mee naar de kerk. Ik herinner me nog hoe ze naast mij neerknielde en luid zuchtend begon te bidden: 'Mijn God, ik kan het niet langer verdragen. Ik kan met dit ellendige kind niet langer samenleven. Neem hem Alstublieft van mij weg!' En toen wendde ze zich naar mij en zei: 'Klaus, van nu af aan moet je weten dat je niet langer mijn zoon bent en ik niet jouw moeder. Ik kan je niet meer hebben.'

Daarna vervolgde ze haar gebed, dit keer tot de Moeder Gods, en ik hoorde haar zeggen: 'Maria, Moeder van onze Heer, ik draag hem over aan Uw zorgen.'

Dit was haar manier om aan al haar moederlijke verantwoordelijkheden te ontsnappen. Misschien zag ze dit als een bevrijding en misschien was dit ook wel het beste. Dit was tevens niet de eerste en laatste keer dat er een beroep werd gedaan op de Moeder Gods, maar haar leidende hand was mij toen nog niet duidelijk—dat kwam pas veel later.

Wat betreft mijn moeder kwam er redelijk snel een antwoord op haar gebed. Een rooms-katholieke priester bood haar aan mij onderdak te verschaffen in zijn huis. Zo kon ik bij hem logeren en op dezelfde school blijven. Hij runde een jeugdorganisatie in het dorp dat 'Nieuw Duitsland' (*Neues Deutschland*) heette, waar ik lid van was. Hij verzekerde mijn moeder ervan dat hij mij goed zou opvoeden. Ze was opgelucht dat haar puberale en ogenschijnlijk ontembare zoon—die zoveel lastiger was dan haar andere twee zoons—eindelijk 'in goede handen' was. Ze was voor altijd van hem verlost.

Niet lang na haar gesprek met de priester veranderde ik van logies. Zoals later zou blijken ging ik van een moeilijk, slecht functionerend huishouden naar een dat nog veel erger was, maar dat was niet vanaf het begin duidelijk. Ik kan niet zeggen dat ik die mollige klerk van middelbare leeftijd echt mocht, maar op dat moment was alles beter dan bij mijn familie te blijven.

Kort na mijn verhuizing werd ik door de klerk geïnstrueerd: 'Klaus, kom om 20.00 uur naar mijn kantoor en breng een pasfoto mee.' Aanvoelend dat er iets niet in de haak stak, bracht ik de rest van de middag gespannen door.

Het was inderdaad een vreemde ontmoeting. Ik zat voor hem en hij legde mijn pasfoto op zijn bureau, nam een kleine zilveren pendel uit zijn zak en hield het boven de foto. De pendel begon uit zichzelf heen en weer te zwaaien, ondanks dat hij zijn vingers niet bewoog. Toen mompelde hij een paar voor mij onverstaanbare woorden en aan de toon van zijn stem maakte ik op dat het een soort gebed was. Hij leek een onzichtbare hulpbron aan te spreken voor hij mij begon te ondervragen. Inmiddels besef ik dat er niets goed of heilig was aan de hulp die hij opriep.

'Heb je vandaag je huiswerk gedaan?'

'Ja.'

De pendel begon naar één kant te bewegen. Ik hield zijn vingers nauwlettend in de gaten.

'Je liegt', antwoordde hij.

Ik moest bekennen dat hij gelijk had, maar ik had nog steeds het gevoel dat hij een of andere truc uitvoerde.

'Had je lunch met je moeder?' 'Nee.'

Weer bewoog de pendel heel langzaam. Ik loog bewust om te controleren of hij inderdaad mijn onwaarheden kon detecteren. Het leek erop dat hij dat inderdaad kon.

'Je liegt alweer.'

Verrek! Hoe kon hij dat nou weten? Wat was dit voor vreemd spelletje? Omdat ik zijn vreemde talent niet kon begrijpen, lette ik extra goed op, maar dit hielp mij niet om de psychologische druk die hij op mij uitoefende te weerstaan. In feite slaagde hij er na een aantal van die sessies in om mijn wil te breken.

Het was op een van die avonden dat ik de dodelijke bedoelingen achter zijn daden begon door te krijgen. Dit is hoe de gebeurtenissen elkaar opvolgden.

De priester verzon een nieuwe algemene regel: 'Als je ooit nog eens na tien uur 's avonds thuiskomt, kom dan alsjeblieft naar mijn kamer zodat ik weet dat je veilig bent thuisgekomen en er niks met je is gebeurd; dan slaap ik wat rustiger.'

Een paar dagen later kwam ik rond elf uur 's avonds thuis. Van een afstand kon ik zien dat er boven in de huiskamer nog licht brandde. Toen ik de sleutel in de voordeur stak, ging het licht ineens uit. Hij moet dus haastig naar zijn bed hebben gerend. Waar slaat dat op? Ik naderde zachtjes zijn slaapkamerdeur om mezelf 'te melden' en hem een goede nacht te wensen. Het was duidelijk dat hij deed alsof hij zich te rusten had gelegd, terwijl kort daarvoor het licht in de huiskamer nog gebrand had.

'Goedenavond', zei ik luid, nadat ik voorzichtig zijn slaapkamer had betreden. Waarom gaf hij geen antwoord? Ik deed nog een poging: 'Ik ben thuis, ik ga nu naar bed'.

Er volgde een lange stilte, oneindig en vreemd. Door de spleet van de deur, die ik half geopend had viel het licht uit de gang naar binnen. Ik begon me erg ongerieflijk te voelen; weer hoorde ik dat rare gegrom, dezelfde geluiden die hij had gemaakt toen hij die vreemde 'gebeden' had gepreveld. Er liep een koude rilling over mijn rug terwijl ik daar zo hulpeloos stond. Het voelde alsof een metalen hand mijn nek greep en me probeerde te wurgen. Iets klopte van geen kant, iets dat me normaliter uit die kamer zou hebben gedreven—ja, echt gedreven—maar ik realiseerde me plotseling dat ik niet langer de kracht had om weg te rennen. Waar was mijn kracht, mijn eigen wil? Ik stond ineens aan de grond genageld en werd door angst bevangen. Uit louter paniek merkte ik dat mijn keel droog werd, woorden werden opgeslokt en angst maakte zich van mij meester. Met een provocatief, slijmerig en zoet stemmetje gaf hij zijn volgende bevel: 'Kom dichterbij!'

Geschokt kreeg ik een vermoeden van wat mij te wachten stond en met al mijn innerlijke kracht verzette ik mij tegen zijn poging om met occulte krachten mijn weerstand te breken. In mijn gedachten was hij veranderd in een weerzinwekkende varkensachtige figuur. Ik werd duizelig en begon mijn bewustzijn te verliezen, zo bang was ik.

'Kom hier!'

Zijn stem, nu nog afstotender, nam een dreigende toon aan. Ik verzette me. Het was alsof ik in een trance raakte. Ik vocht in mijn wanhoop tegen de persoon en de krachten die poogden mij te strikken. Alles in mij verzette zich ertegen die vier stappen naar het bed te zetten—ofwel de afgrond die dat bed vertegenwoordigde—want het was duidelijk dat mij daar de hel te wachten stond. Dit verfoeilijke individu zat op mij te wachten. Er viel een dreigende stilte, hij bromde en gromde af en toe. Ik was geslagen door een storm en mijn ziel was gekweld. Ik kon geen kant meer op.

Op dat moment haatte ik mijn moeder. Zij was verantwoordelijk voor wat er op dat moment gebeurde. De politie haatte ik nog meer, want die stond het toe dat dergelijke monsters bestonden. Ik haatte, ik haatte en was afkerig van de volwassenen om mij heen, die mij enkel konden uitbuiten en kwetsen zoals dit zwijn nu aan het doen was. Ik haatte alles, de hele wereld inclusief mezelf, want hier kon ik mezelf met geen mogelijkheid verdedigen. Maar ik wilde het ook niet opgeven. Mijn haat gaf me kracht, kracht om mij te verzetten tegen dit weerzinwekkende iets dat mij en mijn lichaam te wachten stond. Terwijl ik daar aan de grond genageld stond, gingen de uren voorbij. Er was in het halve donker een wekker te zien. Om middernacht was ik al tamelijk uitgeput; om twee uur 's nachts kon ik al bijna niet op mijn benen blijven staan van de kramp in mijn spieren; vier uur 's ochtends—hoe moet ik straks opstaan en naar school gaan?; om vijf uur 's ochtends klapte ik in elkaar als een lekke fietsband, bijna flauwvallend op zijn bed. Dat was het moment waarop hij me te grazen nam....

Ik was kapot!

In mijn vieze en besmeurde staat liet hij mij gaan. Ik trok mijzelf naar boven naar mijn kamer, waar ik verbleef tot ik moest opstaan om naar school te gaan. Gedurende die anderhalf uur werd ik gekweld door gedachten over hoe ik die vent, die mij zojuist van mijn ziel had beroofd, zou kunnen vermoorden. Het regelmatige misbruik van mijn ziel en lichaam ging nog zeven jaar door, zowel overdag als 's nachts. Mijn weerstand werd gebroken door zijn dreigementen om mij weer naar huis te sturen. Hij wist natuurlijk dat ik daar bang voor was. Zelfs vandaag de dag lijd ik nog onder de pijn in mijn ruggengraat, benen en voeten die ik direct associeer met de vreselijke dingen die ik als puber heb moeten doorstaan. Een ware hel in de vorm van bedrog, huichelarij en afpersing, gepraktiseerd door zogenoemde christenen, vond in mij een nieuw slachtoffer.

Ten gevolge van die veeleisende huiselijke omstandigheden, gingen mijn schoolprestaties drastisch omlaag. En dus betaalde deze wellustige priester voor privélessen bij een leraar die hij kende en begon een nieuwe ronde van kwellingen. Terwijl ik mijn Latijnse oefeningen maakte, merkte ik plotseling een koude hand op die onder de tafel langzaam over mijn dij naar boven gleed. Mijn bloed werd koud. Terwijl ik de Latijnse werkwoorden uit mijn hoofd probeerde te leren had deze monsterlijke pedagoog mij uitvoerig bestudeerd.

Ongeveer zeven jaar later, toen ik begin 20 was, vertelde ik al die verschrikkingen aan mijn moeder. Haar antwoord was verwoestend: 'Je liegt, pater R. is een katholieke priester, die kan niet liegen! Jij liegt!'

Dat waren mijn eerste ervaringen met georganiseerd christendom. En alsof zijn eigen misdaden niet genoeg waren, zond deze kwelgeestelijke me tot overmaat van ramp ook nog naar een katholiek theologisch seminarium in Rome. Hij hoopte namelijk dat ik op een dag voor priester zou gaan studeren; hij zei dat het goed voor me zou zijn om de 'institutie' zelf ook eens te zien. Ik was toen 21 en zat in de eindexamenklas van de middelbare school (mijn verbrokkelde academische carrière had wat vertraging opgelopen). Toch ging ik erheen, want ik hield van reizen. Op een nacht beklom ik heel zachtjes de trap van een toren omdat ik er vreemde geluiden vandaan hoorde komen. Ik opende de metalen deur op een kier om naar binnen te kijken. Bij het tafereel dat ik daar aanschouwde waren een zestal priesters van het seminarium betrokken en wat ze daar aan het doen waren was reden genoeg om snel de deur dicht te trekken en vol walging te vluchten, een gedempte kreet van verschrikking beving mijn ziel.

Die episode maakte een eind aan het verhaal van mijn ervaringen met het christendom—of, beter gezegd, wat zich voordoet als het christendom. Ik kwam tot de conclusie dat ik de rest van mijn leven niet alleen de zogenaamde christenen zou vermijden als de pest, maar ze voortaan ook vol minachtig en haat zou bejegenen en ze zou proberen te vernietigen.

In mijn haast om aan de verschrikkingen die ik had doorleefd te ontsnappen, liep ik het risico om in een diepere afgrond te vallen, een pad waar niet van terug te keren zou zijn. Als het christendom een illusie of zelfs iets erger was, bestonden er dan wel enige waarden die de moeite waard waren om volgens te leven? Kende het menselijk cynisme en bedrog dan geen grenzen? Alles, zo voelde het, was pretentie en een vermomming.

Mijn late tienerjaren waren echter niet uitsluitend gevuld met grillige studies en vernederingen aan de handen van een onwaardige priester. Ik had ook andere kanten, zoals die van een vrije geest die van reizen hield en die van een toenemend populaire en relatief betoverende figuur in de opkomende rock scene.

In die tijd voelde ik me voor niets en niemand verantwoordelijk; ik was zo vrij als een vogel. Wie had het morele recht om mij ter verantwoording te roepen in een wereld vol hypocrieten? Als God ooit in mijn leven was geweest, dan was Hij er nu zeker niet meer. Soms was ik vervuld van een soort wanhopige innerlijke energie die was verstrengeld met haat, wat mijn drang tot macht enkel stimuleerde; want ik vond geen vrede en ik was bang om openlijk actief aan deze miserabele wereld deel te nemen.

Een andere belangrijke hartstocht was mijn dringende behoefte aan een vader. Maar hoe meer ik naar een vaderlijke figuur zocht, hoe meer ik tot de conclusie kwam dat de potentiële kandidaten in mijn leven onwaardig waren. Het was alsof ik de wind najoeg.

In feite was de storm een van de dingen die ik echt leuk vond. als het hard waaide dan ging ik aan de rivierkant of in een veld zitten en liet me door de windvlaag aaien. Ik kon waarnemen hoe het door mijn haar ging en mijn gezicht raakte.

De wind was min of meer mijn vader. Ik had natuurlijk wel een moeder op de conventionele manier, maar ik noemde haar 'koningin van de nacht', want al van kleins af aan was de duisternis waarin zij zich hulde tastbaar voor mij. Ik had ooit een nachtmerrie waarin mijn moeder in een vochtig, donker graf zat dat uit een rots was gehouwen. Haar fascinerende natuurlijke schoonheid hield mij geketend; ik kon me niet bewegen; ik was beheksd en pas toen zij het sein gaf dat ik dichterbij kon komen, was ik weer in staat om te lopen. Hoe dichterbij ik kwam, hoe afschuwelijker haar gezicht werd. Van een afstand was ze mooi en stralend geweest, maar terwijl ik haar naderde vond en er heuse transformatie plaats. Tegelijkertijd strekte ze haar klauwen uit waarmee ze me naar zich toetrok, alsof ze met haar hoektanden mijn bloed wilde uitzuigen. Ik schrok schreeuwend wakker. In mijn bewuste dagelijkse leven was ik bang voor mijn moeder, maar een innerlijke drang bracht mij ertoe om haar in al mijn vrienden en kennissen te zoeken, wanhopig om haar liefde te vinden en te bezitten.

Er was geen enkele waardige en goede figuur in mijn leven bij wie ik respect kon vinden. Als ik wilde overleven moest ik een nieuw gevoel voor zelfwaarde en zelfvertrouwen vinden. Toen ik zeventien was dacht ik een dergelijk doel in mijn leven gevonden te hebben na een beatband opgericht te hebben die redelijk bekend werd in Zuid-Duitsland. Ik had allang door dat ik het muzikaal talent van mijn ouders had geërfd. Onze stad organiseerde jaarlijks een bekend jazzfestival en toen ik 15 jaar oud was waren er bekende groepen die me vroegen om banjo voor hun te spelen. Zo was het dus een logische stap om uiteindelijk ook mijn eigen band, geïnspireerd door de Beatles, op te richten. We noemden die *'The Shouters'*. Er waren voor mij natuurlijk genoeg dingen om over te schreeuwen en ik deed er alles aan om mijn publiek te choqueren en mezelf daarmee berucht of belangrijk te maken. Plotseling kreeg ik de erkenning, die mij voorheen ontbrak.

Mijn naam werd genoemd in schoolopstellen en kranten schreven over mijn activiteiten. Deels vanwege mijn haren op schouderlengte, wat in strijd was met alle gangbare begrip van fatsoen, werd ik bekend in het stadje.

Hoewel ik daar best trots op was, werd het probleem van eenzaamheid daarmee niet opgelost. Noch kon seks met fans en groupies mijn verlangen naar liefde niet bevredigen. In veel gevallen was ik zo grof tegen mensen, dat mijn gedrag ertoe leidde dat er stenen naar me werden gegooid, wat mijn negatieve gevoelens jegens de mensheid in het algemeen enkel versterkten. Niemand wist wat er werkelijk in mij omging. Enerzijds verachtte ik mensen en verlangde ik naar wraak, anderzijds verlangde mijn hart naar ware liefde.

*Ik overleefde de eenzaamheid met mijn gitaar en meisjes*

# HOOFDSTUK II
# OP DE VLUCHT

HET SUCCES VAN DE BAND kwam mijn innerlijke onrust enigszins ten goede, maar ik was nog steeds aan het vluchten voor mijn moeder, mensen in het algemeen en van mezelf. Ik was ervan overtuigd, en niet zonder reden, dat iedereen om me heen ziek was, al was ikzelf ook niet helemaal gezond.

Onder de omstandigheden waaronder ik opgroeide was het een wonder dat ik het uithoudingsvermogen had om door mijn jeugd en jonge volwassen jaren heen te komen. Een van de dingen die me staande hielden, was de krachtige gedachte van wraak. Eén ding stond als een paal boven water: ik stortte me niet en kon me niet storten op een conventionele studie en carrière zoals mijn broers en schoolvrienden dat deden. Ik kan me zelfs niet herinneren er überhaupt over nagedacht te hebben welk beroep ik zou doen, want ik wist dat ik er eerst achter moest komen wie ik was en waarom ik bestond op deze wereld. Ondanks de vele ergernissen leek het erop dat ik nog steeds een soort geloof in iets had, een geloof dat tot zover nog niet vernietigd was door mijn ervaringen. Dit vage geloof—dat er een mogelijkheid voor iets beters bestond—werd het levensdoel van de 'prins der duisternis'; dat realiseer ik me nu.

Zonder al te veel enthousiasme begon ik aan een studie in Tubingen, die mij zou kwalificeren als literatuur- en sportdocent. De verhuizing naar een andere stad bracht twee voordelen me zich mee: een ontsnapping aan de slijmerige priester en de kans op rijkdom en faam als disc jockey.

Het leven op de universiteitscampus bood mij tevens de gelegenheid om mij in linkse politiek te mengen, wat destijds doorheen alle universiteiten van Europa en de wereld waaide. Na een hoop militant gepraat over de noodzaak om 'alle tradities te vernietigen' en leuzen die mensen aanmoedigden om 'te vernietigen wat jou vernietigde', begon ik met het bezoeken van een serie bijeenkomsten in een studentenflat. De retoriek van deze bijeenkomsten was er uitsluitend een van hoe de staat ten val gebracht kon worden; de hoofdspreker was Andreas Baader, medeoprichter van de Baader-Meinhof Gruppe van burgerguerrilla's.

De groep was actief nieuwe leden aan het werven en maakte duidelijk dat het niet zou wijken voor betrokkenheid bij gewelddadige acties als dat een effectieve manier zou zijn om gehate kapitalistische doelwitten op te blazen. Voor mij was hun nihilistische gepraat als vers water voor een dorstige ziel, want in mijn hoofd bestond de staat uit volwassenen, oftewel de vijanden die mijn jeugd hadden verpest. Mijn lidmaatschap in de groep bestond uit deelname aan zitbezettingen en gematigde daden van vandalisme, zoals het in brand steken van een bank. Ik nam echter nooit deel aan terroristische aanvallen; want ondanks mijn negatieve ervaringen had ik weinig behoefte aan het plegen van ernstig geweld. En in mijn naïviteit was ik mij niet bewust van de ware motieven van Andreas Baader.

Hoewel de vernietiging die ik anderen toebracht zeker zijn grenzen kende, was ik wel in staat om mezelf te vernietigen. Door de muziekwereld begon ik namelijk te experimenteren met drugs—in het begin voorzichtig door het gebruik van heroïne en cocaïne, wat een aantal kennissen van me wel gebruikten, te vermijden.

In die tijd werkte ik als disc jockey in Tubingen van 18.00 tot 02.00 's nachts. Er was nooit een tekort aan vrouwelijk gezelschap, maar op een dag ontmoette ik een jonge vrouw die zich op de een of andere manier onderscheidde van de rest die de club probeerden binnen te komen. Haar verschijning en kleding waren typisch voor onze generatie: een minirok, lang haar en een bloesje met bloemetjes. Maar, in tegenstelling tot de andere vrouwen die ik tot dan toe had leren kennen, had ze een sterk gevoel voor spiritualiteit.

Ze sprak over 'het innerlijke licht', over echte waarden en over liefde. Ze bracht me boeken over psychologie en vond redenen voor mij om een cursus psychoanalyse te volgen. We hadden een lange discussie over filosofie. Ze zei me vaak, op een vriendelijke manier, dat ik aan de oppervlakte een 'slechte hond' was, maar dat ze daaronder een dierbare en gevoelige ziel waarnam. Ziel? Dat was een onbekend begrip voor mij. Overdag was ik een succesvolle sportstudent en 's nachts een populaire disc jockey waarmee ik zat geld verdiende. Ik was trots op mijn bekendheid. Ik reed rond in een turkooiskleurige Amerikaanse Chevrolet, droeg zilverkleurige schoenen en een witte pelsjas met roze lijntjes en was omgeven door een stel jonge vrouwen. Om die reden was ik niet onder de indruk van haar theorieën aangaande mijn vreselijke spirituele leven, zoals ze dat beschreef. Hoe kon een wildebras als ik begrijpen waar dit nieuwe vriendinnetje in geloofde?

Mijn oude haat werkte nog steeds in mij, evenals mijn behoefte om anderen te gebruiken en te beheersen.

Daarom was het niet gezond om mij bij je te hebben. Het was voor iedereen praktisch onmogelijk een serieuze relatie met mij op te bouwen. Echter, Ursula—zo heette ze—betaalde een extreem hoge prijs voor haar liefde. Het was onmogelijk om haar taal te begrijpen. Gevangen als ik zat in de beschermende gevangenis om mij heen was ik niet bereid om nog meer leed te riskeren door mij open te stellen voor de echte liefde die zij voorstelde. Het was genoeg om de 'liefde' van mijn moeder te hebben ervaren.

Ursula´s liefde was—mits ik het begrepen had—een soort helende pil, die ik in zijn geheel had moeten doorslikken: de zoete buitenkant en een bitter smakend maar helend deel in het midden. Maar het was niet aan mij besteed. In elke relatie was ik er immers aan gewend geraakt om alleen van het zoete te genieten en de rest uit te spugen.

Maandenlang leed Ursula onder het feit dat ik mij enkel van mijn duistere kanten liet zien en weigerde om mezelf te verbeteren. Ondanks dat zij de enige persoon in mijn leven was die mij blijvende liefde kon geven, stuitten haar herhaaldelijke pogingen om mijn hart te verzachten altijd op een bot obstakel. Uiteindelijk, uitgeput, werd ze tot zelfmoord gedreven. Ongeveer 6 uur lang keek ik toe hoe ze vocht tegen de dood nadat ze een overdosis slaappillen had ingenomen en liet haar uiteindelijk alleen terwijl ze bijna in haar braaksel stikte.

Een deel van mij— een groot deel— wilde van haar af zijn. Ze stoorde mijn wereld met haar liefde voor mij. In haar aanwezigheid voelde ik mij schuldig en daar haatte ik haar voor. Dat is het enige waar ik me van bewust was. Maar ook toen was Gods liefdevolle zorg sterker.

Toen ze bijna dood was rees er in mij een onbeschrijflijk gevoel op. Mogelijk greep Hij in om Ursula´s leven en mijn ziel te redden. Ik ging naar de telefoon en belde een ambulance. Maar ik was niet ineens in een engel was veranderd. Zo cynisch was ik namelijk, dat ik me uit de voeten maakte nog voordat de ambulance arriveerde, naar Nice, om een ander vriendinnetje te ontmoeten.

Toen stopte ik mijn studie in Tubingen en bleef een paar weken in Nice. Ik was al die filosofie, psychologie en al die andere dingen die ik met Ursula gelezen had spuugzat. Wat had ik er nou aan om zoveel boeken te verslinden? Misschien hadden zij mij wel verslonden. Met mijn problemen onopgelost en als een blinde koning bleef ik zitten op mijn troon van trots, en legde ik de schuld bij iedereen behalve mijzelf. Deze miserabele en vervloekte situatie begon ondraaglijk te worden. Alweer vroeg ik me af of er überhaupt wel geluk bestond op de wereld en zo ja, waar dan? Als een reiziger in Kafka's romans hoopte ik in elke bocht de zin van het leven te vinden en erachter te komen dat er niets nieuws onder de zon was.

Op een dag besloot ik om mezelf te vermannen en ik ging weer op reis. Bevangen door een plots gevoel van hoop verliet ik Nice en vertrok ik rechtstreeks naar Hamburg, waar Ursula vandaan kwam. Ik hoorde dat ze weer hersteld was en tot mijn grote verbazing was ik daar diep door geraakt. Ik vroeg me af: zou de relatie die in Tubingen begon een nieuwe kans kunnen krijgen? Misschien was het voor Ursula en mij dan toch mogelijk om een blijvende relatie op te bouwen. Ondanks dat haar theorieën me vaak irriteerden, had ze toch ook iets fascinerends: haar verlangen naar de ultieme waarheid en het weigeren van alles dat minder was dan dat. Ik besloot om het verband een kans te geven, we trouwden. Al was ik nog wel in dubio; aan de ene kant zocht ik namelijk stabiliteit, maar aan de andere kant—als aanhanger van de hippiecultuur—had ik een hekel aan de bourgeoisinstelling van het huwelijk. Misschien wilden we allebei wel een lesje aan haar vader leren, die het ver had geschopt in het legale beroepsleven. Hij had een bloedhekel aan me (helemaal na haar zelfmoordpoging) en deed er alles aan om zijn dochters 'wilde' relatie te verbreken. Zo gingen Ursula en ik op een dag naar het stadhuis.

'Goedemorgen, we willen vandaag nog trouwen.'

'Ho eens even, niet zo snel ... dat gaat zomaar niet.'

'Wanneer kan het dan wel?'

'Volgende week, op zaterdagochtend.'

''s Ochtends is te vroeg voor ons, we staan laat op. Kunt u ons zo laat mogelijk trouwen?' verzochten wij.

'Goed dan. Het is wel een ongebruikelijk verzoek, want ons kantoor is 's middags gesloten, maar vooruit, voor u zullen we een uitzondering maken en wat later van start gaan. Hebben jullie getuigen en een fotograaf?'

'Nee, die hebben we niet, maar ik wil me deze dag sowieso niet herinneren,' antwoordde ik.

'Maar je moet een getuige hebben om het huwelijk te kunnen voltrekken,' zei de klerk.

'Wel, dat kan uw secretaresse toch doen?'

De week ging voorbij en de volgende zaterdag meldden we ons zonder begeleiding voor ons huwelijk. De ambtenaar was erg aardig en zei dat we bij elkaar pasten. Hij probeerde aardig te zijn. Na de ceremonie wenste hij ons veel geluk, maar tijdens een gesprek dat daarop volgde liet ik een opmerking ontglippen die mijn ware opvatting over het huwelijk duidelijk maakte:

'Hoe dan ook, binnen de kortste keren zijn we weer gescheiden.'

Ik wilde hem laten zien dat ik het huwelijk niet zo serieus nam. De uitdrukking op zijn gezicht, die tot nog toe vriendelijk was geweest, veranderde plotseling. Hij was geschokt. Dat was nou precies het effect waarnaar ik op zoek was, verstoren, de gevestigde opvattingen van de mensen om mij heen vernietigen bij elke gelegenheid.

De volgende stap na het wettelijke huwelijk werd direct genomen. We verlieten formeel onze christelijke kerken—de protestantse in haar geval en de katholieke in het mijne. Ik had wat boeken gelezen over de geschiedenis van de katholieke kerk, over de kruisvaart, de inquisitie, paus Pius XII en zijn ambivalente houding tegenover het nazisme. dat leidde ertoe dat ik niets meer met deze institutie te maken wilde hebben.

In plaats van de zegen van de kerk te ontvangen, zocht ik genezing en geluk in de hedonistische, kosmopolitische sfeer van Hamburg, wat in die tijd een veelbelovend vooruitzicht gaf. Wat ik niet wist, is dat de duivel een geavanceerde meester is die zelfvernietiging van een aangenaam aura kon voorzien zonder dat wij ons bewust zijn van de prijs die we daarvoor betalen. Wat bood de vernietiger aan onder het mom van geluk? Wat waren zijn tactieken? Een geobsedeerd hunkeren naar geluk, opgebracht door drugs, begon mijn leven te beheersen, zelfs toen ik in Tubingen was. Maar hier in Hamburg was het kwaad mijn ware meester geworden. Gedurende de daaropvolgende zes jaren waren mijn denken en wil onder zijn invloed. Mijn relatie met Ursula hield amper een jaar stand. Mijn brein en denkwijze werden beheerst door seksueel genot, alcohol en verdovende middelen, variërend van paddo's tot marihuana maar ook chemische substanties. Mijn wens om mensen te domineren, omdat ik bang was ze als gelijke tegemoet te moeten treden, kende geen grenzen. Ik trad steeds dieper in de val van vals geluk dat door deze illusionaire verlokkingen werd geboden. Als ik ergens wel gelijk in had, dan was het mijn begrip dat de koude, analytische logica van het Westen niet het hele antwoord op het leven bood. Ursula had me geholpen dat te begrijpen. Maar de alternatieven die ik vond vormden een dodelijke misvatting. Wellicht het ergste gevolg van een leven dat geleden wordt op basis van chemisch genot wel dat het me wederom in een diepe eenzaamheid wierp. Onder invloed van drugs was ik harder geworden en met een gereduceerd gevoel voor verantwoordelijkheid bleef ik mijn gedrag rechtvaardigen en de benardheid van mijn levenssituatie ontkennen.

Na een aantal zelfvernietigende jaren had ik vreselijke, vreeswekkende visioenen. Het soort beelden dat je bijvoorbeeld op de hoezen van heavy metal-albums ziet. Mijn toestand bracht mij ertoe om al na één joint gerookt te hebben mijn vrienden als monsters te zien. Dat had met hen niks te maken, ik projecteerde enkel mijn innerlijke demonen op de mensen om mij heen. Op een gegeven moment veranderden alle hoofden van de mensen om me heen in doodshoofden. Tijdens dergelijke ervaringen of 'visitaties' raakte ik buiten adem en zweette ik van angst. Ik had een wanhopige behoefte aan liefde, maar mijn toekomst begon er steeds hopelozer uit te zien.

Of, om het op een andere manier uit te drukken, ik was een dorstige schipbreukeling, maar kon niets anders te drinken vinden dan zout water uit de oceaan. Hoe meer ik mij overgaf aan chemische 'pleziertjes', des te meer ze mij benauwden; het werd langzamerhand onmogelijk om deze vicieuze cirkel te doorbreken. Mijn wilskracht was vernietigd; in plaats van het beloofde geluk te vinden, bracht het mij niet alleen vernietiging van mijn lichaam, maar ook van mijn ziel, wat nog veel erger was.

Het kon echter nog erger. Want terwijl ik in de goot van de maatschappij leefde, lag het voor de hand dat weldra ook criminaliteit de kop op zou steken. Om mijn drugs te bekostigen, begon ik met winkeldiefstal en met het stelen van pornobladjes in de winkels van Reeperbahn—Hamburg's beruchte rosse buurt—die ik dan hopelijk weer aan toeristen kon doorverkopen. Ik werd meermaals opgepakt en voor de rechter gesleept, hoewel ik nooit langer dan een paar dagen vastzat. Pornografie werd mijn nieuwe wereld. Mijn naakte lichaam verscheen in alle roddelbladen; ik was altijd bereid als model te werken voor wat extra geld. Was dat het soort liefde waarnaar ik op zoek was? 's Nachts zong ik in volksclubs en nachtclubs in Hamburg en dronk ik alcohol in overmaat om mijn eenzaamheid, de zinloosheid en het gebrek aan vriendschap te vergeten. Eén herinnering uit die tijd maakte aan me duidelijk hoe diep en deerlijk ik vereenzaamd was. Wanneer ik langs de achtertuinen van de Reeperbahn liep, aaiden de prostituees me weleens over mijn haar of mijn wang— niet om me te paaien, maar als erkenning van een vertrouwde figuur. Die kleine gebaren deden soms mijn hart smelten; ze waren de enige echte tederheid die ik sinds lange tijd had ervaren. De meeste tijd was ik nog steeds aan het wegrennen voor mezelf, de politie, mijn moeder, de wereld en God. En ik was nog geen stap dichterbij het verlangde geluk gekomen.

Ik had nooit een vader in wiens opdracht ik trots de wereld in had kunnen gaan. Er was niet één vaderlijke figuur in mijn leven die ik kon uitdagen als een 'verloren' zoon. Hoe stoer en opstandig ik me ook voordeed, ik was niet veel meer dan een verfrommeld boomblaadje dat door de wind door de straten werd gejaagd tot het uit het zicht verdween.

Als student aan de universiteit van Hamburg (al was ik er een die niet veel tijd op de campus doorbracht), deed ik graag mee aan demonstraties tegen de staat en het kapitalisme, ook al nam ik ze verder niet zo serieus. Er was voor mij weinig voor nodig om ervan overtuigd te raken dat de maatschappij verantwoordelijk was voor mijn situatie. De slagzin was 'anarchie' en dat klonk als een oplossing voor al mijn problemen.

De anarchistische ideologie stond mij toe om al mijn grieven te verplaatsen naar het sociale systeem dat enkel bedrog was, corrupt, en nog steeds in handen van de kerk. Ik had nooit gedacht dat die 'wind' zou kunnen keren; politieke en persoonlijke haat konden zich gemakkelijk omvormen tot een vorm van zelfvernietiging doordat ik een koude, ongevoelige en eenzame wolf geworden was. Mijn leed stond in mijn gezicht gekerfd al wilde ik dat zelf niet toegeven; als ik 's ochtends in de spiegel keek, staarde een bang spook, misvormd en grotesk, naar me terug.

Mijn tarten van de wet werd steeds gevaarlijker en het werd voor anderen steeds moeilijker om me te stoppen. Uiteindelijk had ik immers toch niets te verliezen? In mijn ziel had zich een diepe holte gevormd, gevuld met verbittering, die onmogelijk weer opgevuld kon worden met alcohol, seks of andere drugs. Ik kon de innerlijke misère niet meer aan en had een weg uit deze situatie nodig. Is er wel een weg, vroeg ik me af, die tot waar geluk zou kunnen leiden? Zo kon ik in ieder geval niet doorgaan.

Op een dag, ik leefde destijds alleen in Hambrug, bereikte ik een punt van diepe eenzaamheid waarop de dood me in het gezicht staarde en de enig mogelijke uitweg aan me voorstelde. Ik probeerde zelfmoord te plegen. Echter, de slaappillen hadden geen effect en mijn 'wens' werd niet ingewilligd—mogelijk had mijn lichaam er na zoveel drugs inmiddels een weerstand tegen opgebouwd. Mijn systeem was gewend aan gif en gaf geen sjoege. Onmiddellijk probeerde ik het nog eens door drugs en een grote hoeveelheid alcohol te nutigen. Half ontkleed, dronken en waggelend ging ik de straat op in een temperatuur van -22 graden. Ik verloor geheel mijn oriëntatie in het donkere park en stelde me voor dat de sneeuw en de witte vorst Caribisch zand waren. Niet lang daarna lag ik te stuiptrekken in een doornstruik. In het holst van de nacht strompelde en kroop ik door de bramenstruiken, onder de krassen, vies en bloederig … ik trilde en ging liggen om te sterven in de kou; maar in die zwarte nacht werd ik gevonden door een kennis, hij bracht me naar binnen en haalde me weer over te leven. Aangezien ik het wederom overleefd had, was ik waarschijnlijk vervloekt om niet te kunnen sterven! En aangezien ik het zelf niet voor elkaar kreeg, laat anderen het dan proberen! Zo dacht ik. Ik zou me zo onbehoorlijk gaan gedragen, dat een ander me wel zou moeten vermoorden.

Zo had ik op een dag bijvoorbeeld brandstof gestolen. Binnen een paar minuten was ik omsingeld door garagehouders, die er als sterke beren uitzagen. Ik zag ze aankomen, maar rende niet voor ze weg. Binnen enkele minuten was ik tot moes geslagen met metalen staven. Hoe anders kan ik dat hebben overleefd dan de tussenkomst van God?

En later, in een nachtclub in Hamburg, vielen ongeveer tien zeelieden, die eruitzagen als Chinezen, me aan nadat ik ze geprovoceerd had. Binnen een paar seconden zat ik onder het bloed en gooiden ze me onder een tafel om daar dood te bloeden. Maar ik werd naar het ziekenhuis van de haven gebracht—om een half uur later weer te vluchten vanwege mijn achtervolgingsangst. Ondanks dat ik leed onder een hersenschudding en vreselijke hoofdpijn, reed ik 1.500 kilometer naar Marseilles. Bij een andere gelegenheid beschermde God me toen een man, wiens vrouw ik verleid had, een mes op mijn keel zette. Zijn moordintentie was absoluut duidelijk en ik wist heel goed wie er schuldig was. Hoe kan ik ook daar aan zijn ontkomen? Weer later werd er door een beruchte crimineel, die ik belazerd had, een revolver op mijn borst gedrukt. Hij had me al dagen achtervolgd en gedreigd me te doden. Ineens stond hij voor me in het dimlicht van de gang in mijn appartement. Wat een schrik! Toch overleefde ik het weer. In diezelfde periode van mijn leven beleefde ik nog een andere ontsnapping in New York, toen ik me in de buurt riskeerde van het zwarte bolwerk van Harlem. Ik was al gewaarschuwd dat het een gevaarlijk gebied was voor blanken, maar marcheerde naar binnen in witte shorts en mijn borst ontbloot. Onmiddellijk was ik omsingeld, twee keer zelfs, door zwarte mannen die me probeerden te beroven onder bedreiging van een pistool. Beide keren wist ik ongedeerd te ontkomen. Soms vraag ik me af: was Satan zijn medewerker aan het beschermen, of was het de hulp van een God, die ik nog niet had waargenomen, wiens liefdevolle genade niet kon aanzien hoe Zijn creatie zou worden vernietigd? Ik hoop dat het laatste het geval was.

Op een keer in Hamburg werd er aan de deur gebeld. Ik gluurde door het gordijn en zag dat het mijn moeder was die meer dan duizend kilometer had gereisd om mij, haar zoon, weer te zien. Het was inmiddels lang geleden dat ze iets van me gehoord had. Maar helaas haatte ik haar en haar bezitterige natuur zo erg, dat ik de gedachte haar weer te zien niet kon verdragen en vond dat ze dus maar beter weer terug kon gaan naar waar ze vandaan kwam. Ik zag haar door het gordijn, maar bleef heel stil. Mijn deur bleef stevig dicht. Kort na mijn moeder's afgebroken bezoek deed ik een heel serieuze poging om mijn leven te beëindigen. Dit keer was ik er zeker van dat, als ze me vonden, ze me dood zouden vinden. Dat gebeurde nadat ik

*Ursula kwam werkelijk als een geschenk uit de hemel*

op een middag om drie uur wakker werd—ik sliep meestal tot die tijd uit na een avond met drugs en alcohol in een club. Ik voelde me afzinken in een diep, donker gat. Ik kon gewoon niet langer op deze manier verder leven. Uiteindelijk besloot ik om van het balkon van mijn flat op de vierde verdieping af te springen in de betonnen achterplaats om zo een eind aan mijn kwelling te maken. Alles in mij was dood. Ik was bereid om me in de afgrond te storten, mijn hele lichaam bibberde. Ik was helemaal alleen en er was dit keer niemand die me zou kunnen redden.

Toen gebeurde er iets merkwaardigs. Op het moment dat ik richting de balkondeur liep om tot deze fatale daad over te gaan, voelde ik de aanwezigheid van iemand achter mij. Ja, echt; de herinnering is zo helder als water. Ik voelde dat iemand achter mijn rechter schouder stond. Iemand die straalde en een ongelooflijke warmte over me uitspreidde; een warmte die tot diep in mijn ziel doordrong. Tot mijn verbazing hoorde ik ook een luide stem zeggen: *'Je bent niet alleen.'*

Die stem was zo vol van troost, hoop en warmte dat mijn verstokte, eenzame hart smolt als ijs in een zomerse zon. Ik kon mezelf niet meer van het balkon storten.

# HOOFDSTUK III

## ZWARTE KUNSTEN, NIEUWE WERELD

ONDANKS EEN KRACHTIG BERICHT van troost en zekerheid te hebben ontvangen, was ik toch nog niet klaar om het volledig te accepteren. Echter wist ik niet precies wat voor betekenis het nu werkelijk had. Ik wist niet Wie er met mij gesproken had. Het was voldoende geweest om mijn fysieke leven te redden, maar op dat moment niet om ook mijn ziel te redden. Binnen de kortste keren bevond ik mij weer op het verkeerde pad, door een valse spiritualiteit te volgen die wederom tot de dood zou leiden. Zoals ik me nu realiseer bereidde de 'engel van licht', Lucifer de grote bedrieger, een serie valstrikken voor me door me de illusie te geven dat ik het geluk kon vinden in louter slimme menselijke uitvindingen.

Om te beginnen reisde ik steeds verder weg. In Hamburg lukte het me om wat geld te sparen en daar ging ik dan. Ik vond dat ik mijn land en de rationalistische denkwijze van het Westen moest verlaten. Paradoxaal genoeg ging mijn zoektocht—in ieder geval in het begin—in westelijke richting, naar de Verenigde Staten van Amerika. Het was niet de gebruikelijke Amerikaanse cultuur die me interesseerde, maar die van de 'Indianen', zoals ik me dat voorstelde. Ik was bereid om de 'Nieuwe Wereld' te ontdekken en reisde ongeveer 40.000 kilometer, doorheen de lengte en breedte van de V.S., Mexico, Canada en zelfs naar het vrieskoude Noorden. Het was tamelijk goedkoop om in de Verenigde Staten rond te reizen—door te liften, door mee te reizen met de zogenaamde Greyhound-bussen of door zelf te rijden voor mensen die hun auto van de ene naar de andere plek vervoerd wilden hebben.

In mijn verwarring hoopte ik dat de Indianen me een beter begrip van het leven en de menselijke natuur konden bijbrengen, alsmede hoe je over andere mensen kunt heersen. Ondanks dat ik een aantal avonturen en ontmoetingen had met Navajo-indianen, gebeurde er niets bijzonders. Om wat voor reden dan ook vond ik geen kracht, geen liefde, noch wijsheid in de dingen die ze mij vertelden.

Soms nam ik ook discriminatie jegens blanken waar, wat wellicht een onvermijdelijk resultaat was van een tragisch verleden. Wel vond ik een zekere kennis en expertise, maar waar was de geest die me in Hamburg van de dood redde?

Zelfs toen ik nog in Duitsland woonde had ik 5 boeken van Carlos Castaneda verslonden. I was geïntrigeerd door de 'aangepaste staat van bewustzijn' waar je in kunt geraken na het nemen van mescaline (de favoriete drug van een inheems Mexicaans volk) of eenvoudigweg door het uitvoeren van fysieke en mentale oefeningen. Ik experimenteerde al met die oefeningen en raakte wel degelijk in een staat die vergelijkbaar was met de ervaringen van gebruikers van heroïne en soortgelijke drugs. Zo was een reis naar Mexico zeer verlokkelijk.

Om te beginnen werd ik Mexico niet binnengelaten. Hippies met lang haar werden niet toegelaten vanwege 'Acapulco Gold', oftewel: drugs. Het moment was gekomen om te verifiëren of de geesten die Casteneda beschreef wel of niet bestonden. Als ze wel bestonden, dan zouden ze me nu toch zeker wel kunnen helpen om de Mexicaanse grens over te steken? Ik concentreerde me heel diep en riep de geesten aan om me te helpen. En ziedaar, een soort 'wonder' gebeurde. Dezelfde douaneambtenaar die me eerst de toegang tot het land had geweigerd, begon nu mijn transport te regelen. Mijn verbazing was compleet. Terwijl ik aan de Amerikaanse kant van de grens stond te wachten, zag ik aan de Mexicaanse kant een grote, zwarte, sinistere limousine staan en had het gevoel dat die auto voor mij gekomen was. Mijn intuïtie was correct. De Mexicaanse douaneofficier, die in het begin zo onvriendelijk was geweest, kwam naar me toe en vertelde dat er een plaats voor me vrij was in die wagen. Ik was zowel nieuwsgierig als een beetje bang. Ik voelde vreemde krachten uit die donkere auto komen die mij waarschuwden om niet dichterbij te komen. Ik kreeg een acute pijn in mijn borstkas nadat de krachten die van de auto kwamen mij leken aan te vallen. Op het moment dat ik in die monstrueuze auto stapte, stapte ik de occulte wereld binnen.

We reden heel wat uren onder Mexico's brandende zon om uiteindelijk te arriveren in een kamp met gewapende mannen dat ver in de bergen verborgen lag. Mij werd een houten hut aangeboden om in te verblijven, en in de week dat ik bij deze mysterieuze groep logeerde had ik meerdere gesprekken met de chauffeur van de auto die de 'brujo', oftewel de tovenaar, zoals die waarover ik in de boeken van Castaneda had gelezen, bleek te zijn.

Op het eerste gezicht waren zijn verschijning en zijn kleding zoals die van de gemiddelde Mexicaan, maar al gauw merkte ik dat hij een penetrerende blik had; zijn manier van lopen en zijn gedrag getuigden van een merkwaardig innerlijk zelfvertrouwen.

Hij en zijn kameraden beweerden een leidende figuur van de Mormonen in Utah te hebben vermoord; ook vertelden ze, in alle ernst, dat ze de Amerikaanse regering wilden doen laten vallen. De 'brujo' had verschillende vrouwen in de naburige dorpen en nam me mee op zijn tour van de ene echtgenote naar de andere. Onder schaterend gelach vertelde hij me—en bewees hij—dat hij over toverkrachten beschikte. Hij herinnerde me aan Don Juan, de toverleraar zoals die beschreven werd door Castaneda. Hij kon bijvoorbeeld voorwerpen laten verdwijnen en weer laten verschijnen. Dit intrigeerde me allemaal zeer, want ik dacht zijn technieken te kunnen beheersen om anderen te manipuleren.

Pa na vele jaren, en helaas veel te laat, begreep ik dat, door mij met het occultisme bezig te houden, ik de deur naar de ontdekking van werkelijke spiritualiteit sloot. Alles wat er in mijn leven was voorgevallen, gebeurde om dat aan mij duidelijk te maken. In de volgende fases van mijn zoektocht naar de werkelijke zin van het leven, kreeg ik met echte demonen—erger dan die uit Mexico—te maken. Toen ik met mijn reizen vanuit Hamburg begon, was ik vastbesloten om me van het Westerse intellectualisme en materialisme te bevrijden. Ik hoopte dat ik met de hulp van een soort spirituele macht in staat zou zijn om zonder angst te kunnen leven. Ik interpreteerde de gebeurtenissen aan de Mexicaanse grens als een duidelijk teken van de steun die ik ontving van onzichtbare krachten.

Maar de hulp die van de 'gevallen' geesten komt is niet gratis; al was ik mij daar op dat moment nog niet van bewust. Mijn bezigheden met de duistere onzichtbare krachten bracht mij gedurende de jaren die volgden tot het vreselijke punt waarop mijn persoonlijkheid in elkaar stortte. Zonder dat ik het me realiseerde, leidde mijn geploeter met het occultisme tot een stormloop die mij hals over kop de dood in leidde, en de enige ware therapie voor mijn dodelijke bevliegingen met het occultisme ligt in mijn overgave aan Jezus Christus. Op dat moment had ik echter geen zin om naar Christus te zoeken. De pijn die ik had geleden in de handen van mensen die zichzelf christenen noemden was mij nog heel sterk bijgebleven en maakte mij erg alert voor christelijke hypocrisie: ik werd in mijn jonge jaren namelijk grondig vervreemd van het christendom door mijn ervaringen met mensen die beweerden Christus te volgen maar die zelf in de greep waren van iets uiterst sinisters. Het woord alleen al riep in mij een negatieve reactie op. Toch wist dat ik op zoek was naar antwoorden en voelde mij van tijd tot tijd bereid om wat dan ook uit te proberen—alles behalve het christendom.

*Klaus in Teheran, Iran*

Zoals zovelen vóór mij richtte ook ik mij naar het Oosten voor religieuze inspiratie. Mijn vroegere reizen brachten mij naar moslimlanden, inclusief Iran en Afghanistan, waar ik bij erg aardige mensen verbleef, maar ik dacht er nooit aan om moslim te worden. Mijn vrienden daar mochten namelijk niet voor zichzelf denken, maar moesten zonder weerwoord de leer van hun leiders accepteren, wat geïnterpreteerd kan worden als een intolerantie jegens andere religies. Het leek erop dat ze op de een of ander manier 'beschermd' waren door de wet, als een hek om een kippenren, dat hen ervan weerhield om weg te rennen. Dit hoefde niet per se verkeerd te zijn, maar ik had juist het idee dat God de mens als een soort adelaar gecreëerd had, om vrij door de lucht te vliegen—de lucht der liefde. En liefde breekt de wet niet. Liefde en vergeving was waar ik naar op zoek was.

In plaats van een vergevingsgezinde Allah, vond ik een religie die de nadruk legde op wetten en straffen en mijn opstandige geest rebelleerde daartegen. Ik had al genoeg straf gekregen in mijn losbandige jeugd. En daarom, ten minste in spirituele zin, ging mijn reis richting het Oosten direct door naar India en de religieuze tradities van dat land.

In feite was mijn betrokkenheid bij Zuidoost-Aziatische religies en tradities in Duitsland al van start gegaan. Zelfs toen ik de boeken van Castaneda las, deed ik tegelijkertijd ook aan transcendente meditatie en yoga. Waarom? Op een dag leerde ik een man in de universiteit kennen die eruitzag als Jezus: hij had lang donker haar, een lange baard, een warme glimlach en droeg een lang gewaad. Hij was Maharishi Mahesh, de oprichter van de 'Transcendente Meditatie'-beweging (TM). Hij trok mij sterk aan. Zijn woorden raakten een gevoelige snaar in mij wanneer hij zei dat hij hoopte via TM werelddominantie te bereiken. Hij vertelde enthousiast over de bankrekeningen en paleizen die zijn organisatie bezat. In het begin was ik ervan overtuigd dat hij het alleen over geestelijke rijkdom had; pas later begreep ik dat hij het over concrete en materiële rijkdom had. Aangezien ik nog steeds mijn best deed om mijn doel van het leven te vinden, geloofde ik graag in zijn beloftes dat je via TM innerlijke vrede kon vinden.

Dit was ondanks dat 'Zijne Heiligheid', zoals men hem placht te noemen, kortgeleden een poging deed om zijn krachten aan een Duits publiek te demonstreren en faliekant de mist in ging. Met de camera's van de pers erbij probeerde hij 'op water te lopen' en zakte prompt in het water. Dit fiasco vermeed echter niet dat ik hem wilde volgen. Langzaam kwam ik over mijn twijfels heen en besloot ik zijn instructie voor mijn leven op te volgen. Ik legde, in ieder geval voor nu, mijn vertrouwen in de handen van mijn 'meester' en was overtuigd van zijn missie in deze wereld. Hij geloofde ten slotte toch ook in zichzelf, of niet soms?

Van begin af aan had ik een soort mystieke ervaring, wat ten dele bevestigde dat er een plek voor mij was binnen de spiritualiteit van TM. Het gebeurde als volgt: aan het eind van de Maharashi's twee opeenvolgende conferenties, werd het auditorium van de universiteit ontruimd omdat de tweede zitting enkel na betaling van de toegangsprijs ter waarde van 20 dollar gevolgd kon worden. Ik zat in het midden van de zaal, wetend dat als TM iets voor me zou zijn, de vervolgzitting voor mij ook gratis zou moeten zijn. Mijn innerlijk zei me dat 'vrijheid' niet te koop zou moeten zijn, en wilde en kon de zaal daarom niet verlaten.

Wat vervolgens gebeurde was iets soortgelijks als wat aan de Mexicaanse grens gebeurde. Plotseling voelde ik dat mijn lichaam omgeven was door een ondoordringbaar schild dat mij onzichtbaar maakte voor anderen. De gastvrouwen en opzichters liepen door de rijen met het verzoek aan de achterblijvers om de zaal te verlaten; de volgende zitting stond immers pas voor twee uur later gepland. En toch, zittend op een van de stoelen in de zaal, bleef ik volkomen onopgemerkt. Men kon mij simpelweg niet zien. Toen eenmaal de deuren gesloten waren en het licht uit was, verbleef ik in de zaal als in een trance. Pas toen de lichten weer aan gingen werd ik zichtbaar voor de anderen en stroomden ze de zaal weer binnen. Ik kon niet verklaren wat er gebeurd was, maar deze onzichtbaarheidervaring vond daarna ook op andere momenten plaats.

*Entree in de wereld van meditatie—het derde oog*

Het was niet alleen dat ik me onzichtbaar voelde; op de momenten waarop ik die sensatie had, scheen ik daadwerkelijk uit de waarneming van anderen te verdwijnen. Die ervaring in de zaal gaf me het gevoel dat ik voorlopig van de Westerse logica en het Westerse materialisme bevrijd was—iets waar ik echt vanaf wilde— en dit had ik bereikt met de hulp van andere 'wezens' die, zo dacht ik, mij gehoorzaamden. Wat ik echter niet begreep, was dat ik ook hun gehoorzaamde.

Het werd tijd voor mijn initiatie in TM. Hoe ging dat in zijn werk? In een halfdonkere kamer maakte de 'meester' spiritueel contact met de 'grootmeester', Guru Dev, die de leermeester van Maharashi was geweest. Zijn portret, omringd door bloemen, was op een altaar gezet. Men moest verse bloemen schenken aan deze 'grootmeester', fruit meebrengen en een witte sjaal als symbool van puurheid. De geurige wierookstaafjes en de kaarsen gaven een gevoel van heilige mystiek. Een som geld ter hoogte van een volledig maandsalaris (met korting voor studenten) en de belofte van absolute discretie waren een vereiste. Na gebogen te hebben voor een onbekende hindoegod, fluisterde mijn leraar mij een 'mantra' in mijn oor—een lettergreep in het Sanskriet

Als ik daar nu aan terugdenk, herinner ik me mijn meesters gebaar van ootmoedige aanbidding met huivering en doet mij dat denken aan de eerste christelijke martelaren die liever doodgingen dan dat zij zich voor de Griekse en Romeinse goden zouden neerbuigen.

De leermeester vertelde dat elke mantra volkomen uniek en persoonlijk was. Dat was, zoals ik later ontdekte, een grove leugen. Maharashi beschikte over slechts een beperkt aantal mantra's die hij uitdeelde naar gelang de leeftijd en het geslacht van zijn pupillen. Zijn mantra's waren afkomstig uit een oude vorm van het Sanskriet dat door hem werd toegepast op de Westerse traditie. Ter verduidelijking kan ik een aantal mantra's noemen die ik heb gehoord van teleurgestelde mensen die er uiteindelijk mee ophielden: 'ema', 'aoum', 'aïm', 'ijenga' (voor de groep van 22-23 jaar oud), 'shamma', 'shiring'(voor de 30-34 jarigen), 'shirom', 'keng' en natuurlijk de bekende mantra 'om'. 'Aaing', bijvoorbeeld, is een hindoeïstische god, gecombineerd met 'namah'—die 26 keer wordt uitgesproken tijdens het inwijdingsritueel. Het betekent: 'ik buig voor u neer'. Later werd daar het woord 'shi' aan toegevoegd en moest je zeggen: 'Shi Aaing namah', wat betekent: 'ik buig neer voor u, nobele Aaing'. Dit alles kreeg Maharashi geleerd van zijn goddelijke Guru Dev met het bevel om de Westerse wereld tot het hindoeïsme te bekeren. In de wereld van TM was de entree naar het paradijs niet gratis. Het bedrag dat studenten moesten betalen om de standaardinwijding te ondergaan stond gelijk aan zo'n €200,-. De kosten van de boeken van Maharashi kwamen daar nog bovenop.

Toch mediteerde ik geduldig een aantal jaren lang op het woord dat mijn mantra was, wachtend op verlichting, vrijheid en wijsheid. Ook toen ik naar Mexico ging mediteerde ik nog steeds en probeerde ik de trucs van mijn magische leermeester te absorberen.

Van mijn tijd in Hamburg herinner ik mij dat er een hoop andere aantrekkelijkheden beschikbaar waren voor zij voor wie de standaardinwijding niet voldoende was.

Maharashi maakte reclame voor cursussen zoals 'Siddhi', waarbij men kon leren vliegen, voor een prijs van rond de €5.000,-. Ook adviseerde hij hoe je 'gezond en onsterfelijk' kon worden, alsmede cursussen als een 'nieuwe wereldorde', 'economisch verlichting', 'vooruitzien' en 'door muren gaan'. De prijs per cursus kon oplopen tot wel €20.000,- euro's.

Op een ochtend stond mij inderdaad een verrassing te wachten. Tijdens mijn TM-sessie had ik een visioen van een fascinerende vrouw in mijn innerlijke oog. Haar aanlokkelijke uitdrukking leek me te verlammen. Diezelfde avond was ik op een feest bij vrienden uitgenodigd. Als eerste van de gasten, belde ik aan bij de gastvrouw. Toen de deur openging stond ik oog in oog met de vrouw die ik eerder die dag gezien had in mijn visioen. Verrukt over deze 'spookverschijning' had ik verder geen bevestiging nodig dat TM werkelijk werkte. In de jaren die erop volgden gebeurden er een aantal slechte dingen met me als resultaat van mijn verbinding met deze persoon. Zonder te weten dat zij een 'centrum van kwade geesten' of, anders gezegd, een heks was, tuimelde ik in haar valstrik op een manier die mij herinnerde aan wat ik met mijn moeder had doorgemaakt. Meerdere keren in de daaropvolgende maanden vreesde ik voor mijn leven—een angst die gepaard ging met een heus gevoel van verstikking. Dit hield een aantal jaren aan met onderbreking van een paar lange periodes gedurende welke we van elkaar gescheiden waren (van 7 tot 9 maanden per keer). Het was extreem moeilijk om 'van haar af te komen' en net voordat ik dacht dat ik zou sterven, kwam er iemand die mij uit haar spirituele greep bevrijdde. (Hoewel ik ook nu nog steeds voel dat die vrouw naar mij op zoek is). Dit alles overtuigde mij ervan dat TM een duivelse invloed had op mijn leven.

In de daarop volgende periode werd mij ook langzaam de nadruk van de organisatie op het commerciële binnen het Westen duidelijk, welke sterker was dan de daadwerkelijke behoeftes van de leden. Ondanks dat mediteerde ik elke dag trouw twintig minuten in de ochtend en in de avond. Na enig tijd begonnen mijn brein en mijn denkwijze een rare wending te nemen.

Of was het misschien mijn ziel? Mijn transcendente ervaring penetreerden dieper en dieper mijn wezen binnen. Soms had ik het gevoel in een tunnel te zijn met een fel licht aan het eind; of ik voelde me verlamd, passief en incapabel een uitdaging aan te nemen, zelfs al zou ik het willen.

In plaats van de innerlijke vrede waar ik me in zou moeten bevinden, verkeerde ik in een toestand van mentale mist. Ik werd steeds ongeduldiger. Wereldlijke gebeurtenissen lieten me koud, en dat maakte me nerveus en onrustig. De TM-leraren zeiden dat het het oplossen van stress was. Ze hadden overal wel een verklaring voor. Maar jammer genoeg ging ik zienderogen achteruit en; niet alleen mentaal maar ook fysiek. Ik drong dieper in mijn innerlijk door, maar dat bracht me onrust in plaats van sereniteit. Ik snapte niet wat er gebeurde; ik dacht nog steeds dat dit een manier was om me van de analytische Westerse denkwijze te bevrijden en aan mijn problemen te ontsnappen. Misschien was het mogelijk om tot een oprechter zelf door te dringen, bleef ik hopen. Het idee was dat ik door de mantra alle inkomende gedachten zachtjes aan de kant kon duwen—zelfs die over de tactieken van mijn meester—om de gesloten rijken van mijn ziel te openen. Het verwachtte resultaat was dat ik, Klaus, zou versmelten met het 'Alles en Enige', met de hele wereld.

*Maharishi en TM - een valse redder*

Mijn meester had het de hele tijd over de dageraad van het 'tijdperk van verlichting'. Langzamerhand begon bij mij toch iets heel anders te dagen. Toen ik wat meer informatie kreeg over de Maharishi-organisatie— met dank aan een aantal mensen die over interne informatie beschikten— ontdekte ik dingen die mij enig inzicht gaven over de totale afhankelijkheid van de leerlingen van hun meester. Er waren twee aanbidders die een strikte hiërarchie rondom hun meester vormden en een gelofte van trouw om hem te vereren hadden afgelegd. Net als in andere religieuze en autoritaire systemen waren er vele morele beperkingen en andere formaliteiten. Men moest bijvoorbeeld op blote voeten lopen in het bijzijn van 'zijne heiligheid'. Mannen waren verplicht hun baard te scheren, vrouwen om sari's te dragen; regels die streng werden gehandhaafd door hogerhand. Leden van de binnenste cirkel gedroegen zich kil tegenover elkaar en onderhielden een muur van stilte naar de buitenwereld. Gigantische winsten—in de vorm van landgoed, hotels en kastelen—werden over de gehele wereld aangeschaft. Al die dingen deden me meer denken aan een financieel imperium dan aan een centrum voor meditatie.

Na een aantal jaren had er in mij nog steeds geen positieve verandering plaatsgevonden en ik vermoedde dat ik weer in een hopeloos net verstrikt was geraakt. Later leerde ik mensen kennen die wat langer TM hadden gedaan en tot de conclusie waren gekomen dat deze bezigheid tot zelfvernietiging kan leiden. professor G.E. Schwartz van de Harvard University concludeerde in zijn onderzoek onder TM-deelnemers dat 'het gebruik van een verminderde hoeveelheid zuurstof, het vertragen van de ademhaling, de lichamelijke staat in balans met een vertraagde hartslag en een hogere elektrificatie van de huid symptomatische eigenschappen waren van iemand die net van het strand was teruggekeerd.' Mijn ervaring was dat vrijlating van TM van bepaalde vormen van stress tamelijk 'verstikkend' was geworden. Ik begon in toenemende mate en irrationeel bang te worden voor alledaagse dingen van het leven. Ik voelde eveneens een diepere spirituele angst en had altijd het gevoel dat een latente kracht in de aanval zat. Er klopte gewoon iets niet. Hoe meer ik oefende, hoe meer gespannen ik werd.

Een andere verandering die ik waarnam was een groeiende trots, het gevoel dat ik mijn eigen god zou kunnen worden. Ik hoopte op deze manier toegang te krijgen tot geesten en demonen om zo hun leerling en werknemer te worden. Nu realiseer ik me dat ik in Maharishi de verkeerde 'Christus' had gevonden. Het idee om deze wereld te verlaten— want dat beloofde TM—leek mijn jonge persoon best aantrekkelijk, maar mijn andere helft wilde de wereld nog niet verlaten. Ik wilde op aarde blijven en een weg omhoog vinden, niet omlaag.

Wat kon ik doen om mijn situatie te verbeteren? Was ik werkelijk in staat geweest om krachten te manipuleren die mij konden bijstaan in het bereiken van mijn 'nooit vergeten' doel, het hebben van wereldse macht? Werd in plaats daarvan niet juist *ik* gemanipuleerd? Inmiddels begrijp ik dat er geen bron van teruggetrokkenheid of begeleiding was die mij kon helpen valstrikken te vermijden. De Heilige Geest was niet actief in mijn leven en daarom was ik nauwelijks in staat om de invloed van kwade geesten te herkennen.

Ik kon wel denken dat ik op weg was naar heiligdom en reinheid, maar wat ik zag was slechts een serie valse kringen en valse lokmiddelen. Na een aantal jaren van TM waren mijn zenuwen tot het uiterste gespannen. Ik zat vol innerlijke spanning en was verlamd van angst. Mijn geweten— mijn gevoel voor goed en kwaad— was obscuur en mistig geworden. Ondanks alles bleef ik maar volhouden dat TM belangrijker was dan de universiteitsstudies die ik verlaten had. Mijn beste hoop op ontsnapping aan mijn miserabele bestaan lag in de staat van extase en trance die ik soms beleefde. Maar omdat er niks heiligs aan TM was, werd ik elke ochtend weer wakker met dezelfde verleidingen: seks, liegen en bedriegen. Ik bleef onverdraaglijk gefrustreerd.

# HOOFDSTUK IV
# OP ZOEK NAAR HET LICHT IN INDIA

UITEINDELIJK, om de ware wortels van TM te vinden in het hindoeïsme, vertrok ik naar India, de bron van deze leer. Daar leerde ik de veelvuldigheid van het hindoeïsme kennen. Het eerste waar ik achter kwam was dat Maharishi, door zich aan te passen aan de behoeftes van het Westen, zijn eigen versie van het hindoeïsme onderwees, wiens ware aanbidders meestal op hun hoede waren voor TM. De techniek van het zweven (of Siddhi) die door de TM beweging wordt gepropageerd, is iets waar het doorsnee hindoeïsme namelijk tegen waarschuwt.

*Spirituele diepte zoeken via muziek - in Calcutta*

In 1975 besloot ik om mij in India te vestigen. Ik was al meerdere keren voor langere tijd geweest, maar op dertigjarige leeftijd, met onderbreking van studies op twee universiteiten en een gebrek aan een stabiel spiritueel en fysiek thuis, dacht ik dat ik vrede en een leven zonder angst zou vinden in India's stabiele religieuze traditie. Helaas, echter, stelde ik me een leven zonder angst voor als één waarin je over anderen heerst.

Toen ik me in India vestigde, hoopte ik op een toekomst in de wereld van het hindoeïsme. Ik wilde niets meer met sektes te maken hebben, maar met een religie zoals die door ware gelovigen werd gepraktiseerd. Misschien kon ik zo mijn problemen oplossen. Zou ik met deze religie het antwoord op de geheimen van het leven vinden? Ik mediteerde en bad op vele manieren tot het eeuwige wezen Brahma, met yoga, met het calculeren van astrologie van feestelijke dagen, met het uitvoeren van rituelen voor beelden van hindoegoden, demonen en halfgoden. Iemand had uitgerekend dat er wel 33 miljoen hindoegoden waren. In de volgende 7 jaren reisde ik meer dan 30.000 kilometer over de lengte en breedte van India, van de hoogtes van de Himalaya tot aan het zuidelijkste puntje van het land. Ik bezocht de tempels van Brahma, Shiva en Vishnoe, de drie belangrijkste hindoegoden. Ook ontmoette ik bekende leermeesters, zoals Sai Baba, die ik een enorme teleurstelling vond.

Tijdens mijn verblijf in India slaagde ik er door intensieve meditatie in om de bekwaamheid van een medium te bereiken en ontwikkelde ik de mogelijkheid om door eenvoudig naar mensen te kijken ze hun psychische toestand te vertellen. Door mijn nieuwe vaardigheden kon ik ook met de leermeesters uit de andere wereld spreken zoals Swami Vivekananda, Sri Aurobindo, Ma, Paramahanda Yogananda of Ramakrishna. Ze gaven berichten door van de andere zijde. Ik werd in zekere zin gevangengenomen door sommige van deze ervaringen; ze vulden me met trots en gaven me het gevoel dat ik 'iemand' was, misschien wel een belangrijke goeroe. Maar ondanks dat ik me enorm inspande, gebeurde er niets positiefs met mijn spirituele toestand.

In de hindoeïstische lessen raakte ik bekend met een aantal filosofische begrippen zoals bijvoorbeeld de leer van 'karma', het idee dat men 'oogst wat hij gezaaid heeft.' Ook het begrip reïncarnatie pikte ik op, wat aanvankelijk logisch klonk.

Maar in werkelijkheid vond ik een religie die een Europees brein vreemd is. Wat je maar wilde kon worden omgevormd tot een god en vereerd worden: koeien, apen, olifanten, geld, ratten, zelfs ikzelf. Maar hoe kon ik ooit een persoonlijke relatie met dergelijke goden opbouwen? Het werd me tevens duidelijk dat demonen die goddelijke krachten vertoonden de hindoes de stuipen op het lijf joegen. Toch vond ik in dit geval geen enkele vorm, orde, systeem of verheldering. Van één kant was het gebrek aan orde wel positief; het bevrijdde me namelijk van het materialisme, rationalisme en de analytische denkwijze van het Westen dat overal een verklaring voor zoekt en alles classificeert. Ik was ervan overtuigd dat de geheimen van het innerlijke wezen ontoegankelijk waren met enkel logica, en ik vroeg me af of het hindoeïsme met al zijn complexiteit mij wel het antwoord zou kunnen bieden.

Ik kwam erachter dat het kastensysteem, waardoor de gelovige hindoes in vijf groepen worden verdeeld, nogal ontmoedigend was. Hetzelfde gold voor de lering over karma, die aanvankelijk dingen hielp verklaren maar wat in feite, zo concludeerde ik, de mens opsluit in zijn lot dat voorbepaald is door zijn verleden en zijn vorige levens. Het gruwelijke gevolg van karma kan gezien worden in de mensen die 'reïncarneerden' in de Dalit-kaste; die hadden daardoor namelijk geen recht op scholing, op bepaalde soorten werk, ze worden verfoeid door de vier klassen boven hen en ervaren die verachting al vanaf hun geboorte.

Voor deze arme mensen is het zelfs verboden om een tempel te betreden omdat ze die zullen bevuilen. Om diezelfde reden zal een Brahmin uit de priesterkaste nooit handen schudden met een Dalit. Was het hindoeïsme misschien een vorm van apartheid? Mijn logica was dat als hindoes al duizenden jaren naar een 'positief karma' hadden gestreefd, dan zouden enige positieve resultaten daar toch zichtbaar van moeten zijn geweest; dan had India een bloeiend land moeten zijn vol gelukkige mensen. Mijn eenjarig verblijf in Calcutta openbaarde echter een andere wereld: het fatalisme van het hindoeïsme, met als gevolg dat het wiel van de geschiedenis achteruit gaat in plaats van vooruit.

In de wereld om mij heen zag ik maar weinig mensen die bevrijd waren van de noodzaak van 'egoïsme'. Als zelfs ratten geliefd en vereerd konden worden als gereïncarneerde heilige zielen (zoals ik dat zag in Calcutta), waar was dan de vooruitgang? Het kwam op mij meer over als een neerwaartse helling dan een pad van regeneratie, en dit gevoel werd bevestigd door de externe misère van de stad om mij heen.

Toch weerhield dat alles mij er niet van om met hindoeïsme door te gaan en te denken dat ik erdoor bevrijd zou worden van mijn langdurige lijdensweg. Daar zat ik dan, in het huis van een Indiase familie die mij in feite hadden geadopteerd omdat ik een goede vriend was van een van hun zoons die ook in Duitsland studeerde. Mijn gastheren waren hindoes van de middenklasse; de moeder van mijn vriend was een directrice. Ze gaf een heleboel praktisch advies over wat er gaande was in de hindoeïstische wereld in Calcutta: bijvoorbeeld wanneer er een beroemde leermeester naar de stad zou komen. Voor een Europeaan was het dus ongebruikelijk om zo in een Indiase familie en hun wijdere sociale omgeving geïntegreerd te zijn. Dat was voor mij een enorme kans om te kunnen leren over het hindoeïsme in al zijn verscheidenheid.

Toch had ik nog steeds het gevoel dat het Indiase spirituele pad mij nog wat te bieden had. Ik behoorde niet tot de Dalit-klasse, noch was ik een aristocratische Brachmin of lid van de koopmansklasse. Logischerwijs voelde ik mij, daarentegen, meer lid van de strijders of Kshatriya. Om reïncarnatie te vermijden moest je je verwijderen van de Samsaric-toestand, de cirkel van reïncarnatie. Mijn doel was om mijzelf te zuiveren en mijzelf te bevrijden van eindeloze reïncarnaties om een staat van niet-bestaan te bereiken. Ik moest mezelf verlossen, afscheiden van de materialistische wereld, die ik zag als een illusie (maya). De oefeningen die ik deed en andere hindoes zag doen, leken qua inhoud rijk genoeg, al waren ze van tempel tot tempel en van goeroe tot goeroe verschillend. Dat varieerde van pijnlijke zelfkastijding tot het lopen van een pelgrimstocht op de knieën (rond de berg van Kailash). Ik deed alles van het brengen van offerandes in de tempel tot het branden van wierookstaafjes; van mijzelf wassen in de heilige wateren van de Ganges tot het lezen van het heilige schrift de Bhagavad Gita. Evenals tal van andere hindoes hoopte ik bevrijd te worden van de vernedering van nog een geboorte.

Op het hindoeïstische pad dat ik bewandelde ontdekte ik nog iets nieuws. Het was dan wellicht slechts een andere vorm van meditatie, maar yoga zou wellicht een middel kunnen zijn om mij te helpen bij mijn worsteling om mij te ontdoen van al het leed, de angst en schuld. Door middel van mijn deelname aan bepaalde rituelen, verwachtte ik op een dag 'schuldvrij' te zijn. Wat de werkelijke aard van schuld betreft, echter, was geen enkele goeroe in staat mij een duidelijk antwoord te geven.

In het begin hielpen de dagelijkse vererende handelingen en oefeningen tegen de stress en de last van mijn verplichtingen tegenover de wereld om mij heen. Ik zong, bezocht tempels en bezocht heilige plaatsen. Yoga en andere vormen van meditatie hadden in eerste instantie een kalmerende werking, brachten het zenuwstelsel tot rust en stelden mij in staat om mijn mentale en fysieke energie te beheersen. Dat gaf hoop op een positievere gemoedstoestand, een hoger bewustzijn.

Het is voor westerlingen gemakkelijk om yoga te aanvaarden als een oplossing voor psychologische problemen, omdat het innerlijke rust belooft.

Dit leek een beter voorstel dan wat de vele christelijke priesters of dominees te bieden hadden, die veelal meer aan hun maag dan aan hun parochianen leken te denken. Maar wie weet is de beloofde 'diepe, innerlijke rust', die wordt verkregen door middels van yoga of hindoeïstische meditatie, wel niet meer dan slechts een verdovend middel? Dit pijnstillend effect kan, zo concludeerde ik later, leiden tot spirituele verlamming, omdat het de stimulans voor persoonlijke zuivering en groei wegneemt.

Over mijzelf gesproken, ik vond dat de verdoving die door de Indiase technieken en praktijken werd veroorzaakt mij van mijzelf hadden vervreemd in plaats van dat ze mij hadden verlicht. Ik verbeterde de vaardigheid, om te beginnen door middel van TM, om al mijn binnenkomende gedachten te blokkeren. Dit bleek een leegmakend en depersonaliserend proces te zijn. Nu geloof ik dat elke vorm van hindoeïstische meditatie uiteindelijk via een soort centrale lijn in verbinding staat met de wereld van veelvuldige goden, idolen en demonen die beloven een eind te brengen aan het lijden van de vereerder, maar enkel door hem in een staat van niet-bestaan te brengen; een staat die in werkelijkheid de desintegratie van iemands persoonlijke en hypostatische integriteit betekent.

Hoe dan ook, alle spirituele 'verworvenheden' die ik leerde— waaronder zweven, gewichtloosheid, uit het lichaam treden—brachten mij hooguit een kortstondige bevrediging. Mijn hartstochten bleven aan het oppervlak verschijnen. Ik had geen behoefte aan vergiffenis. Mijn lust naar geld, seks en macht had mij nog steeds in de greep. Op geen enkele manier was ik erop vooruitgegaan, integendeel: het was alleen maar erger geworden. Hoe dieper ik tot de hindoeïstische praktijken doordrong, hoe sterker mijn angst toenam. Ik was vooral bang om in een slechte spirituele toestand te sterven. Dus in plaats van dat ik de dood had overwonnen, kon ik aan niets anders dan mijn eigen dood denken. Dit was niet waarnaar ik op zoek was.

Met andere woorden, in plaats van middelen die mijn problemen zouden wegnemen, waren yoga, meditatie en astraal reizen enkel middelen waarmee ik ze voor een beperkt aantal uren kon onderdrukken. Zodra ik wakker werd uit die 'verdoving', was alles weer zoals voorheen. Voor mij was een dergelijke spirituele zelfbeheersing niets anders dan een techniek om mijn nare gedachten voor een tijdje te onderdrukken; op geen enkele wijze stelden ze mij in staat om mijn hardnekkige hartstochten en minachtende haat te hanteren en op te lossen. De onbekende geheime krachten die ik door yoga ervoer slokten mij voor enige tijd volledig op, maar dat had de negatieve bijwerking dat mijn zelfobsessie groter werd dan ooit tevoren. Er was voor mij geen enkele mogelijkheid om deze ervaringen met iemand in mijn omgeving te delen of erover te praten.

Wat wel toenam, daarentegen, was de kans om voor Indiase en buitenlandse mensen als goeroe te fungeren. Alleen een oplettende persoon zou kunnen merken dat ik fraudeerde, dat er onder het masker van mijn paranormale trucs een verstoorde ziel verborgen zat. Ik herinner mij een christelijke vrouw uit Duitsland die mij doorhad en mijn krachten tegenwerkte.

Dat was storend, want dat gebeurde vrij zelden. Meestal was ik overtuigd van mijn vaardigheden als goeroe. Maar mijn landgenote maakte een gezonde twijfel in mij los: misschien was ik wel niet zo slim en perfect als ik dacht.

Ik had op dat punt in mijn leven al een aantal extravagante dingen meegemaakt, zoals esoterische ervaringen, filosofie, psychologie, de religies van Azië, mystiek, magie, occultisme alsmede experimenten met astrologie, handlezen, exotische symbolen en contact met stemmen uit de onderwereld, die ik vervolgens doorgaf in mijn rol als medium.

Door mijn betrokkenheid bij al deze quasi-spirituele praktijken, trok Klaus de goeroe anderen aan die op zoek waren naar de waarheid. Als ik mijzelf er maar van kon overtuigen dat ik een echte goeroe was, dan had ik mijn doel bereikt. Doordat ik in mijn jeugd op wrede wijze werd gedomineerd door anderen, wilde ikzelf ook de mensen om mij heen domineren en ze dwingen dol op me te zijn. Als goeroe zou ik eindelijk machtig en invloedrijk zijn—tenminste, zo dacht ik.

Met westerlingen praatte ik vaak over het idee van reïncarnatie, dat bij velen wel aansloeg. Mensen die gehecht zijn aan de dingen waar ze van genieten in hun huidige leven—seks, macht, geld—vinden het moeilijk om dit te moeten opofferen, zelfs als ze daar het eeuwige leven voor terugkrijgen. De doctrine van reïncarnatie staat ze toe om te zeggen: 'Ik zal vast wel deugdzaam worden, maar in een volgend leven.' Wanneer een persoon namelijk gelooft dat hem nog een andere kans geboden zal worden, dat hij het in een volgend leven nog eens mag proberen, dan kan hem dat het idee geven dat hij nu niet zo hard zijn best hoeft te doen; dat hij het zich kan veroorloven om lui te zijn. Reïncarnatie staat ons toe dat we de kop in het zand steken. Want in ons volgende leven zullen we een 'echte' start maken. Als je niet kunt beslissen, geeft niet, morgen is een nieuwe dag.

Telkens wanneer ik vanuit India terugkeerde naar Europa propageerde ik esoterische ideeën over reïncarnatie en de mensen leken daar zeer ontvankelijk voor. Met al de ervaring die ik had opgedaan, was het niet moeilijk om de zwakke punten van mijn gesprekspartners te vinden, om te begrijpen waardoor ze beheerst werden, waar ze van afhankelijk waren, om hun gedachten te lezen en onopmerkelijk onder hun huid te kruipen. Zulke mensen respecteerden me als hun leermeester—veel meer dan ik verdiende—maar in werkelijkheid was ik hun spirituele onderdrukker. Ik speelde hetzelfde duivelse spelletje dat met mij werd gespeeld toen ik een kind was, en het resultaat was dodelijk.

Tot op zekere hoogte moet ik in Calcutta onder de invloed geweest zijn van Kali, de godin die haar naam aan de stad verleend heeft. Kali—de duistere—trekt door haar erotische uiterlijk zowel mensen als andere hindoegoden aan; niemand kan haar weerstaan. Vervolgens onthoofd ze hen met een lang zwaard om ten slotte hun bloed te drinken. Ze versiert haar hals met de hoofden van hen die ze geslacht heeft; zo wordt ze afgebeeld met kleibeelden tijdens Kali-pujas of celebraties van de godin.

*Se gevreesde godin Kali en de gevreesde Klaus*

Geen enkele hindoegod kan Kali stoppen, noch kan zij zichzelf stoppen. Als ik haar aanbad, zag ik in haar een vernietiger. Voor een gewone hindoeïstische gelovige kan het natuurlijk zijn dat ze iets heel anders vertegenwoordigt, maar ik kan alleen getuigen van hoe ze aan mij verscheen. Ze werd mijn nieuwe 'koningin van de nacht', mijn nieuwe moeder. Ik zal vast gedacht hebben eindelijk aan de klauwen van mijn natuurlijke moeder te zijn ontsnapt, maar in werkelijkheid was het nu Kali, gezeten op haar troon, die mij in haar macht hield.

Op een dag gebeurde er iets echt merkwaardigs. Ik had langer dan gewoonlijk in de kalitempel gemediteerd, de enige tempel in India waar bloedoffers worden gebracht. Kort voordat ik arriveerde waren daar zojuist een aantal dieren onthoofd, als deel van het offerritueel, en er lag overal bloed. De gelovigen hadden uit angst voor Kali dieren geofferd om haar bij hen uit de buurt te houden. De hele vloer was besmeurd met bloed en ik zat in het midden op een stenen plateau. Na enige tijd gemediteerd te hebben raakte ik in trance en voelde onmiddellijk de dood naderen.

Nu kon ik de dood uitdagen door van mijn krachten gebruik te maken, zo dacht ik. Voor eens en altijd zou ik mijn angst voor de dood overwinnen en zou ik haar—ik zag de dood als vrouwelijk van aard—eindelijk verslaan. Maar hoe kon ik dat in alle zekerheid doen? Ik was nooit een theoreticus; het was geen kwestie van de dood overwinnen op een symbolische manier. Ik voelde een dringende behoefte om oog in oog te komen staan met de dood om vervolgens, door mijn eigen sterkte, als winnaar uit de test te komen. Maar waar kon ik de dood vinden? Waar kon ik die vreselijke energie tegemoet treden? Ik herinnerde me hoe ik in mijn jeugd op het kerkhof speelde en grapjes maakte over de lijken in het mortuarium. Toen ik 33 jaar oud was had ik echter nog nooit persoonlijk de dood ervaren, noch iemand zien sterven.

Toen ik daar in de kalitempel voor haar standbeeld zat te mediteren, raakte ik in een trance. Ik verloor al mijn gevoel van zelfbeheersing en daarvoor in de plaats trad een onbeschrijflijke golf van kracht of energie mijn lichaam binnen. Ineens bevond ik mij buiten mijn lichaam. Vanaf het plafond van de tempel kon ik mijzelf daar beneden zien zitten. Het was een 'verheven' gevoel. Was ik dood? Terwijl ik volledig bij bewustzijn was, vroeg ik mij af of ik nou eindelijk bevrijd zou zijn van het leed van deze wereld. Het leek er sterk op. In deze toestand bestonden tijd en ruimte niet meer. Ik was noch bang, noch gelukkig. Alles was gewoon 'natuurlijk'; ik dacht: 'Oké, dus zo gaat dat dus', niets meer en niets minder. Ik verbaasde me echter toen ik weer naar mijn lichaam terugkeerde.

Na deze ervaring kwam de gedachte aan de dood regelmatig terug. Wat heeft het allemaal te betekenen? Had het iets met de dood te maken? En wederom: waar kon ik de dood ontmoeten? Hoe zag ze eruit? En ik kreeg plotseling een idee.

Tijdens mijn verblijf in Calcutta had ik mensen horen praten over Moeder Theresa, maar er nooit veel interesse in gehad. Ik kende slechts haar naam omdat ze de Nobelprijs voor de Vrede had ontvangen. Natuurlijk wist ik dat ze christen was, maar alles dat met het christendom te maken had lag niet in mijn straatje. Toen herinnerde ik me echter dat ze verschillende instellingen in de stad had die 'huizen des doods' werden genoemd. Het begon ineens te dagen en ik verbond de feiten. Alsof alles speciaal voor mij geregeld was, was een van die instelling gevestigd in de kelder van de kalitempel, waar ik me op dat moment bevond. Het was duidelijk dat ik het huis des doods moest vinden. Met kloppend hart stopte ik met mediteren in de hoop dat ik in deze graftombeachtige cel de realiteit van de dood het hoofd zou kunnen bieden. Ik bemoedigde mezelf met het idee dat dit mijn enige uitweg was. In mijn fantasie hoorde ik het geschreeuw en de lamentaties van de stervenden al en ik stelde me hun leed voor het sterven voor.

Langzaam maar zeker drong een grote angst voor deze confrontatie zich aan mij op. Wat resteerde er nog voor mij? Ik moest de dood vinden, zodat ik het leven kon vinden. Om de dood te overwinnen moest ik de dood eerst opzoeken. Terwijl ik de gewelfde, schemerige kelder binnenging, iets hels verwachtend, werd ik geconfronteerd met een diepe vrede, zowel vanbinnen als vanbuiten. Hoe kan ik dit beschrijven? Hier was de gruwel van de dood niet 'aanwezig'—dat begreep ik onmiddellijk. Op de een of andere manier voelde ik me er heel erg 'thuis'. Was dit de onbekende rust waarnaar ik zolang had gezocht? Waar kwam dat vandaan? Al die dingen waren voor mij onbegrijpelijk. Het was heel vreemd en ik bleef een tijdje genageld op één plek staan, omgeven door het halfduister van de kelder. Op dat moment was ik in beslag genomen door het zijn, het leven en het ademen van het feit dat ik 'leefde'. Wat raar! Ik denk dat ik terug werd gebracht tot een onverwachte sensatie, dat ik vergat waarom ik daar was gekomen. Op dat moment kwam er een missiezuster naar me toe en ik vroeg haar:

'Waar vind ik moeder Theresa? Ik moet haar een paar vragen stellen.'

Ik kreeg een nieuw idee toen ik dit had gezegd: zou ik in haar een nieuwe goeroe kunnen vinden? Mogelijk kan zij mij kan helpen in mijn zoektocht.

'Ze is buiten op straat aan het werk.'

'Wanneer kan ik haar zien?'

'We weten niet of ze vandaag nog terug zal komen. Maar elke ochtend om 05.00 uur is ze in "Lower Circular Road, nr. 35", daar kun je haar ontmoeten.'

Aangezien ik slechts een paar minuten van mijn verblijfplaats in Park Circus verwijderd was, besloot ik meteen de volgende dag naar haar toe te gaan.

De volgende ochtend was ik al vroeg op, nieuwsgierig naar wat ik die dag te zien zou krijgen. Aangezien Moeder Theresa nogal bekend was, stelde ik me haar net zo voor als de meeste goeroes die ik kende. In mijn verbeelding zat ze op een troon, omgeven door haar favoriete nonnen die aan haar voeten mochten zitten. In mijn verbeelding was ze versierd met kransen en bloemen en van tijd tot tijd glimlachte ze lief naar verschillende mensen, waarmee ze hun innerlijke wezen zegenende. Dat was tenminste wat ik gewend was van de grote hindoeïstische goeroes.

Vol goede hoop passeerde ik de drempel van die plek. Bam! Kan men zich voorstellen wat me overkwam toen ik de werkelijkheid van die ruimte zag? Toen ik in plaats van een troon een simpele houten tafel zag? Er zat in die grote hal geen 'grootse vrouw' op een troon. In plaats daarvan zag ik ongeveer honderd nonnen, allen gekleed in een hemelsblauw met wit gewaad. En nog gekker: ze waren allemaal aan het bidden.

Ik had nog nooit een foto van Moeder Theresa gezien en had geen idee welk van de nonnen zij was. Ik wilde wachten tot ze klaar waren met bidden, zodat ik naar haar kon vragen. Er hing een erg bijzondere sfeer in de ruimte. Met mijn vooroordelen tegen het christendom voelde ik mij echter totaal niet op mijn gemak te midden van biddende christenen, dus ik sloop weer richting uitgang.

Het volgende moment kwam een kleine en sober geklede figuur naar me toe die me een gebedenboek overhandigde zodat we samen konden bidden. 'Dit keer heb je het bij het verkeerde eind,' dacht ik bij mezelf, 'ik heb niks te maken met jullie christenen en jullie verering.' Maar toen vielen mijn ogen op de woorden van het gebed, waar het boek was opengeslagen. Het was het bekende gebed van de Heilige Francis van Assisi, dat mij ineens duidelijk werd. Tegelijkertijd gebeurde er iets nog veel vreemder.

Toen ik kind was, had ik gezworen dat ik stoer zou zijn en nooit zou huilen. Ondanks alle slaag en geweld, de wonden en de vernederingen liet ik nooit mijn gevoelens zien. Ik huilde nooit zodat de volwassen niet superieur aan mij zouden zijn. Maar nu, vijfentwintig jaar later, begon mijn onderkaak te trillen en mijn borst te bonzen alsof er een innerlijke explosie plaatsvond. Wat was er aan de hand? Iets neutraliseerde mijn weerstand en ik werd als een blad gedragen door de wind in een storm. Ik huilde eindelijk! Ik was overdonderd door een kracht die me totaal onbeschermd en hulpeloos liet zijn. Ik was zo diep geraakt, dat mijn hele lichaam beefde en ik voelde dat ik vanbinnen opgaf en in elkaar zakte. Maar het verbazingwekkendste was dat ik me er absoluut niet voor schaamde. Gedurende drie kwartier was ik voortdurend aan het snotteren, snuiven en kokhalzen. Ondertussen arriveerde een priester die de mis deed voor de nonnen. Toen het over was kon ik geen woord uitbrengen. Als in een trance verliet ik de plek en haastte me naar huis. Ik had niet gevonden wat ik zocht—namelijk een ontmoeting met de dood—maar had iets geheel anders gevonden.

Thuisgekomen startte ik een sessie hindoeïstische meditaties in de hoop alles weer op een rijtje te krijgen. Ik had werkelijk geen idee wat me zojuist overkomen was. Wat had dat allemaal te betekenen? Was ik een kind, een jankmachine? Ongelooflijk! Dat kon gewoon niet. Was er een andere 'kracht', anders dan de dood, die sterker was dan ik? Aangezien er geen verklaring voor was, besloot ik de volgende ochtend weer naar de nonnen te gaan ter verder onderzoek. Dit keer zou ik sterker zijn. Ik kon het niet toestaan dat zoiets weer zou gebeuren. Na de liturgie schaamde ik me om de zwakte die ik getoond had, dus ik bereidde me in een diepe meditatie voor op de 'ontmoeting' met iemand of iets. Ik was vastbesloten me niet meer over te geven aan die onbekende kracht die, hoewel niet de dood, sterker was dan ik. Ik schreef mijn zwakheid toe aan het feit dat ik er volledig door overrompeld werd.

De volgende ochtend ging ik er een half uur eerder naartoe in de hoop Moeder Theresa te zien voordat de nonnen begonnen te bidden en de mis van start ging. Tot mijn stomme verbazing trof ik ook toen de nonnen al aan in hun ochtendgebed. Ik dacht me terug te trekken tot vlak bij de uitgang, maar plotseling kwam een oude zuster—wiens zwaar gerimpelde gezicht ik de vorige dag ook al had gezien—naar me toe en drukte weer dat boek ik mijn hand. 'Pas op,' zei ik tegen mezelf. Dit keer zal er niets gebeuren! Ik was op mijn qui vive. Maar wat had het voor zin. zodra het boek op mijn hand rustte, begon mijn onderkaak weer te trillen en mijn lichaam weer te beven. Onbeheersbare tranen stroomde vanuit het diepst van mijn ziel mijn ogen uit. Voor de tweede keer stortte mijn hele wereld als een kaartentoren in elkaar. Ik! Ik! Hoe sterk ik wel niet gedacht had te zijn, nu was ik geraakt als door een pijl op een gevoelige plek. Hoe pijnlijk! Ik was gekwetst! Welke kracht kon groter zijn dan al mijn gebundelde ervaringen? Waarom had ik nog niet geleerd dat te beheersen? In bittere tranen en niet in staat om te praten, moest ik, verslagen, weer verdwijnen.

Vastbesloten om het raadsel op te lossen, ging ik de derde dag, en dit keer om 04.00 uur 's ochtends, nogmaals bij de nonnen op bezoek. Ik was er zeker van dat ik er dit keer vóór hun gebeden en mis zou zijn. Maar alweer vond ik ze in gebed. 'Wanneer staan zij in hemelsnaam op?' vroeg ik mijzelf in verbazing af. De oude non gaf me wederom het gebedenboek. Moet ik mezelf herhalen? Ik weende voor de derde keer en hield pas op toen de mis twee uur later voorbij was. Op de een of andere manier was ik niet langer van deze wereld, maar opgegaan in deze plek, waar een 'vloek op rustte'. Ik was hulpeloos en niet in staat om mijn brein, mijn gedachten en mijn ziel te stoppen; alles in mij leek om deze ruimte te draaien. Ik wilde schreeuwen en ontsnappen, maar daar kreeg ik de kans net voor.

Toen ik het boek teruggaf aan die oude helpster, pakte ze me bij mijn polsen en begon zachtjes tegen me te praten. Vanaf het moment dat ze me aankeek, begreep ik dat het Moeder Theresa zelf was. Ze had me zien huilen die drie dagen! Zodra ze begon te praten bonkte mijn hart in mijn keel en was het of mijn borst zou opensplijten. Plotseling begreep ik waarom de mensen in India haar een heilige noemden: Moeder Theresa's ziel straalde zoveel liefde en warmte uit, dat ze mijn ijskoude hart had doen smelten. Dit hart, dat zo lang van steen was geweest, werd op dat moment getransformeerd in een hart van vlees en bloed. Ze was een ware moeder voor de armen en op dat moment was ik de armste van allemaal. Ze was mijn moeder. Ik had nooit een echte moeder gehad; maar ik voelde dat zij de enige echte vrouw en moeder voor mij was.

Ze stond nog steeds naar me te kijken met grote liefde in haar ogen vroeg ze mij eerst vroeg naar mijn naam, zodat ze me persoonlijk kon aanspreken.

Nu ze mijn verdriet van de afgelopen drie dagen had waargenomen, vroeg ze me nu met een intense blik waarom ik gekomen was: 'Wat doe je in Calcutta, Klaus?'

Op dat moment keerde de 'wijze bink' Klaus terug naar het oppervlak en trots probeerde ik indruk op haar te maken. Vergeet niet: ik had uitzonderlijke dingen beleefd tijdens mijn zoektocht naar de waarheid en werd zelfs gezien als goeroe. Als man van groot intellect antwoordde ik: 'Ik zoek de waarheid.' Dat klinkt goed, zei ik tegen mezelf. Nu wil ze me vast wel ontvangen als een van haar leerlingen. Ze zal er trots op zijn een intelligent iemand als ik te hebben leren kennen. Ik was het waard.

In plaats daarvan, alsof ze nog nooit zulke onzin had gehoord, begon ze hard te lachen, en met de top van haar wijsvinger drukte ze op mijn borst en vervolgde: 'Diep hierbinnen moet je zoeken. Hierbinnen is de waarheid. Wat je daar ziet op het altaar is een tabernakel, niets meer dan een teken of symbool voor dat wat zich hierbinnen bevindt, in je hart. Het tabernakel zit in je hart.'

Er was iets zo indrukwekkends in haar woorden en haar simpliciteit was zo verrassend, dat het mijn denkwijze revolutioneerde. Klaus, de zelfbenoemde goeroe die zichzelf zo intelligent vond, was voor het eerst sprakeloos. Twee krachten waren bij elkaar gekomen en de mijne was de zwakkere.

Wat ik meemaakte was voor mij bruikbaar genoeg om Moeder Theresa als persoon te accepteren. Maar ze was een christen! Ik vroeg mij af of ze misschien een hindoe was zonder het te weten, want in mijn brein bestonden er geen christenen die konden liefhebben.

*Moeder Theresa - ontmoeting met liefde - mijn eerste moeder*

De daaropvolgende drie weken ontmoetten we elkaar iedere ochtend en probeerde ik haar tot het hindoeïsme te bekeren, wat voor mij een zekere hoop vertegenwoordigde, ondanks het feit dat mijn eigen geloof in het hindoeïsme begon te verzwakken. Zij, daarentegen, probeerde mijn analytische brein, dat zo´n tekort aan liefde had, te voorzien van warmte. Ze verspilde geen tijd aan het opnoemen van argumenten voor of tegen het hindoeïsme, maar vertelde simpelweg over Jezus en Maria en hun zowel goddelijk als menselijke relatie met de mensheid. Na een aantal weken voelde ze dat ik mij niet had 'overgegeven'. Mijn zoektocht was kennelijk voorbestemd om mij alsnog terug te leiden naar de wereld.

'Kom hier', zei ze op een ochtend en nam mijn hand in de hare en opende het. 'Kijk hier, in het midden van ieders handpalm vormen de lijnen van de hand een hoofdletter M; denk dan een Maria, de grote Beschermster, alsof ze zelf die letter in je hand heeft gekerfd zodat je nooit zal vergeten dat zij de Moeder van Christus is en dat ze voor ons bidt tot Haar Zoon. Als je in de problemen zit en het slecht met je gaat, open dan je hand en vraag om Maria's hulp. Ze zal dan vlak bij je zijn en je beschermen.'

Ze voegde eraan toe: 'Als je wilt kun je een gebed doen, dat ik ook altijd gebruik, dat je zal beschermen: "Maria, Moeder van God, wees een moeder voor mij en leid mij tot Uw Zoon."'

Destijds, overdonderd als ik was, was ik nog niet zover dat ik die woorden kon uitspreken, maar ik ben ze nooit vergeten.

Een aantal weken later namen we afscheid van elkaar. En alleen God weet hoezeer ik de voorspraak en bescherming van de Moeder Gods nodig had.

Toch had ik nog vijf jaren van leed nodig om volledig haar woorden te kunnen begrijpen. Ik was te zwaar verwond door blinde, mentaal zieke en hypocriete mensen die zichzelf christenen noemden. De tijd van volledige genezing van wat vernietigd was, moest nog komen. Mijn wonden waren nog steeds open.

# HOOFDSTUK V
# REIS DOOR AZIË

IK VERLIET CALCUTTA in de hoop elders de waarheid en avonturen te vinden. Twee dagen lang reed ik op een olifant door het eeuwenoude woud in de Assem-regio; ik volgde een vers tijgerspoor en begaf mij door slingerende rivieren totdat het ernaar uitzag dat dit sterke dier het einde van zijn krachten had bereikt. Wanneer het regende plukte ik een blad zo groot als een paraplu uit het bladerdek en bedekte mijn hoofd. Soms waren alleen het hoofd en de slurf van de olifant nog te zien. Ik beeldde me in hoe ik zou verdrinken in de krachtige maalstromen, maar toch slaagde de gigant erin, zij het met enige moeite, om het droge land te bereiken. Delen van de reis waren zo vermoeiend, dat ik op de rug van de dikhuid in slaap viel. In geen geval waren dit spirituele ervaringen. Meer dan wat dan ook implanteerden ze in mij trots en vertrouwen in mijn eigen kracht en flexibiliteit. Maar mijn behoefte aan puur fysieke inspanningsproeven kende wel zijn grenzen. Ik besloot om naar Kasjmir te reizen, met de intentie om mij richting Ladakh in het Tibetaanse plateau te begeven. Mijn spirituele interesse bewoog zich nu van het hindoeïsme naar het boeddhisme.

Ik nam een indirecte route waarbij ik verschillende plekken van India bezocht, voor ik uiteindelijk noordwaarts trok. Op die reis had ik een ongeluk dat wel de verwarring en onsamenhangendheid van mijn spirituele zoektocht symboliseerde. Ik was op weg van Poona naar Mumbai. Als je in India tien mensen de weg vraagt, dan krijg je elf verschillende antwoorden en dat is precies wat er met me gebeurde toen ik op het station van Mumbai arriveerde. Ik vroeg op welk spoor ik moest zijn voor mijn trein en kreeg prompt het verkeerde antwoord. Het was al middernacht en de laatste trein zou over een minuut vertrekken. Ik had niet genoeg tijd om via het labyrint van ondergrondse gangen op het tegenoverliggende perron te komen. De perrons waren van elkaar gescheiden door een drie meter hoog hek, dat bevestigd was in een vijftig centimeter diepe greppel. De Indiërs plegen in die greppels—die door hen tevens worden gebruikt als openbare toiletten—hun kauwsel van het rode betelblad te spuwen. Bovendien veegden de m medewerkers van de zogenaamde organisatie voor publieke gezondheid en hygiëne het vuil van de perrons in deze greppels en vulden deze dan met water om verderfelijke geur van menselijke uitwerpselen, die uit de spleten omhoogdreven, te temperen.

Bang dat ik de laatste trein zou missen, gooide ik mijn bagage over het hek naar het andere perron, maar het bleef aan de reling hangen. Ik besloot het te wagen om met een hoge sprong over het hek te springen. Dwaas genoeg greep ik de kant van de relingen en sloeg mijn arm eromheen om houvast te krijgen. Maar het hek was gammel en ik verloor mijn evenwicht. Ik wist nog net mijn rugzak los te trekken om het vervolgens met een grote plons in het afgrijselijke bruine water te zien vallen. Toen viel het hele hek om en zat ook ik al snel tot aan mijn nek in de smurrie. Bijna geheel ondergedompeld in die stinkende troep, slaagde ik erin, miserabel en tot op de huid doorweekt, om mezelf eruit te hijsen, samen met mijn druipende rugtas. Was dit mijn 'glorieuze kroon' als beloning voor alle tijd die ik met goeroes had gespendeerd?

Een beetje gekuist door deze ervaring arriveerde ik in Kasjmir en de Indiase Himalaya's. Doorheen oneindig stof en sneeuw, passeerde ik bergpassen hoger dan 5.000 meter, waarna ik de Indiase kant van Tibet bereikte door de route van de rivier de Indus te volgen naar zijn bron. Kort daarvóór was de toegang tot deze zone voor het eerst voor buitenlanders geopend en er waren nog volop soldaten die af en toe de reizigers kwamen controleren. Het was een fascinerend en prachtig gebied en dat voedde mijn verlangen naar avontuur. Weer wilde ik aan mezelf bewijzen dat ik zonder hulp van anderen kon vinden waarnaar ik op zoek was. Eenmaal aangekomen op het dak van de wereld, huurde ik een landrover met chauffeur. Hij reed me naar de boeddhistische monniken die in de prachtige kloosters op de richels van de Himalaya als gieren in hun nesten woonden. Er heerste een exotische fascinatie in het landschap met zijn schaduwen in blauw, wit en bruin.

Aan de voet van de berg Nanga Parbat (8.126 meter hoog) huurde ik een paard en een gids, en beklom de berg totdat de gids zo bang werd dat hij weigerde verder te gaan. Hij was bang van de beren en de witte tijgers en wilde dus ook het paard niet bij me achterlaten. Zonder gids of paard kon ik echter niet verder rijden. Te voet hervatte ik mijn klim door de sneeuw. Mijn voeten waren bijna bevroren. Zielsalleen zette ik door totdat ik een hoogte van 6.000 meter had bereikt. Ik had twee doelen: ik zocht een rustige plek om te mediteren, maar ook het avontuur om aan mezelf en de wereld te bewijzen dat ik niemand anders nodig had. Mijn trots was nog niet gebroken, ondanks dat Klaus de goeroe op het punt stond uit balans te raken.

*De Himalaya bestijgend -mijn nieuwe thuis?*

Op die hoogte heb ik twee uur lang geprobeerd te mediteren, maar ik had moeite met ademhalen en de kou drong tot op mijn botten mijn lichaam binnen. Ik wist dat als ik daar tot in de nacht zou blijven, er een goede kans was dat ik zou doodvriezen. De koude was zo sterk, dat geen van mijn mentale trucs ertegen opgewassen waren. Gedurende deze reis die me naar het hoogste punt van de aarde leidde kwam ik echter tot bepaalde realisaties. Ik had het hindoeïsme de rug toegekeerd en misschien ook wel het leven van ongerichte dwalingen dat ik gedurende de afgelopen drie decennia geleden had. Keer op keer probeerde ik zekerheid en veiligheid te vinden, maar verloor ik vaste voet. Het hindoeïsme had zijn ontelbare waarheden, zijn heilige koeien en apen, duizenden goden en vele wijsgeren waarvan velen ongetwijfeld een meer ascetisch en puur leven geleid hadden dan vele christenen. Maar deze onbegrijpelijke religie en fascinerende filosofie boden mij uiteindelijk niet hetgeen waarnaar ik op zoek was. Het bracht me geen langdurige innerlijke rust, vreugde of vrijheid van mijn ziel. Noch kon ik iets waarnemen dat ik als liefde zou kunnen bestempelen. Integendeel, elke nieuwe vorm van meditatie die ik probeerde, bevestigde juist de beperkingen van de oude. Alles bleef in een oneindige toestand van 'verdoving' waardoor ik slechts voor even de pijn van mijn eenzaamheid kon vergeten.

Ik moest toegeven dat ik nog steeds de gevangene was van mijn eigen onbevredigde lusten naar geld, seks en macht. Alles was zoals het altijd was geweest: egoïsme, leed en vluchtig geluk, gevolgd door leegheid. Hoe kon ik anderen onderwijzen of een goeroe zijn als ik zelf nog niet eens de vervulling had ervaren die ik verkondigde. Van mij kon exact hetzelfde gezegd worden als over de andere goeroes waar ik altijd over klaagde tijdens mijn lange reis door het hindoeïsme! Was ik een hypocriet? Uiteindelijk hadden al die ervaringen me geholpen om slechts tijdelijk mijn problemen te vergeten. Als het enige doel van yoga was om jezelf van nare gedachten te distantiëren, dan was het zeker niet geschikt om een ware transformatie te bewerkstelligen. Ik begon de noodzaak in te zien om de opsluiting in een wereld van zelfabsorptie te vermijden; en wel het laatste dat ik zou moeten aanvaarden was een vervanging voor het leven in plaats van een echt leven, wat dat ook mocht zijn. Ondanks zeven jaren aan intensief experimenteren had ik niet mijn eenwording met God, zoals ik het nu zou noemen, bereikt, maar eerder mijn begeerte voor spirituele sensaties aangescherpt: het soort sensaties dat helaas als doel had mijn egoïstische zelf in een soort god te veranderen.

De lucht was prachtig schoon, al was het wat dun op die hoogte, maar in mijn hoofd bevond zich genoeg spirituele mist, zo'n mist die mij ervan weerhield te begrijpen wat er werkelijk met me aan de hand was. En de meditatie waar ik mij nog steeds regelmatig aan toewijdde, hielp voor geen meter. Het beloofde verlichting, maar in werkelijkheid verduisterde het mijn pad naar het licht en weerhield het me ervan het te vinden. In plaats daarvan volgde ik nog steeds de valse beelden, geobsedeerd door mijn eigen capaciteiten als medium, met astrologische 'bevestigingen' en met het zuiveren van de zogenoemde keten van karma.

In deze gemoedstoestand bezocht ik diverse kloosters op de richels van het Himalayagebergte, maar in elk verblijf ik niet langer dan een paar dagen. Ik vond er veel dingen die mij intrigeerden en mij genoegen deden, maar het waren voor mij geen oorden om lang in te verblijven. Er hingen prachtige schilderingen aan de kloostermuren die het leven van Boeddha en het menselijk pad naar de perfectie afbeelden. Ik stond ernaar te kijken en besefte het enorme contrast tussen deze mooie beelden en mijn eigen verwarring. De monniken waren tamelijk gastvrij; ze ontvingen destijds maar weinig bezoekers en ik moet voor hen net zo exotische geweest zijn als dat zij dat voor mij waren. Sommige monniken spraken een beetje Engels en had ik wat gesprekken mee, zij het niet erg diepgaand. Er waren momenten, hier tussen de boeddhisten in de rust van de bergen, waarop ik het gevoel had dat ik hier gemakkelijker tot rust zou kunnen komen. Het is vast een groot voordeel, zo dacht ik, om ver verwijderd te zijn van alle hoerenhuizen en de supermarkten.

Maar het ongebalanceerde dieet—gebaseerd op veel vettige thee en met een tekort aan vitamines—gepaard met het idee van een acht maanden durende winter, die mij in temperaturen van 45 gaden onder het vriespunt volledig zou isoleren van de buitenwereld, brachten me van het idee van een langer verblijf af. Ik kon niet terug naar India, naar het hindoeïsme. Ik koos voor een ander bolwerk van het boeddhisme op aanbeveling van een persoon die op mysterieuze wijze een rentree had gemaakt in mijn leven.

Kort nadat ik arriveerde in Calcutta, zag ik mijn voormalige partner en vrouw Ursula en in de afgelopen zeven jaren had ik slechts af en toe contact met haar onderhouden, maar ze wist me te vinden. Haar leven was niet zo veelbewogen geweest als het mijne, maar ook zij had geëxperimenteerd met diverse sektes, waaronder *Children of God*. Ondanks, of wellicht dankzij, de vreselijke dingen die we samen hadden meegemaakt was ik dolblij haar weer te zien. Qua uiterlijk verschilde ze niet veel met de gemiddelde westerse reiziger in India met een jeansbroek en een T-shirt aan, maar ze was op zijn minst een net zo intense zoeker als ik en het leek erop dat ze meer vooruitgang had geboekt dan ik dat had gedaan. Ze vertelde me dat ze net was teruggekeerd van een klooster van Ajahn Chah, een van de grootste boeddhistische meesters van Thailand, en ze van plan was om er weer naar terug te gaan en er voorgoed te blijven. Het was gelegen in de oostelijke hoek van het land, vlakbij Cambodja en Laos. Ursula stelde voor dat deze communie voor zowel mannen en vrouwen ook voor mij een goede plek zou kunnen zijn om me te vestigen.

Tijdens Ursula's verblijf in Calcutta introduceerde ik haar aan Moeder Theresa. Net ik had ook Ursula grote bedenkingen bij het christendom, maar ik zal nooit de blikkenwisseling tussen Ursula en Moeder Theresa vergeten: als twee zielenzusters die elkaar al jaren kenden. Jaren later vertelde Ursula me dat de kennismaking met de beroemde non haar staande hield, ja zelfs in leven hield op hele moeilijke momenten in haar leven. Ik besloot haar te volgen naar dat klooster, maar niet direct; ik was bang voor nieuwe teleurstellingen. Ik reisde daarom nog een jaar rond in Zuidoost-Azië, op zoek naar avontuur en zelfvertrouwen, totdat ik op zijn minst was bijgekomen van mijn mislukkingen binnen het hindoeïsme en me aan iets nieuws kon wijden.

Vroeg in het jaar daarop, in februari 1978, was ik eindelijk zover om de stille tijdloze wereld van het boeddhisme binnen te stappen. Ik ruilde de avonturen met apen, schorpioenen en slangen in de Maleisische jungle in voor de innerlijke jungle, vol was met geesten, demonen en giftige slangen. Ik kon mij niet langer toewijden aan een theïstische religie—zij het een mono- of polytheïstische religie—na alle teleurstellingen die ik geleden had. Wat was er verder nog voor me over, redeneerde ik, dan de non-theïstische filosofie van het boeddhisme?

Ik was ervan overtuigd dat ik voor de rest van mijn leven in de monastieke commune van Ajahn Chah moest blijven, hopende dat ik uiteindelijk mijn lang gekoesterde doel van innerlijke vrijheid en rust zou bereiken.

Ursula had me verteld dat Ajahn Chah een van de grootste levende boeddhistische leermeesters was en dat zij onder zijn leiding meer vooruitgang had geboekt in het vinden van ultieme betekenis en waarheid dan dat haar in andere fases van haar leven was gelukt. Er klonk veel enthousiasme in haar stem door als ze het over hem had. Ik had echter nog steeds geen duidelijke verwachtingen van wat mij te wachten stond nadat ik zou zijn gearriveerd bij de tempel van Ajahn Chah, ook wel bekend als Wat Pah Pong. Het was gelegen in een afgelegen oord diep in het woud, maar de kloostergebouwen waren erg indrukwekkend. De vereringsplek was een betonconstructie die ongetwijfeld een hoop geld had gekost om te bouwen; de instelling had duidelijk welvarende geldschieters.

Op de dag waarop ik arriveerde was er zojuist een soort boeddhistisch festival van start gegaan en het klooster zat vol met monniken en bezoekers van buitenaf. Natuurlijk zat de grote leider Ajahn Chah in het midden, omringd door belangrijke persoonlijkheden en andere wijzen. Uit respect voor zijn beroemde spirituele krachten en populariteit, moest men minstens een afstand van twee meters tot hem behouden. Toen ik voor hem ging staan om aan hem voorgesteld te worden, deed ik een 'test de goeroe'-scene, zoals ik dat gewend was in India. Was hij slechts een 'man van hoge rang' die genoot van zijn hoge status, of was hij werkelijk een ervaren persoon die oprecht en eerlijk was in wat hij anderen onderwees? Was hij waardig genoeg om mij te respecteren, of stond ik voor weer een hypocriet die zijn eigen ledigheid probeerde te vullen? Ik wilde zijn reactie testen, zodat ik kon beslissen of ik zou blijven of dat ik waarschijnlijk mijn interesse zou verliezen en weer vertrekken. Ik nam hem waar. Hij was kort, met een platte brede neus op zijn platte brede gezicht en een hoog opgeschoren voorhoofd: niet bepaald aantrekkelijk. Om hem te provoceren, zei ik met luide stem: 'Wie is die lelijke dwerg die als een stratenmaker hier voor me zit?' Gek genoeg mocht

Ajahn Chah mij daarna wel. Om de sympathie van deze man te ontvangen was voor veel monniken en boeddhisten een onvervulbare droom; ik leek dat voorrecht te winnen vanaf onze eerste kennismaking. Een week lang verbleef ik in mijn gewone kleding in het klooster en mocht daarna een bruine robe dragen, net als alle anderen in de commune. Het leven was een stuk aangenamer omdat de leider op mij gesteld was. Ik kreeg toestemming om aan zijn voeten te zitten en binnen de kortste keren ontving ik speciale privélessen van hem.

*De beroemde boeddhistische meester, Ajahn Chah*

Ik kan mij nog het een en ander herinneren van wat hij me heeft bijgebracht. Op een dag zat ik voor hem op de trap van de tempel en hij tilde een volle kop met thee op die hem zojuist was gebracht. Tot mijn verbazing schonk hij er nog meer thee bij tot de kop overliep. Vervolgens liet hij de hele inhoud uit het kopje lopen en van de ene marmeren trede naar de andere naar beneden druipen. Toen was er even een stilte en zei hij iets als: 'Voordat een vat wat nieuws kan ontvangen, moet hij eerst geleegd worden.' Ik begon de boeddhistische notie van jezelf leegmaken te begrijpen—een concept dat ook in het christendom bestaat, zij het in een andere betekenis.

Ondanks het privilege dat ik genoot als zijn favoriete leerling, was het monastieke leven toch behoorlijk veeleisend. Ons dagelijkse ritme begon met drie uur mediteren in de vroege uurtjes; dan moesten we zes tot acht kilometer op blote voeten door plaatselijke dorpen lopen, terwijl we bedelden voor voedsel. We kregen meestal ieder een handvol rijst en soms hardgekookte eieren die een blauwig groen geverfd waren; soms wat bladeren van een boom om sla van te maken. In het weekend waren er giften van vlees en vis door bezoekers uit heel Thailand.

Na 9:30, na het ochtendmaal, mocht niemand meer iets eten tot aan de volgende ochtend. Er werd niet gepraat, niet gelezen, niet geluisterd naar muziek; ook bezittingen van wat voor soort dan ook waren niet toegestaan. Normaliter moest ik de spuugbakken van de monniken schoonmaken, wat een gezonde les voor deemoed was. Dan moesten we water trekken uit een bron die 24 meters diep was; er was geen elektriciteit, noch stromend water. Elke handeling moest worden uitgevoerd in de geest van de meditatie. De rest van de tijd moesten we in ons eigen hutje blijven en op diverse wijzen mediteren. Er waren verscheidene hoofdvormen van meditatie die we moesten beheersen. Een daarvan had te maken met de ademhaling, waarbij we nauwlettend de stroom van de lucht volgden zo het door de neusgaten naar de longen stroomde. Een andere was de lopende meditatie, die de vereiste focus legde op alle spieren die bewegen bij elke genomen stap. Zo kreeg het brein iets om op te concentreren en gelegenheid om zwervende gedachten af te wenden. Een andere techniek is eindeloos het woord Boeddha herhalen.

Eens per week mocht ik Ursula zien, die op de vrouwenafdeling leefde. Volgens de regels moest er te allen tijde ook een andere zuster aanwezig zijn en we moesten een afstand van twee meter tot elkaar waarborgen; dat was de monastieke regel voor interactie tussen man en vrouw.

Die ontmoetingen gaven ons beide grote troost. Ze had het moeilijk omdat veel van haar medezusters waren gevlucht voor hun gewelddadige echtgenoten en in werkelijkheid geen spirituele roeping hadden. Ze waren voortdurend aan het praten en dat stoorde haar. Maar ik liet niets los over mijn monastieke of spirituele reis, noch had zij het over haar innerlijke leven.

Eén nacht per week moesten wij monniken van 10 uur 's avonds tot zes uur 's ochtends de loopmeditatie beoefenen. Dat deden wij meestal binnen, want in een omgeving geteisterd door slangen, schorpioenen en stekende mieren was in het pikkedonker buiten lopen te riskant. Voor degenen die moeite hadden om wakker te blijven, had Ajahn Chah een radicale oplossing: een groot glas werd op het geschoren hoofd van de monnik geplaatst met de bedoeling deze niet te laten vallen. Dit was een kwestie van eer, dus om een dergelijke ramp in het dimlicht van een enkele kaars in de tempel te voorkomen, vergde een hoop energie. Als dit niet hielp, was er een nog drastischere remedie tegen slaperigheid. De slaperige monnik moest op de rand van de diepe waterbron gaat zitten met zijn voeten 20 meter boven het wateroppervlak. Eenieder die daar in slaap zou vallen, viel gegarandeerd zijn dood tegemoet. Ik onderging deze gevaarlijke oefening meerdere keren. Dergelijke maatregelen werden niet opgelegd in de geest van hardvochtigheid of discipline; dat was niet Ajahn Chah's bedoeling. Ze werden enkel 'aangeraden' en de kloosterlingen gingen er vrijwillig mee akkoord in hun besluit om verder te komen op hun spirituele pad want daar hadden ze al het nodige voor over.

Eén van de merkwaardigste dingen die Ajahn Chah me aanraadde, was om de dood in de meest letterlijke zin voor ogen te hebben door naar menselijke lijken te kijken. Er waren meerdere monniken die dit advies kregen, maar voor zover ik weet was ik de enige die zijn raad ook daadwerkelijk opvolgde. Om mijn visa te verlengen, moest ik regelmatig naar Bangkok, en als monnik van een bekend klooster kreeg ik toestemming om daar het lijkenhuis te bezoeken, wat voor gewone burgers onmogelijk zou zijn geweest. tevens bezocht ik ziekenhuizen waar ik autopsies observeerde. Ik zag mensenlichamen in stukjes gesneden worden: zowel mooie jonge als oude gerimpelde lichamen. Mijn leermeester dacht dat die ervaringen me vertrouwd zouden maken met de vergankelijke aard van schoonheid. Misschien was ik ook wel minder geschrokken van wat ik zag dan anderen; zelfs als kind had ik namelijk al een vreemde nieuwsgierigheid naar dode lichamen en was er inmiddels redelijk aan gewend geraakt. Op veel momenten in mijn leven had ik mij dichter bij de dood dan bij het leven gevoeld. Ik was mij maar al te goed bewust van de fysieke desintegratie na de dood, en die morbide bezoeken aan het lijkenhuis versterkten dat alleen maar.

Ik herinner mij mijn tijd in het klooster als een van extreme omstandigheden. Tijdens mijn wilde gedrogeerde dagen in Hamburg leefde ik in het andere extreem: leven van genot, decadentie, een volledig gebrek aan zelfbeheersing en tot slot uiterste wanhoop. Maar nu waren ik en mijn uithoudingsvermogen onderhevig aan een intens gedisciplineerd regime en een striktheid die voor de meeste westerlingen nauwelijks voor te stellen is. Waarschijnlijk had ik de behoefte, op zijn minst onbewust, aan een sterk medicijn om mijn vertroebelde verleden tegenwicht te bieden. Hoe dan ook, ik was nooit het type dat half werk afleverde. Het is binnen het boeddhisme echter niet de bedoeling om jezelf te onderwerpen aan extreme zelfkastijding; wel draait het om het elimineren van alle extremen, contrasten en dualiteiten: goed en slecht, zwart en wit, geluk en ellende. Het is de bedoeling dat dergelijke polen hun belang verliezen.

Ajahn Chah ging niet meer mee op de dagelijkse bedelronde, maar hij had nog wel zijn bedelbuidel die hij aan mij overhandigde. Op onze wandelingen placht hij me bij mijn arm te nemen en eens toen hij een van zijn wekelijkse toespraken gaf voor de commune, zei hij dat hij mij beschouwde als een echte monnik, veel oprechter dan de 400 andere. Die waren natuurlijk verbaasd. Hij legde uit: 'In tegenstelling tot jullie, doet Klaus alles direct vanuit zijn hart; hij maakt geen bewuste berekeningen.'

*Langdurige meditaties voor de volgende drie jaren*

Ik was gevleid door deze woorden—en mij wellicht niet genoeg bewust van het gevaar van excessieve trots; mijn medemonniken waren erg jaloers. Zonder dat ik wil beweren dat ik deze lof verdiende, denk ik dat ik begrijp waarom Ajahn Chah dat zei. In die tijd was ik teleurgesteld in theorieën en theologie, en het was mijn ervaring om niet in het één noch in het ander te geloven. Ik beoordeelde de dingen simpelweg op basis van mijn ervaringen. Als iets een tastbaar resultaat had, mooi; als het resultaat negatief was, dan werd het tijd om dat pad of die theorie te verwerpen. Dat was mijn gedachtegang. Nu was het boeddhisme aan mijn mentale horizon verschenen.

Ik stelde vast dat als ik als boeddhist iets wilde leren, ik alles wat ik uit boeken had geleerd aan de kant moest schuiven, om te zien of er wel waarheid en spirituele waarde te vinden was in een wereld waar het intellect en een opleiding geen rol spelen. Ik neem aan, dat Ajahn Chah mijn instelling had begrepen, toen ik hem begroette met 'lelijke dwerg'; ik had geen geduld voor formaliteiten en hiërarchieën; ik wilde het tot op de bodem uitzoeken. In de maanden daarop stortte ik mij, met lichaam en ziel en vol nieuwe hoop, op het boeddhistische leven. Frisse wind en vernieuwde gevoelens van moed gaven mij een nieuwe start.

Het doel van het kloosterleven was het bereiken van nirwana, de onbeschrijflijke toestand van bevrijding van alle wereldse verbindingen en, natuurlijk, van het bestaan zelf. Ajahn Chah zei altijd: 'wie erin slaagt zes minuten te mediteren zonder tussenkomst van gedachten, die heeft het nirwana bereikt.' Dit hield in het kort in dat die persoon bevrijd zou zijn van zijn problemen. Wat voor staat van zijn het nirwana precies was, dat vertelde hij niet. Was het zijn en niet-zijn tegelijkertijd? Soms leek het erop dat nog niemand ooit die staat had bereikt. Maar de meester zelf dan? Sommige monniken zeiden dat hij de verlichting bereikt had, wat hetzelfde zou kunnen betekenen als nirwana. Over het algemeen zijn boeddhistische meesters er huiverig voor hun eigen verworvenheden te beschrijven. (Zo leerde ik in China en Korea bijvoorbeeld boeddhistische leermeesters kennen die weigerden te antwoorden als ik vroeg naar de spirituele staat die zij hadden bereikt; want westerse beoefenaars waren niet zo bescheiden.) Ajahn Chah volgde de Aziatische traditie van terughoudendheid.

Maar hij antwoordde als volgt wanneer iemand hem vroeg hoe hij meester was geworden:

' Als ik eet, dan eet ik. Als ik loop, dan loop ik, enzovoorts. Alles is en wordt meditatie: praten, eten, lopen, slapen, werken.'

Ik denk nog steeds dat er wel enige wijsheid in deze woorden zat. Wij in het Westen praten aan tafel, denken terwijl we slapen, lopen terwijl we lezen: onze gedachten zijn hier, daar en overal, altijd bezig met iets anders. Zevenenveertig procent van ons denken gaat over het verleden, zevenenveertig procent over de toekomst en zelden zijn we met het heden bezig. Wat Ajahn Chah me bijbracht is dat onze versnipperde gedachten het tegengestelde zijn van concentratie en meditatie. Zelden bevinden wij ons in het 'heden' (in de letterlijke zin van het woord?), wat een geschenk is.

Zelfs nu nog vraag ik me af: Is het boeddhisme een religie of een filosofie? Hoe kan het dat deze religie door zoveel christelijke theologen geprezen wordt? Hoe kon het in het Westen, te beginnen met de hippietijd, zo populair worden? Waarom hebben de New Age-denkers zoveel eruit overgenomen?

Siddharta Gautama was een rijke prins, nobel en eerlijk, die leefde van 563 tot 483 BC. Toen hij op een dag zijn vaders paleis verliet, zag hij voor het eerst ziekte, armoede, onrecht en dood en schrok daar erg van. Hij beschouwde het hindoeïsme om hem heen als enkel een ritueel, totdat hij een asceet ontmoette van wie hij onder de indruk was. Hij wijdde zijn leven aan het ascetisme en beleefde verlichting op zijn 35ste verjaardag. Op deze manier begreep hij hoe men zich kan distantiëren van de slechte aspecten van het menselijk leven. Sommige mensen trekken een parallel tussen hem en Adam, die uit het Paradijs werd verdreven en er naar terug wilde keren.

In het lot en leed van ons dagelijkse leven zoekt eenieder een weg om weer terug te keren naar het Paradijs.

Gautama, die nu Boeddha genoemd wordt, de 'verlichtte', vatte zijn wijsheid in vier nobele waarheden samen:

1. De waarheid over het leed: alles dat voorbij gaat is gekarakteriseerd door leed;
2. De oorsprong van leed: leed is het product van zonde (gierigheid, hartstochten, hebberigheid);
3. De waarheid over het breken van het leed: wensen verwerpen stopt het leed;
4. Het verwerpen van hebberigheid, gierigheid en de hartstochten kan via de 'nobele 8-voudige weg'.

Als we die 'nobele 8-voudige weg' nader bekijken, kunnen we beter begrijpen waarom zoveel mensen hoopvol deze weg insloegen. De stappen zijn als volgt:

1. Oprecht geloof en oprechte meningen, dat wil zeggen het begrip van de vier nobele waarheden;
2. De juiste beslissingen en goede intenties, dat wil zeggen onze motivatie puur houden;
3. Correct taalgebruik, dat wil zeggen de waarheid spreken;
4. Eerlijke daden en gedrag, dat wil zeggen een houding gericht op en doordrongen van eerlijkheid en vrede;
5. Ons levensonderhoud eerlijk verdienen, dat wil zeggen niet aan de hand van drugs of wapens;
6. Daadwerkelijk de moeite doen, dat wil zeggen *ascese* en zelfdiscipline;
7. Oprechte concentratie;
8. Oprechte meditatie.

Als dit pad wordt bewandeld in navolging van het onderricht van de 'Verlichtte', dan is het mogelijk om aan de dagelijkse zorgen te ontsnappen en de staat van nirwana te bereiken die je zal bevrijden van alle verlangens. Wanneer je dat navolgt, eindigt al het leed. Volgens mij zijn de eerste zeven punten afkomstig van geestelijke inspiratie, maar veroorzaakt het achtste punt, denk ik, dezelfde problemen die ik met het hindoeïsme ervoer. Zoals hierboven genoemd, werd de beheersing over het rationele (mind control)— zowel in het boeddhisme als in het hindoeïsme—tijdens het mediteren verkregen door middel van methodes zoals zen, yoga en diverse vormen van een extatische gemoedstoestand.

Andere technieken zijn ook luisteren naar de windbellen, mantra's of het trainen van de ogen om te focussen (of juist niet). Al deze technieken hebben het doel om je met het universum te laten samensmelten, om één te worden met de krachten van de aarde en zo de dualiteiten van het leven te overstijgen. Maar dat leidt ons toch weer tot dezelfde vraag: hoe kan ik mezelf vinden als in dit onpersoonlijke universum niet 'één' iemand werkelijk bestaat of als mijn persoonlijkheid verdwijnt en opgelost is?

Er bestaat een soort egocentriciteit, zou ik zeggen, in het boeddhistische geloof, dat de mens zichzelf op eigen kracht moet bevrijden. 'Jijzelf bent je eigen licht,' zei Boeddha niet lang voor zijn dood. Het probleem dat ik had als jonge zoeker is dat ik 'mijn eigen licht' niet was en geen enkele leraar of techniek mij kon helpen die te ontdekken. De boeddhist Klaus had goede hoop dat hij dat licht zou kunnen ontdekken door zich voor altijd van de wereld terug te trekken. Om mijn hele leven in een klooster door te brengen had ik me nog niet voorgesteld, maar voor een bepaalde tijd vond ik het wel noodzakelijk. Zelfs toen ik mijn oefeningen voor Ajahn Chah deed, kwam in mij de gedachte op dat vier vijfde van de wereldbevolking gedwongen werd tot dagelijkse handarbeid. Het leek mij niet eerlijk dat deze mensen vanaf hun geboorte in het nadeel waren en zo het nirwana niet zouden kunnen bereiken; zij waren kennelijk niet geboren voor het monastieke leven, maar om te werken en zo het leven op aarde te laten functioneren.

In feite ligt de leer van Boeddha tussen een filosofie en religie in. Siddharta Gautama was er zelf op tegen dat de mensen hem tot god maakten. Maar de behoefte aan goden van de gewone bevolking was sterker dan wat dan ook; in de moderne tijd maakten de mensen immers goddelijke figuren van criminele duivels zoals Stalin en Mao Tse Tung. Deze 'impuls' zal er altijd zijn zolang de menselijke natuur de maatstaf en het centrum van alles is.

Mij langzaam aanpassend aan het ritme van Ajahn Chah's klooster, begon ik tastbare resultaten te ervaren door de intensieve beoefening van meditatie en andere disciplines. Maar wat had ik bereikt met het creëren van een 'innerlijke leegte'? Waren mijn twijfel, woede, genot, haat en afgunst daardoor inderdaad tot een laag niveau gereduceerd of zelfs geheel verdwenen? Was ik nu vrij of op zijn minst een beetje vrijer? Het leek alsof rust en vrijheid wel op afstand naar mij stonden te zwaaien, maar dat de weg erheen nog steeds een lange en lastige bleek te zijn.

Ik had giftige slangen, ratten, schorpioenen, grote spinnen en termieten niet alleen in mijn kleine hut of *kuti* gezien, maar ook in mijn ziel. Het gevecht tegen deze ongewenste indringers vond zowel intern als extern plaats. Het was een gevecht op twee fronten. Ook de fysieke uitdagingen waren ook overweldigend. Op een dag zat ik te mediteren in mijn kuti en zag ik een slang van het dak naar beneden over het trappetje naar mijn kamer glijden. Volgens de regels van het klooster mocht ik me niet bewegen, noch dieren aanraken, maar tot mijn schrik zag ik hoe de slang zich onder mijn slaapkussen nestelde. Toen ik de volgende avond terugkwam, had ik geen idee of die slang er nog was; het was een uitzonderlijk slapeloze nacht, al heb ik het serpent daarna nooit meer gezien. Er woonden ook vriendelijke schepsels in mijn hut; zo was er een kameleon die aan de luiken kleefde en die ik elke ochtend begroette als ik terugkwam van de tempel, me afvragend welke kleur hij dit keer zou hebben aangenomen. Ik gaf de voorkeur aan dit soort makke dieren boven de ratten die regelmatig mijn zeep opaten. Eén fenomeen waar ik op stuitte in verband met de dodelijke fauna van de regio maakte bijna een eind aan mijn aardse leven en monastieke loopbaan. Op een ochtend was ik verzonken in de ochtendmeditatie in de tempel bij het schemerlicht van olielampjes. In een impuls deed ik mijn zaklamp aan en daar op de vloer, ongeveer een meter bij me vandaan, lag een gestreepte krait—een van de dodelijkste slangen van dat deel van de wereld. Sterker nog, het was een moeder krait die haar twee jonkies beschermde—nog gevaarlijker. Als ik de zaklantaarn niet had aangedaan was ze onder mijn benen gekropen en zou ze me hebben gebeten zodra ik me had bewogen; dan zou ik binnen vijf tot tien minuten zijn gestorven. Dit keer had ik lak aan de monastieke regels. Zodra ik het gevaar zag, sprong ik op en schreeuwde; alle monniken ontbrandden hun fakkels. Het lukte ze de slangen in een metalen container te vegen en ze gooiden ze terug het woud in. Later werd mij door een heilige man veteld dat het een van de momenten was geweest waarop Maria, de Moeder Gods, mij had beschermd.

Ondanks de risico's nam ik de disciplines serieus en werd ik er vrij goed in om mezelf in een diepe leegte te gooien, weigerend om enige aandacht te schenken aan voorbijkomende gedachten, laat staan ze te ontleden en te analyseren. Toch was er nog een deel in mij dat zich afvroeg wat het nut was van die bereikte leegte. In de ontkenning van alle dualiteiten leek het boeddhisme veel dingen te ontkennen waar ik juist naar hunkerde. Hoe kan er vreugde zijn als er geen werkelijk verschil tussen vreugde en verdriet bestaat? Hoe kan er liefde zijn als er geen verschil is tussen liefde en haat? Zelfs het genoemde doel van de hele oefening—het elimineren van leed—werd in mijn geval niet bereikt.

Ik had moeite met het idee dat vervulling inhield dat alles en iedereen tot niets anders dan een illusie werd gereduceerd of op zijn best een soort constante stroom was die leidt tot het niet-zijn. Het elimineren van het verschil tussen goed en kwaad leek een volledige afwezigheid van morele verantwoordelijkheid te voorspellen; in die zin was er geen vrije keuze tussen goed en kwaad en het dragen van de consequenties van die keuze.

Hoe meer ik me verdiepte in de boeddhistische praktijk, hoe meer ik vond dat er een ongezond nihilisme schuilging in deze filosofie. Dit kon het leven niet zijn, zei ik tegen mezelf, en ik pakte mijn hebben en houwen om elders het echte leven te vinden. Ik bezocht andere kloosters en ook regelmatig Bangkok, om te zien of ik hetgeen ik in het klooster had geleerd ook kon bijhouden in een leven in de echte wereld. Dit maakte mij meer en meer ongeliefd bij mijn medekloosterlingen.

Ze gedroegen zich boos, sarcastisch en agressief tegenover mij, wat mijn desillusie enkel groter maakte. Waar waren hun wijsheid en zelfbeheersing nu? Ik begreep ineens dat dit een plek was waar niemand liefde voelde of erover praatte—alles was enkel theorie en theologie. Ik begon het klooster langzaamaan als een soort concentratiekamp te zien. Op een dag klom ik over de muren (door de poort naar buiten lopen was tegen de regels) en stuitte even later op een storend beeld. Een vader die plotseling zijn geduld verloor met zijn twee zoons, van ongeveer tien en twaalf jaar oud, en ze woedend een pak rammel gaf. Dat is nou die boeddhistische zelfcontrole, dacht ik bij mezelf. Het was tijd om weer wat van het echt leven te proberen.

# HOOFDSTUK VI
# HET 'ECHT LEVEN' HERWINNEN

MET EEN KAALGESCHOREN HOOFD en een wapperende toga vertrok ik naar Bangkok, zeshonderd kilometers ver weg, onzeker wanneer en of ik ooit terug zou keren naar het klooster. Daar verbleef ik in een van de vele volkskloosters. Op een dag was ik in de oude en waardevolle bibliotheek van dat klooster op zoek naar een aantal belangrijke antieke handschriften. Lezen werd voor monniken niet als een deugd gezien, maar dit onderzoek werd toegestaan omdat het beschouwd werd als hoge cultuur. Terwijl ik door wat bladzijden bladerde, kwam een bevriende monnik op me af en ging naast me op de vloer zitten. We hadden een discussie over astrologie en Santachitto, zoals hij heette, vroeg:

*Pinda Bath - bedelen met mijn metgezel in Thailand*

'Klaus, even terzijde, wat voor sterrenbeeld ben jij?' 'Stier,' antwoordde ik.

'Kijk, het is nu de tijd van de stier!' Hij trok zijn wenkbrauwen op en vroeg me op welke dag ik jarig was. Ik had me al tijden niet meer met zulke wereldlijke dingen bezig gehouden, maar ik antwoordde:

'Op 15 mei,' zei ik, en tot onze verbazing constateerden we dat dat de volgende dag was. Dat feit vond hij een aanleiding om me een gek voorstel te doen. Wat hij zei heeft in mijn gehele monastieke leven meer indruk op mij gemaakt dan wat dan ook. Het zette me ertoe te geloven in een onverklaarbare kracht die ieders' leven stuurt.

'Als je niet wilt, moet je het zeggen. Ik wil je niet onder druk zetten. Wat ik je ga voorstellen is niet eenvoudig.'

'Een beetje risico in het leven kan geen kwaad,' was mijn opvatting en daarom vroeg ik hem wat hij voor mij in gedachte had.

'Ik ben op weg naar het zuiden en ik heb nog zo'n duizend kilometers te gaan, voel je er iets voor om me te vergezellen?'

Een lange reis? Dat hoefde hij me geen tweede keer te vragen. Natuurlijk wilde ik mee.

'Maar...,' ging hij verder, 'er zijn bepaalde omstandigheden... We zullen niet op de gebruikelijke manier reizen.'

Dat maakte me werkelijk nieuwsgierig.

'Kijk, mijn voorstel is het volgende,' zei hij, 'ik stel voor dat we die duizend kilometer lopend afleggen!'

Daar viel mijn mond van open.

'Nee, het zal niet zo erg zijn,' zei hij om me gerust te stellen, 'ik voorzie dat we tijdens de reis niemand om ook maar iets hoeven te vragen dan enkel water, wat essentieel is. Al het overige zal rustig en zonder problemen verlopen.'

Ik werd verleid door die reis, al was het bij nader inzien een irrationeel voorstel, een onmogelijk idee. Even later had ik toch het idee dat ik geen andere keuze had als ik verder wilde komen in mijn persoonlijke reis en mijn horizon wilde verbreden. Ik ging akkoord. Bij het idee alleen begon ik al te zweten, maar ik had nu eenmaal ingestemd en er was geen weg meer terug. De menselijke logica zegt dat zo'n reis, afgelegd in temperaturen rond de 38 graden en een luchtvochtigheid van bijna 100%, suïcidaal zal zijn. Maar ik had niet veel tijd om erover na te denken, want Santachitto kondigde aan:

'Over twee uur, net voordat het donker wordt en als het niet meer zo heet is, vertrekken we.'

We bereidden ons in alle haast voor. Veel hadden we niet, behalve onze toga's en bedeltassen. De reis die voor ons lag beloofde een belangrijke mijlpaal in mijn leven te zijn. Het was belangrijk, zo voelde ik, om je angst te overwinnen en vertrouwen op de eerste plaats te zetten. Vertrouwen waarin? Om te beginnen in de mens en in mijn eigen doorzettingsvermogen. Aan het begin had ik geen idee van het lot dat me te wachten stond op mijn lange mars.

Zodra het donker werd, vertrokken we te voet door het chaotische verkeer van Bangkok met zijn voortdurende getoeter en zijn vervuilde straten met gekakel en handelsactiviteiten. Een paar uur later, na de rand van de stad te hebben bereikt, werden we aangehouden door de politie. Er waren geen vragen en geen antwoorden, enkel een intens zengende hitte en de daarop volgende twee uur die door verveeldheid langzaam aan ons voorbij trokken. Waar was dit allemaal voor nodig?

Uiteindelijk kwam één van de mannen in uniform op ons af en vroeg ons hem te volgen. Wat was er nou aan de hand? Men vroeg Sanchitto waar hij heen wilde. Toen begon de agent met strakke lippen aan automobilisten van wie hij de papieren controleerde te vragen waar zij heen gingen. Uiteindelijk vond hij een chauffeur die bereid was ons mee te nemen naar de volgende grote stad, waar we in een klooster zouden kunnen overnachten. We klommen in de auto, mediteerden en glimlachten de volgende tweehonderdenvijftig kilometer van onze reis.

We namen afscheid van de chauffeur, bedankten hem, en hij zei ons dat het voor hem een grote eer was geweest om bedelmonniken in zijn auto te mogen hebben gehad.

De volgende dag verliep alles een stuk moeizamer. Nadat we onze bedelronde hadden gedaan en hadden ontbeten, vervolgden we onze reis. Het was wederom ontzettend warm, daar zo ver weg van de beschermende schaduwen van het bos; nergens was een plek te vinden die onze kaalgeschoren hoofden tegen de schroeiende zon kon beschermen. Zo marcheerden we uur na uur in enkele baan langs een eindeloze weg. De lucht trilde, het zweet droop van onze gezichten, dorst kwelde ons en voor zover het oog reikte was er geen plek om even te zitten en tot rust te komen; niets: geen water, geen schaduw, maar enkel auto's die met grote snelheid voorbijreden.

Ik begon bang te worden nu ons lichaam in een kritische fysieke conditie geraakte. Mijn keel was droog, mijn tong zat aan mijn kaak vastgeplakt en ik begon te duizelen; dit zou, zo wist ik, tot een acute zonnesteek leiden. Waarom was ik zo stom geweest om op het voorstel van die monnik in te gaan? Ik maakte mezelf bitter verwijten. Was dat nou nodig geweest? Ik werd beheerst door een sterk gevoel van twijfel en vroeg me af hoeveel verder mijn voeten mij nog zouden kunnen dragen voordat ze zouden blijven steken in het schroeiende asfalt. Ik was bijna in trance door die zengende hitte toen ik ineens een auto naast me hoorde toeteren. De automobilist bood ons niet alleen een lift aan, maar reed ons tevens naar zijn huis. Het bleek, ongelooflijk maar waar, dat hij een ijskoopman was.

Hij stond erop ons het beste en duurste van zijn waren aan te bieden. Als ik toen een christen was geweest, dan had ik een 'halleluja' gepreveld. Onder deze omstandigheden deed ik erg mijn best om een 'perfecte' boeddhist te zijn, een die geacht werd alles met een stoïcijnse onverschilligheid in ontvangst te nemen. Natuurlijk kon ik mijn vreugde en opluchting maar nauwelijks verbergen. Maar de goedertierenheid van de man ging nog verder. Om er zeker van te zijn dat we hem niet zouden vergeten—wat in geen geval zou gebeuren—gaf hij ons genoeg geld om de bus te nemen naar de volgende bestemming van onze reis. Het was ongelooflijk. Uiteindelijk arriveerden we die nacht in een oord waar alles gesloten was en ook in de plaatselijke kloosters waren geen kamers vrij. We besloten die nacht onder de sterrenhemel door te brengen in een oude ruïne op de top van een heuvel net buiten de stad, in de hoop dat we geen slangen en schorpioenen zouden tegenkomen, die daar in overvloed waren. Daarboven waren we omringd door een groep apen in de omringende bomen, die rare geluiden maakten en onderzoekend naar ons staarden.

Na drie dagen hadden we onze bestemming bereikt en was ik toch wel blij dat ik Santachitto's voorstel had aangenomen. We verbleven enige tijd in een klooster dat in het zuiden van Thailand uit de rotsen gehouwen was. Terwijl mijn vriend leed onder een malariabeet, hoorde ik dat de kloostervader de volgende dag naar Bangkok moest om wat dingen te regelen en ik werd gevraagd om hem te begeleiden. Dit was simpelweg te mooi om waar te zijn, dacht ik bij mezelf. En toch bevond ik mij niet lang daarna in een luxe Amerikaanse limousine met airconditioning, en in een racetempo reden we terug naar het klooster in Bangkok. Geloof, niet angst, was gehandhaafd.

Langzamerhand begonnen kenmerken van mijn oude wereldlijke zelf weer de kop op te steken. Ik bouwde een platonische vriendschap op met een betoverende Thaise dame van bevoorrechtte afkomst en ze nodigde me bij haar thuis uit. Ik had haar in het klooster van Ajahn Chah leren kennen en had haar wat advies kunnen geven over persoonlijke problemen. Toen al had ze me uitgenodigd om haar in Bangkok te ontmoeten. Nu ik in de hoofdstad leefde, was er niets dat me ervan weerhield om op haar aanbod in te gaan. Wanneer we er zin in hadden gingen we wel eens uit naar een discotheek voor wat amusement—incognito, natuurlijk. Ik verruilde mijn kloosterkledij voor een wat meer wereldlijke outfit en ook zij zorgde ervoor dat niemand haar zou herkennen. We dansten op rock-'n-rollmuziek tot we niet meer konden; allebei tevreden dat we even hadden kunnen ontsnappen aan de formele omgeving waarin we de rest van onze tijd doorbrachten. Het leven had weer grip op me, wat een genot! Was daar dualiteit? Was dit verboden in het boeddhisme? Niet dat ik wist. Na al die tijd dat ik in het bos en achter muren had doorgebracht, had ik behoefte aan zon en het strand. Tijdens mijn verblijf bij mijn rijke vriendin raadde zij mij het dichtstbijzijnde strand Pattaya aan. Ik ging erheen om 'bij te komen' en zocht een kamer. Omdat ik dansen leuk vind, was het niet zo verwonder- lijk dat ik binnen de kortste keren een discotheek binnenstapte. Wat daarna gebeurde is van intieme aard en ik zou daarom graag willen dat de lezer het niet verkeerd begrijpt. Het vormt immers een belangrijk stadium van mijn reis.

Toen ik de discotheek verliet, werd ik door drie Thaise vrouwen benaderd die me bij hun thuis uitnodigden. Hun intenties waren duidelijk: ze kamen uit arme families en werkten als prostituees om te kunnen overleven. Zulke vrouwen zien elke westerling als een kans om meer geld te verdienen en om mogelijk een beter leven te kunnen leiden.

Aanvankelijk dachten ze dat ik een klant was als ieder ander, maar al gauw merkten ze dat er iets anders was aan mij. Ik droeg dan wel geen monnikengewaad, maar ook mijn witte kleren waren niet wat ze gewend waren van de doorsnee discobezoeker. Ik was even in de war toen ik begreep wat ze van me wilden. Ondanks mijn rebelse neigingen was ik uiteindelijk toch een monnik en had aan zulke 'wereldse dingen' echt niet gedacht. En hoe dan ook had ik er nooit ook maar over gepeinsd om in welke fase van mijn leven dan ook te betalen voor seks.

Ik wist me echter even geen houding te geven. Ik ging op de tegels voor de disco zitten en mediteerde om hulp van de geesten te ontvangen. Wat denk je? Ik kreeg een antwoord! Ik hoorde de volgende boodschap uit de mond komen van iemand waarvan ik dacht dat het Ajahn Chah was: 'Doe wat je normaal altijd doet, doe het helemaal en goed. Doe geen half werk!' Ik had het gevoel alsof ik door de bliksem geraakt was en keek om me heen of ik Ajahn Chah zag. Voor zover ik kon vaststellen was er niemand. Was hij het die me aansprak, of waren het demonen geweest die zijn stem imiteerden? Alleen nu, als christen, kan ik met zekerheid zeggen dat het *niet* Ajahn Chah was: hij was te oprecht in zijn monastieke roeping om me dergelijk advies te geven. Het is misschien beter om te zeggen dat wat ik hoorde een precieze imitatie van Ajahn Chah's toon en stem was. In ieder geval kon ik in die dagen het verschil tussen zijn echte stem en de imitatie nog niet onderscheiden.

Hoe dan ook veranderde dit de situatie. De eerste vrouw *bood* me een hoop geld—$70.-—om *haar* gast te zijn, wat zou betekenen dat ik met haar mee naar huis zou gaan. De tweede vrouw bood me meer, $100; ik moest niet met die voorgaande meegaan maar met haar, beweerde ze. Ongelooflijk.

Dat ging een tijdje zo door. Ik stelde me hun leef- en werkplaats voor als een scheepswerfbar in een donkere smalle steeg, vol rook en een sfeer van misdaad, waar je zomaar in je rug gestoken kon worden. Het kwam me allemaal heel vreemd voor. En weer hoorde ik die stem herhalen: 'Gewoon doen wat je altijd doet!' Na de sterke angsten in mijn binnenste overwonnen te hebben, besloot ik de eerste vrouw te volgen, die Dang heette. De andere twee kwamen uiteindelijk ook achter ons aan.

We gingen een ruige buurt binnen. Op een bepaald moment voelde ik gevaar en besloot een stop te maken, voordat ik spontaan een mes in mijn rug zou krijgen. Ik ging een sjofel drankhuis binnen met kale vloerplaten en bestelde een biertje. Ik wilde de gezichten van deze dames van dichtbij zien om zo wat zelfvertrouwen te winnen. Ik begon me al wat beter te voelen. Waarschijnlijk was 'die stem' toch niet een truc geweest en mijn twijfels verdwenen langzaam.

Niet lang daarna verruilde ik mijn monastieke cel voor een slordig kamertje in het huis waar mijn drie nieuwe vriendinnen woonden, samen met een dozijn andere hoertjes. Ik leefde nu onder hen. Omdat ze me zagen als beschermer en adviseur, gaven de drie me geld, eten, kleding en vervulden al mijn wensen. In ruil daarvoor verlangden ze van mij slechts de zegen van Boeddha en een goedaardig effect van mijn meditatie. Ze wilden ook een welwillend oor, dat luisterde als ze over hun persoonlijke en werkgerelateerde problemen vertelden. Het was ook niet moeilijk te begrijpen waarom ze een dergelijke vriendschap nodig hadden; bij zonsopkomst kwamen ze weer thuis, uitgeput en met een uitdrukking van afkeer op hun gezicht. Ik luisterde dan naar hun verhalen waarin de lugubere handelingen die ze gedwongen uit moesten voeren en de vreselijke valstrik waarin ze verstrikt zaten duidelijk werden. Wat begon ik bij het horen van al die verhalen een hekel te krijgen aan de mannelijke toeristen die regelmatig naar Pattaya kwamen.

Ik werd een kameleon net als dat kleine beestje dat in mijn monastieke hut leefde. Ik liet de monastieke manier van kleden achter me en mijn vriendinnen bestelden bij een plaatselijke kleermaker prachtige geborduurde zijden kleren voor me. Ik was een van hun, lid van de groep. Ze noemden me Baagh Wan, oftewel Zoete Mond. En hoewel ik mij in het beging in beperkte mate aan hun verlokkingen probeerde toe te geven, ging ook deze fase snel voorbij dankzij de 'innerlijke stemmen' van mijn leermeester, die zijn bevel herhaalde: 'Doe wat je altijd doet! Er is geen goed of slecht, alles is één.' Dat was, naar het leek, mijn ware zenpraktijk. Dit was het echte leven! Ik volgde die raad op en ging ermee door.

Maar wat gebeurde er eigenlijk met me? Mooi als het van de buitenkant leek, begon deze nieuwe manier van leven me weer te benauwen. Ik moest weg van deze plek der zogenoemde 'liefde'. Zo was er bijvoorbeeld het realistische gevaar om door jaloerse vrouwen aangevallen te worden. Alles werd steeds moeilijker en ik vreesde dat ik in dit huis zou zinken en verdrinken.

Uiteindelijk keerde ik terug naar het klooster in het bos in het oosten van het land. Ik was ongeschoren, bezweet en stonk. De weg erheen was een kwelling en halverwege brak er brand uit in de bus waarmee ik reisde. Ik zat achterin en was de eerste die zag hoe er vlammen oplaaiden vanuit de brandende motor. In eerste instantie besteedde de chauffeur er niet eens aandacht aan toen ik het zei dat hij moest stoppen. Pas toen ik tegen hem schreeuwde dat hij de passagiers eruit moest laten, remde hij en wisten we ternauwernood te ontsnappen. Ik herinner me nog hoe de wegrennende mensen schrokken van de vuurbal die uit de geëxplodeerde bus kwam. Ik ben ervan overtuigd dat ook dit keer de Moeder Gods mijn leven redde.

Ik vervolgde mijn reis te voet—al mijn bezittingen had ik verloren in de brandende bus—en de onderkant van mijn voeten verbrandden met elke stap die ik op het hete, ruwe asfalt zette. Mijn medemonniken waren niet blij om mij weer te zien. Ik neem aan dat ze geen idee hadden van wat ik vlak voor mijn aankomst gedaan had, maar het feit dat ik de communie had verlaten voor een meer wereldlijk bestaan, maakte ze woedend. Ze waren vol haat en giftig van jaloezie. Als blikken konden doden was ik er niet meer geweest. Deze reactie verdiepte mijn teleurstelling in de zogenaamde verlichtte monniken met wie ik mijn leven had geprobeerd te delen. Ook was ik woedend dat niemand van de communie, noch mijn leermeester noch één van zijn nederige onderdanen, de tijd nam om me te vragen hoe het met me was gegaan en wat voor problemen ik had moeten overwinnen tijdens mijn afwezigheid. Het gevolg was dat mijn haat jegens religieuze autoriteiten heropleefde. Ik begon de monniken als een stelletje zielloze hypocrieten te zien, die eenieder het leven zuur maakten met hun dode theorieën. Ja, ik was gewend aan leed—had ik ooit iets anders gedaan dan lijden? Maar was er dan geen gerechtigheid of liefde in de wereld? Moest het dan altijd alleen maar pijn doen? Ik haatte die monniken die nu een afkeer tegen me leken te hebben. Maar waar moest ik heen? Hoe kon ik mijn zoektocht voortzetten?

Het enige wat me resteerde was de stilte van de meditatie; maar wie kon me voorspellen op welke leeftijd ik dat punt eindelijk zou kunnen bereiken?

Uiteindelijk, zo leek het, dacht iedereen, inclusief de monniken, enkel aan zichzelf. Misschien, zo dacht ik, is dat wel inherent aan het boeddhisme. In deze wereld was de 'andere persoon' van geen belang voor de aspirant, behalve in negatieve zin: ze zouden fel reageren op een Klaus Kenneth die hen provoceerde door enkele onuitgesproken waarheden aan het licht te brengen.

Mijn bittere gelach, de niet-gelaten tranen die in mij vloeiden, die vormden mijn Karma! Te lijden, onderhevig te zijn aan mijn hartstochten en te sterven: dat was mijn voorbestemde karma. 'Mai pen rai', dat was de uitdrukking in de taal van Laos die men met eindeloze regelmaat in dat klooster en de dorpen eromheen aanhoorde: 'Het is zoals het is. Het geeft niet. Je kunt er niks aan doen. Laat het gaan.' Het tonen van emoties werd gezien als zwakheid, gezichtsverlies en, ondanks de gewoontes om eten te schenken aan de monniken, er leek op deze plek in de wereld een compleet gebrek aan oprechte menselijke genade te zijn.

Zo voelde ik me op dat moment. En ondanks mijn eigen fouten verlangde ik naar iemand die me op zijn minst een beetje liefde en begrip zou geven, die gewoon zou laten zien dat hij om me gaf.

Dit moment van onverdraaglijk leed werd plotseling opgevolgd door een moment van gratie. Mijn Onbekende God wilde zich aan mij, zijn gekwelde kind, openbaren. Misschien had Hij mij wel opzettelijk naar dit moment geleid zodat Hij zich op een bepaalde manier aan mij kenbaar kon maken. Na het onaangename ontvangst in het klooster voelde ik me moreel zo vernietigd, dat ik besloot nogmaals van dit oord, dat meer op een concentratiekamp leek, te ontsnappen.

Ik klom over de dikke muur aan de achterkant van het klooster waar niemand me kon zien en doorkruiste het bos, rende door rijstvelden en voelde me verlaten door alle goede geesten. In mijn uiterste eenzaamheid zat ik op een stuk droge grond, vanbinnen diep bedroefd. Toevallig stopte ik mijn hand in mijn rechterzak en voelde daar iets hards in. Ik haalde het uit mijn zak en zag dat het het kleine Nieuwe Testament was, dat Moeder Theresa me had gegeven. Hoe was dat in hemelsnaam in mijn zak beland? Dat weet alleen God. In mijn huidige toestand hielpen de meditatietechnieken niet meer om over mijn haatgevoelens heen te komen, dus in plaats daarvan opende ik het boekje op een willekeurige bladzijde en begon te lezen.

Toen ik de passage van de overspelige vrouw las, begreep ik meteen waarom die slechte hypocriete 'lui' Jezus niet konden uitstaan en hem in moeilijkheden wilden brengen. Op dat moment vertegenwoordigden de Farizeeërs de monniken van het klooster. Mijn hart stopte met kloppen toen ik mij voorstelde in wat voor situatie die vrouw zich bevond. Ze had overspel gepleegd. Misschien was haar man wel een van die meedogenloze Farizeeërs die hun eigen vrouwen sloegen, maar die zelf stiekem ook overspel pleegden. En dat was dan 'liefde'. Ik had veel van dat soort types ontmoet in de vele religies die ik had aangehangen. Geconfronteerd met een dergelijke wet, wat had die arme vrouw voor keuze? Wat moet die vrouw wel niet gevoeld hebben op dat moment?

Ik kon me gemakkelijk in haar verplaatsen omdat ik de afgelopen dagen ergere dingen had gedaan dan zij, en volgens hun 'wet' zou ikzelf allang tot dood door steniging veroordeeld zijn geweest. Die gedachte veroorzaakte een heftige pijn en protest tegen haar kwelgeesten. Ergens diep in mijn hart voelde ik dat zij die verstotelingen waren, zij die ontkent werden, ertoe gedreven werden door de hardheid en het gebrek aan liefde van de hypocrieten die hun deugden en reinheid tentoonspreidden. Waren we werkelijk zo 'zondig'? Moesten we daar werkelijk voor sterven? Die meedogenloze Farizeeërs en monniken vormden met hun aanwezigheid en 'wet' een ondoordringbare muur van vooroordeel. Ze zaten gevangen in hun eigen haat en in mijn gedachten zag ik hoe ze blij en hijgend van genot de dood van die vrouw afwachtten. Het spektakel zou hun verdraaide idee van moraliteit bevredigen. Zulke vergevingloze toeschouwers van het leven zouden nooit aandacht hebben voor 'onze' argumenten, noch zouden de monniken achter die muren dat doen, die hun 'heilige' theorieën voor dode beelden van Boeddha bestudeerden. Ik zocht vertwijfeld een uitweg. Met een brok in mijn keel las ik verder en mijn verbazing nam toe. Die Jezus schreef zwijgend iets in het zand. Waren het de namen en daden van zij die al stenen in hun hand hadden? Had Hij ze Zelf veroordeeld? Toen hoorde ik Jezus' antwoord:

*'Laat hem die geen zonden heeft begaan de eerste steen werpen.'*

Op dat moment werd ik overrompeld door dankbaarheid en opluchting. En daar waren ook de tranen van vreugde in mijn ogen bij deze verzoenende wijsheid, bevestigd door Jezus. In mijn verbeelding kon ik zien hoe ieder van hen zijn steen liet vallen, zich bedeesd en stil terugtrekkend. Wolken van haat kookten van binnen. Jezus had hun vermaak verstoord en als ze de kans kregen zouden ze wraak nemen. Hij Die hun spelletje had bedorven moest geëlimineerd worden, geofferd. Dat dachten ze, ik kon het zien. Voor een moment voelde ik weer die onbeschrijflijke nabijheid en warmte, diezelfde sensatie die ik had ervaren toen ik in Hamburg van het balkon had willen springen. Vol goede hoop sprong ik terug over de muur van het klooster en ging naar mijn cel in het bos. Ik ben die 'ontmoeting' tot vandaag de dag nooit vergeten. De stem in mij was te sterk. Zelfs al antwoordde Boeddha niet, omdat hij dood was, toch was er Iemand die dat wel deed—een Persoon die leefde, Iemand die me kende en wist dat ik op aarde was.

# HOOFDSTUK VII
# WESTWAARDS

TOEN IK VANUIT DE RIJSTVELDEN TERUGKEERDE naar het klooster, voelde ik me sterk genoeg om de smaad van de monniken te doorstaan. Bij gebrek aan een ander duidelijk doel wilde ik nog steeds de spirituele hoogtepunten die het klooster te bieden had bereiken. In de periode die daarop volgde was ik inderdaad in staat om in die verschillende hoogten te bereiken, alleen niet exact op de manier zoals ik het had verwacht. Hoe dan ook, het directe gevolg van dat moment van troost en geruststelling na het lezen van de Bijbeltekst was dat ik naar mijn gevoel beter onderscheid kon maken tussen de vijandige monniken om me heen en de voordelen die de boeddhistische meditatie me nog te bieden had.

Nog steeds was ik er in die tijd van overtuigd dat ik tot het einde mijner dagen daar in Thailand bij Ajahn Chah zou blijven, in de hoop dat ik wellicht op latere leeftijd vrede, liefde en kennis over wie ik was zou vinden.

Maar ik kon niet al die tijd in het klooster blijven. Naar mijn gevoel was het belangrijk om ook in andere landen ervaringen op te doen zonder mijn monastieke roeping te verlaten. Ik voelde me inmiddels weer sterk genoeg om buiten het klooster te reizen zonder verleid te worden door het wereldse leven zoals in Bangkok. Mijn gedenkwaardigste reis buiten Thailand bracht mij naar een regio van de wereld waar altijd in sterk geconcentreerde vorm een heilig en religieus conflict had bestaan.

Op uitnodiging van een oude Duitse vriendin, Edith, die vroeger in Hamburg in mijn band zong, bezocht ik Tel Aviv waar ze met haar Israëlische echtgenoot samenwoonde. Al die jaren hadden we nog af en toe contact en ze had er vaak op aangedrongen dat ik haar zou komen bezoeken. Een impuls zei me dat dat moment gekomen was.

Het was op deze reis dat mijn Onbekende God me nog een sein gaf. Maar toen ik het uiteen wilde zetten, vond ik het moeilijk om uit te leggen waarom ik die reis wilde maken. Ik kon niet zeggen dat ik het Judaïsme als religie erg geweldig vond omdat het zo ontzettend wetmatig was en te dicht bij christendom stond, waartegen ik nog steeds een argwanende houding had. Een goede reden, als men het mij zou vragen, zou zijn geweest dat ik mijn algemene spirituele kennis wilde completeren, zodat ik achteraf ook deze ervaring kon vergeten. Achterafgezien geloof ik dat een hogere macht, Iemand, me naar Israël leidde.

In Tel Aviv zwichtte ik voor een vreemde neiging die ik altijd al in mijn psyche had gehad: de dood uitdagen en provoceren. Mijn vriendin Edith leende me haar eend terwijl ze voor een paar weken weg was uit Israël. Zonder aarzeling nam ik de auto en reed rechtstreeks naar de grens tussen Libanon, Syrië en Israël. Na Acre voorbij te zijn gereden, ging ik richting Libanon en reed zo'n honderd kilometer langs de grens, direct langs het prikkeldraad en de gecamoufleerde tanks. Na een tijdje bereikte ik de Golan Toppen. Israëlische soldaten bleven me maar waarschuwen, zwaaiend met hun machinegeweren, dat ik om moest keren; ze waarschuwden dat de 'andere kant', het Syrische leger, niet zou aarzelen om te schieten op alles wat bewoog. Mijn auto had een geel Israëlisch nummerbord. Mijn hart begon te kloppen, maar ik moest en zou doorgaan. Ik moest weten of ik gevoelig was voor de dood, of ik sterfelijk was. Een onbedwingbare drang duwde me voort. Op een gegeven moment was er ook geen weg meer, maar enkel nog de sporen van tankers. Ik zocht mijn weg door het stof, slijk en struiken zonder landkaart, nog steeds het hek van prikkeldraad volgend. Of ik was een bokkige provocateur, of volkomen naïef: dat moet men van mij gedacht hebben bij het schouwspel. Als ik moest sterven, dan moest dat maar. Ik heb nooit dingen halfslachtig kunnen doen. Ik moest de grenzen van mijn overlevingsvaardigheden opzoeken of simpelweg sterven, er was geen alternatief. Ik bereikte Quneitra op de Golanhoogten, een stadje dat volledig met de grond gelijkgemaakt was en dat bestond uit louter ruïnes en spoken. Ik werd herinnerd aan de beelden die ik als kind zag na het bombardement van Duitsland aan het eind van de oorlog. Het decor was vertrouwd aan de kleine Klaus, die placht te spelen in de ruïnes van gebombardeerde steden, die honger had en water uit regenplassen dronk. Voor een moment werd ik bevangen door een gevoel van angst en afgrijzen. Ik was opgslokt door zowel een natuurlijke angst voor de dood—het normale menselijke instinct dat me soms leek te ontbreken—als het afgrijzen voor oorlog. Met grote snelheid reed ik van de Golanhoogten weer naar beneden naar het binnenland van Israël, waar ik me veiliger zou voelen. Vluchtend van dat spookachtige landschap reed ik met het koude zweet in mijn nek direct door naar Jeruzalem, waar ik werd geraakt door iets als verlichting.

De merkwaardige wenken begonnen toen ik over de Via Dolorosa liep, het pad dat Jezus volgde op weg naar zijn kruisiging. Ik had een diep gevoel van 'thuis zijn'. Alles kwam me bekend voor alsof ik er opgegroeid was en het herinnerde me aan mijn jonge jaren. Er was een overrompelend gevoel van *déjà vu*. Was ik in mijn vorige leven een Jood geweest? De ingeprente oosterse levensfilosofie gaf me dat idee. Alles was in een soort mist gewikkeld. Ik kon niet helder meer zien. Na een serie lawaaierige souvenirwinkels nam iets me bij de hand en belandde ik voor de Heilig Grafkerk. Ik zou mezelf geen pelgrim durven noemen, slechts een nieuwsgierige toerist die een historisch monument bezocht. Maar al gauw bleek dat er nog wat anders op mij wachtte.

Mijn onzichtbare gids leidde mij naar een van de vele kapellen die de Kapel van de Flagellatie genoemd wordt, naar de afranselingen die christus onderging voordat hij gekruisigd werd. Daar hield ik een korte pauze om uit te rusten en alles wat ik gezien had in mij op te nemen; ineens viel mijn aandacht op een groep pelgrims, geleid door een priester. Er vond een religieuze dienst plaats. Ik stond naar de vermoeide en afgematte gezichten van de pelgrims te kijken die, net als ik wellicht, blij waren even aan de brandende hitte te ontsnappen in de koelte van de kapel en zich even konden ontdoen van de lasten des levens.

Ik observeerde de gebeden zonder iets specifieks te verwachten. Na een paar minuten, toen de priester gereed was om de eucharistie te serveren—een rite die ik geheel vergeten was—, werd ik opgeheven van het bankje waar ik zat. Ik stond ineens op zonder dat ik daartoe zelf bewust het besluit genomen had. De kracht die me had doen opstaan leidde mij, Klaus, naar de mensen toe die stonden te wachten om de communie te ontvangen. Dit was iets totaal nieuws voor me, ik had nog nooit zoiets meegemaakt. Wat voor relaties ik ook in mijn leven had gemaakt, ik had me altijd alleen gevoeld, onvermogend om liefde te geven of te ontvangen. Maar dit was een moment van vereniging, al begreep ik niet met wat of wie. Een paar pelgrims keken nieuwsgierig mijn kant op.

Maar dat was niet alles. Toen de groep de kapel weer verlaten had, zond die Kracht me weer terug naar het bankje waar ik zojuist op gezeten had. Het was simpelweg *onmogelijk* om weg te gaan. Naar mijn gevoel had ik geen vat meer op mijn lichaam. Het was bijna alsof ik niet meer in lichamelijke vorm bestond. Ik liet de dingen simpelweg gebeuren. Niet lang daarna kwam een andere groep met een andere priester de kapel binnen. Zonder enig bewust besluit nam ik aan de tweede dienst deel. Weer had ik het gevoel dat ik zweefde; er was iets dat diep in mij doordrong en het voelde alsof al mijn ruige jaren werden genezen. Mijn hart bonkte. Toen kwam er een volgende verrassing.

Weer werd ik door die 'Kracht' geleid om aan de communie deel te nemen. Misschien was er iets ongewoons te zien aan mijn gezicht, want een aantal pelgrims, in plaats van de ruimte te verlaten, kwamen naar me toe en vroegen of ik voor hen en hun kinderen wilde bidden. Ik was duizelig en hoorde nauwelijks wat ze zeiden. De toestand waarin ik verkeerde was echter niet te vergelijken met de extase die ik kende uit India en Thailand. Dit was kracht, warmte en rust. Als ik elders was geweest, had ik het gevoel gehad dat men mij voor de gek hield, maar op dat moment had ik dat gevoel geenszins. Wat gebeurde er met mij? 'Hij' gaf geen duidelijk antwoord. Ook kon ik die mensen niet van een antwoord voorzien, ik knikte enkel mijn hoofd bevestigend. Het was een soort wonder, ik was ontzettend diep geraakt door wat er in mij omging en om mij heen gebeurde. Hoe dan ook, 'Hij' of 'Dat Ding'—ik kende Zijn naam niet—liet me niet van Hem weggaan. De 'Kracht' bracht me wederom terug naar mijn plaats, en weer liet ik het toe om geleid te worden. Ik had me nog nooit zo vol van vreugde gevoeld, zo vol van enthousiasme. Een derde groep gelovigen kwam binnen en er vond een volgende liturgische dienst plaats. Dit keer voelde ik een onbeschrijflijke warmte vanbinnen, veel sterker dan bij de vorige twee keren. Deze Aanwezige had me absoluut in Zijn greep. Ik keek naar de pelgrims en het leek alsof ik hun leed, hun zorgen en hun behoeftes kon voelen in mijn eigen ziel. Ik deelde het moment dat zij meemaakten. Hun leed was het mijne geworden, het was een soort kosmische ervaring. Met kracht duwde die 'Iemand' me voor de derde keer naar de communie. Dit keer, meer zo dan eerst, had ik de gewaarwording dat ik één was met de armen en zwakkeren, het soort mensen dat ik verachtte in mijn trotse spirituele toestand. Het ondenkbare gebeurde. Nu kwamen al die pelgrims op me af, schudden me de hand, raakten me aan en vroegen me om voor hun ouders, kinderen, zorgen en behoeften te bidden. Alleen de priester keek me argwanend aan. Ik was plotseling zo duizelig dat ik naar buiten de schitterende zon in wankelde, zodat ik mijn contact met de realiteit niet zou verliezen. Dit was echt teveel van het goede.

Vervolgens begaf ik mij in de richting van de Rotskoepel. Verblind door de zon stapte ik een ruimte binnen die door moslims als de op twee na heiligste plek (na de 'Kaaba' in Mekka en Medina) wordt beschouwd, liep de trap naar de kelder af (waar niet-moslims normaal helemaal niet mogen komen) en mediteerde twee uur lang op de rots waarvan de legende zegt dat Mohammed met zijn paard werd opgeheven tot in de hemel. Tot mijn verbazing was ik tijdens mijn meditatie niet zichtbaar voor de bewakers. Hier wilde ik nogmaals die 'Kracht' ervaren die zo kenmerkend is voor dit soort oorden. Maar ik vond geen rust, noch stilte.

Ondanks mijn uitzonderlijke ervaringen in het Heilige Land, was Thailand toch nog steeds mijn thuis en was ik nog steeds vastbesloten mijn meditatie voort te zetten. Ik had krachtige wenken van het christelijk mysterie ontvangen, maar mijn diepe wrok tegen het christendom in zijn gevestigde vorm bestond nog steeds.

Ik verdiepte me meer en meer in de meditatieve praktijken, waardoor ik een bepaalde 'perfectie' bereikte die tot drie significante spirituele ervaringen leidde. Op een avond ervoer ik weer hoe ik uit mijn eigen lichaam trad, zoals ik dat ook in Calcutta had gedaan. Ik keek neer op mijn fysieke lichaam alsof ik naar een vreemdeling keek en voelde dat ik overging in pure gedachten; het leek alsof alles waaraan ik dacht zich manifesteerde. Als ik aan een boom dacht, werd ik die boom. Dacht ik aan een steen, dan werd ik die steen.

Daarna had ik een reeks gewaarwordingen die leken op wat mensen vaak doodservaringen noemen, al was het iets anders. Ik voelde dat ik door een gang zweefde. De muren van de gang waren geen normale muren. Ze bestonden uit mensen, taferelen en gedachten uit mijn leven tot op dat moment. Werkelijk alles uit mijn leven was te zien. Als ik ooit over iemand negatieve gevoelens gekoesterd had, dan was het op die muur te zien. De muur vertegenwoordigde het geheel van mijn aardse leven, van de 'ik' die Klaus was. Maar naar mijn gevoel was deze presentatie niet iets dat mijn eigen geheugen had gegenereerd. Het drukte de realiteit van mijn leven uit, die op geen enkele manier afhankelijk was van mijn mentale vaardigheden. Niets kon verborgen of toegevoegd worden. Mijn boeddhistische leermeesters hadden mij verteld over een staat van niet-zijn, maar dit was veel meer een staat van totaal zijn. Ik kon de fouten die ik in mijn leven had gemaakt met absolute duidelijkheid zien. In tegenstelling tot andere doodservaringen zag ik niet een gouden stad of een prachtig landschap voor me. Misschien was het omdat ik nog steeds berecht werd voor de fouten die ik had gemaakt. Ik kon een verblindend licht voor me onderscheiden, maar het was koud. Na het zien van al die vreemde dingen, werd ik weer door het zwarte niets omgeven. Was dit het nirwana?

Een andere keer dat ik aan het mediteren was, verscheen er een witte lotusbloem in mijn gezichtsveld. Eerst, in overeenkomst met de geleerde praktijk van het 'loslaten' van dingen, probeerde ik het beeld te verwijderen en me op mijn adem te concentreren. Maar het beeld ging niet weg. In de religie van Zuid-Azië is de lotus een heel sterk symbool omdat het uit de modder rijst en dan bloemen krijgt van grote pracht en reinheid. Dat beeld bleef me maar voor ogen komen met zulk een intensiteit dat ik er direct naar begon te 'kijken', tenzij het mijn hele sensorische veld in beslag nam. Ineens voelde ik iets fysieks, een soort krabben in mijn hand. Altijd op mijn hoede voor slangen en ander ongewenst bezoek opende ik mijn ogen en keek naar mijn handpalm. Daarin lag plots een kleine lotusbloem. Ik dacht dat ik misschien nog aan het dromen was, dus ik kneep mezelf en raakte de lotus aan. Alles was echt en tastbaar. Ik hoorde mijn leermeesters stem zeggen: 'loslaten'. Ik sloot mijn ogen weer en toen ik ze na een aantal uren mediteren weer opende was de bloem verdwenen. Ik was dankbaar voor de openbaring die ik had gekregen, maar het bleef slechts bij de natuur en de geschapen wereld (inclusief de mens met zijn mogelijkheid om grote spirituele prestaties te leveren)—het had helaas geen betrekking op de Schepper. Dat realiseer ik me nu. Later in mijn leven leerde ik een heilige man kennen, die me ervan overtuigde dat onthullingen van de schoonheid van de natuur ons niet per se tot aan de andere kant van de schepping, naar het rijk van het ongeschapene, hoeven te leiden. De natuur kan ons soms tot God brengen, maar doet dat niet altijd, vooral niet wanneer de mens zichzelf in het middelpunt van de schepping plaatst en in die tijd volgde ik nog een pad waarop alles om de mens draaide.

In mijn Thaise monastieke leven proefde ik niet alleen de hoogtes die het spirituele systeem te bieden had, maar ook de duisterste afgronden. Op een keer toen ik in mijn hut zat, werd ik door demonen bezocht. Er kwam een groene rook door de muur, die condenseerde in figuren en gezichten met de afschuwelijkste gelaatstrekkingen en uitdrukkingen: gloeiende rode ogen, bloed dat uit hun mond sijpelde en lange hoektanden. Ze overrompelden me in steeds grotere getale en ik deed snel mijn ogen dicht, maar als ik ze weer opende, waren die demonen er nog steeds. Voor lange tijd was ik ervan overtuigd dat deze demonen sterker waren dan ik en dat ik niet aan hen kon ontsnappen. Kort na deze ervaring werd ik lichamelijk ziek, gekweld door pijn in mijn hoofd, rug en knieën.

Op z'n zachtst gezegd had ik geen vrede en vrijheid weten te vinden het boeddhisme, maar ik had goede hoop dat ik dat ooit zou bereiken zolang ik maar daar in dat klooster bleef. Zelfs al zou ik moeten wachten tot ik 80 was. Dus ging ik voor de laatste keer terug naar Europa om afscheid te nemen van de mensen die ik daar kende. Ik wilde voornamelijk afscheid nemen van een aantal vrienden in Freiburg, Zwitserland, die 'leerlingen' van me waren geweest in de tijd dat ik nog aan TM deed. Bij mijn vertrek uit

Thailand gaf Ajahn Chah mij twee prachtige gesneden diamant stenen mee als teken van zijn vertrouwen dat ik weer zou terugkeren. Het was uiterst ongewoon dat hij iemand toestond het klooster te verlaten, maar hij gaf mij die keer toestemming om naar Europa te reizen.

Ik vertrouwde de diamanten toe aan hele goede vrienden in Hamburg, Petra en Norbert, die mij later vertelden dat ze de stenen voor taxatie hadden meegenomen naar een juwelier die hun grote waarde had bevestigd. Ze pakten ze in en stopten ze in een metalen kluisje totdat ik ze zou komen ophalen om ze weer mee terug naar Thailand te nemen.

Maar mijn reis nam wederom een andere wending. Juist toen ik op het punt stond om terug te keren naar Thailand, biechtte een mooie vrouw me op dat ze vreselijk verliefd op me was. Ik kan niet zeggen dat ik net zo gek op haar was—ik kan überhaupt niet zeggen dat ik op dat moment wist wat liefde was—maar ik genoot wel van de aandacht. Ik was toen 35 en zij was meer dan tien jaar jonger. Ik bood geen weerstand tegen haar geflirt en seksuele aantrekkingskracht. Waarschijnlijk hoopte ik iets over de liefde te leren, om op dat gebied wat meer vooruitgang te boeken door een hartstochtelijke relatie aan te gaan, ook al kwam de passie meer van één kant. Ik stelde voor om samen te wonen, ervan uitgaande dat als het niet goed ging, ik altijd nog terug kon keren naar het klooster. Voor het eerst in twaalf jaar vestigde ik me voor een tijdje.

Samen met een andere vriendin huurden we een groot rustiek landhuis vlakbij Freiburg in een prachtig pittoresk gebied aan het meer van het Zwitserse stadje Gruyères. Aanvankelijk leek onze kleine commune veelbelovend en hoopvol. Het ging zelfs nog beter toen ik een goedbetaalde baan als leraar kreeg aangeboden in een bekende privéschool in Gruyères. De hemel leek binnen handbereik te zijn, maar ik kreeg er geen vat op. Ik had niet op de onzichtbare machten en demonen gerekend. In eerdere fases van mijn leven, als befaamde goeroe, had ik hun krachten gebruikt om anderen van mij afhankelijk te maken. Maar nu was ik hun slachtoffer geworden; ze vielen me aan en lieten me niet met rust. Ik ging door met mediteren en ondanks de prachtige omgeving, werd ik met toenemende frequentie door de demonen belaagd. Soms werd ik teruggebracht naar de doodshoofdbeelden die ik als student in Hamburg had gezien na het roken van marihuana. Soms leek het of elk gezicht van de personen om me heen in een doodshoofd veranderde. Mijn vreemde gedrag veroorzaakte langzamerhand voor onenigheid binnen onze kleine commune. Commune werd scheiding, harmonie maakte plaats voor conflict en wederkerigheid voor eenzaamheid. Met andere woorden: de moordenaars waren gekomen.

Mijn vriendinnen lieten zich niet om de tuin leiden door mijn theoretische boeddhistische wijsheden: we leefden te dicht op elkaar. Zo dicht dat ze mijn tactieken als zogenaamde goeroe begonnen door te krijgen. Voor mij waren die twee huisgenoten een soort spiegel waarin mijn sluwe mechanismen werden gereflecteerd. Ze brachten mijn egoïstische eigenschappen aan het licht die ik via de boeddhistische theorie voor mezelf probeerde te verbergen als een soort rookgordijn. Diep vanbinnen wist ik dat ze gelijk hadden.

Een deel van mij verlangde ernaar te ontsnappen aan het gevaarlijke spel dat ik speelde, of zelfs aan mijn eigen huid. Maar dat kon niet want het lelijke in mij had zich kenbaar gemaakt en ik leek mij daar onmogelijk van te kunnen ontdoen. Ik had de demonen uitgenodigd, net zoals mijn moeder dat had gedaan, en ik was de volgende generatie die door God verdoemd was. Mijn moeder had geprobeerd lief te hebben, maar verspreidde enkel angst en verdriet om haar heen. Ook ik was een gevangene in een zelfgemaakte cel binnen het vreselijkste soort gevangenis, daar er niet uit de ontsnappen was.

Er waren dagen waarop de gezichten van mijn twee huisgenoten van de pijn vertrokken wanneer ik zoveel naar ze keek. Er zat kennelijk iets zo vijandigs en bedreigends in mijn blik, dat ze er fysiek door geraakt werden. Soms vielen ze er letterlijk van op de grond. Het tragische is dat er ook in de blik van mijn moeder iets vijandigs en bedreigends had geschuild, vooral toen ze met geesten begon te praten. En naarmate ik me begon te realiseren dat ze exact en met succes wisten te onderbouwen dat ik geen verlichtte boeddhist was, nam mijn vijandigheid tegenover hen verder toe. Mijn volledige wereldbeeld—dat stond gegrondvest op de boeddhistische filosofie—stortte ineen. 'Klaus, luister naar wat je zegt en vergelijk het met wat je doet', zeiden ze en in mijn hart wist ik dat ze een goed argument hadden. Er was niets voor nodig om aan mezelf toe te geven dat ik een hypocriet was, die noch liefde, noch innerlijke rust kende—de twee onderwerpen waar ik altijd over predikte.

Met pijn in mijn hart moest ik tot de conclusie komen dat ik het boeddhisme en alles wat ermee te maken had de rug moest toekeren. Alweer had ik geprobeerd iets sterks en duurzaams te vinden, een huis op een rots, en vond ik in plaats daarvan een huis dat op losse schroeven stond. Wat een ongelooflijke teleurstelling! Die hele morele leer, 2.200 wetten, de theologie en alle moeite van de afgelopen drieënhalf jaar, het leek erop dat ik geen enkele boeddhist gevonden had die helemaal vrij was. Volgens mij was zelfs Ajahn Chah niet vrij, ondanks zijn vele prestaties. Ze waren allemaal grootmeesters in het prediken, maar konden het in de praktijk nooit waarmaken. Als je toch eens hoorde hoe mooi de uitspraken van de Dalai Lama waren over tolerantie, liefde, geluk en respect. En toch voelde ik dat het boeddhisme geen antwoord kon geven op de vraag hoe we van onze zonden en verleidingen af kunnen komen. In het zenboeddhisme werd veel gesproken over doen: als ik eet, eet ik, enzovoorts. Maar waarom bereikten die zenboeddhisten nooit hun doel? Was de weg zelf het doel? Mistte er iets? Uiteindelijk wilde ik geen uitleg meer, ik wilde leven. Gewoon leven en liefhebben!

Mijn twee vriendinnen vertrokken. Ze konden mijn aanwezigheid niet langer verdragen en ik kon wel begrijpen waarom. Ze waren ervan overtuigd geraakt dat mijn boeddhistische persoonlijkheid een leugen was, dus ik had geen religieuze excuses om op terug te vallen toen ik verlaten was. Mijn leven bleek onzinnig en zonder enige betekenis, ik had het eind van mijn lijn bereikt. Mijn handen waren leeg, want alles wat ik trachtte te grijpen gleed weer weg. Mijn hart was verwoest. Ik trok de vreselijke conclusie dat liefde en vrijheid niet bestonden en dat alle religies van de wereld gefaald hadden. Dit was het meest schokkende moment van mijn langdurige religieuze speurtocht. Ik begreep dat alle theorieën zinloos waren en het leven had daarom voor mij geen zin meer.

Maar het bleek dat de demonen nog niet met me klaar waren: zij fluisterden me in wat mijn volgende 'redding' zou zijn. Ik raakte verslaafd aan alcohol.

Ik dronk minstens een liter wijn per dag, soms meer, maar ook sterke dranken die ik goedkoop in Italië kocht. Ik was voortdurend onder de invloed. Zodra de verdoving van de ene dronk wegebde en de depressie zich inzette, greep ik direct weer naar de volgende fles om nog wat langer dronken te blijven.

Mijn brein werd mistig en ik was onverdraaglijk eenzaam en verbitterd. Was mijn en andermans idiotie soms wat bedoeld werd met die zogenaamde 'kosmische eenheid'? Ik kon de ongerechtigheid van de wereld niet langer verdragen; de alomtegenwoordige drang naar macht, de gretigheid naar seks; de misdaden van de banken die de rol van de kerken over namen; milieuverontreiniging; zelfs het geroddel in het dorp waar ik woonde maakte mij woedend. Maar het kwaadst was ik op mezelf. De enorme hoeveelheden alcohol die ik tot me nam zouden me vroeg of laat om zeep helpen. Na die continue mishandeling begon mijn lichaam wraak op me te nemen. Ik voelde me voortdurend zwak en ziek en kreeg pijn in mijn zij, wat erop kon duiden dat mijn nieren hun grenzen hadden bereikt.

Het is niet dat ik helemaal geen gezelschap had in die tijd, maar de relaties waren grof en misbruikend. Het vertrouwen van mensen winnen om vervolgens spelletjes met ze spelen en ze storen werd een volgende verslaving. Ik bezocht discotheken door heel Europa, van Hamburg tot Ibiza, met als enig doel om mijn krachten als verleider en strandjutter van mensenlevens te vertonen. Als een vampier begon ik mijn tanden in de zielen van anderen te zetten. Dit was mijn 'heroïneshot', hetgeen mijn leven nog enige waarde gaf en me ervan weerhield om een kogel door mijn hoofd te jagen. Ik leefde van anderen, hun energie opzuigend, waarna ik ze te kijk zette. Als een zelfbenoemde goeroe trachtte ik mensen van hun vrije wil te beroven en beslissingen voor ze te maken. Nu besef ik me dat dit niet veel verschilde van hoe de priester mij twintig jaar eerder had misbruikt. Rusteloos, opgejaagd en innerlijk gekweld rende ik van slachtoffer tot slachtoffer in nachtclubs, op stranden, eigenlijk overal in Europa waar jonge mensen bijeenkwamen. Achter een 'masker' van wijsheid bracht ik leed, vernietiging en ondankbaarheid aan de mensen en ondertussen was ikzelf de ongelukkigste van allemaal.

Op dat moment was het duidelijk dat de terugkeer naar het klooster in het woud niet langer tot de mogelijkheden behoorde. Bij mijn volgende bezoek aan Petra en Norbert vroeg ik ze om me de twee diamantstenen terug te geven, die Ajahn Chah me gegeven had. Het kwam niet in me op om ze naar Thailand terug te brengen. Ik wilde gewoon die juwelen terug om ze te verkopen en mijn turbulente levensstijl te financieren. Ze liepen naar de kast en haalden het blik, waarin de diamanten in papieren doekjes gewikkeld zaten, eruit. Mijn vrienden waren van het soort dat niet geloofde in een kluis met een gigantisch slot erop. We haalden het deksel eraf, wikkelden het papier eraf en, tot onze verbazing, vonden enkel twee hoopjes as. We keken elkaar ongelovig aan. Mijn onmiddellijke reactie hierop was om dit als een teken van de waardeloosheid van mijn boeddhistische reis te zien: alles was verspilde tijd geweest.

Mijn cynisme over religies en religieuze organisaties werd niet enkel gevoed door mijn teleurstelling in het boeddhisme, maar ook door wat ik te horen kreeg over verschillende andere geloofsbelijdenissen en cultussen die populair waren onder de jonge westerse bevolking. De Hare Krishna-beweging kende ik van binnenuit na een bezoek aan diens hoofdkantoor in de buurt van Frankfurt. De Indiase leider van de Europese beweging was zelfs een medestudent en relatief goede vriend van me uit Hamburg. Zowel in Frankfurt als in het globale hoofdkantoor in Calcutta zag ik genoeg om te begrijpen dat het een kinderachtige manie was, niks serieus voor volwassenen. De op de loer liggende scientologykerk met haar gevulde geldkoffers leek nauwelijks beter. Hetzelfde kon gezegd worden over de Verenigingskerk, gerund door de stinkend rijke dominee Moon in Zuid-Korea. Voor enige tijd was ik ook geïnteresseerd in Baghwan Rajnish, die in zijn glorietijd behoorlijk veel volgelingen had in Europa. De leider van die beweging was een mollige puber, die beweerde de reïncarnatie van God te zijn. Na wat onderzoek kwam ik erachter dat een van de grootste aantrekkingskrachten van deze organisatie de kans op veelvuldige seksorgies was. Alle religieuze bewegingen, zo concludeerde ik op sceptische momenten, waren gebaseerd op seks, geld en macht.

Ondertussen bezochten de demonen mij steeds frequenter en kwelden ze mij ook 's nachts. Er waren aardig wat keren dat ik niet eens mijn ogen durfde te openen, bang als ik was om weer zo'n afschuwelijk en walgelijk gezicht te zien. Ik begon de gevolgen van alle hekserij, waar ik mij in verschillende stadia van mijn leven mee had beziggehouden, te voelen. De strop om mijn nek werd gestadig strakker getrokken en het stond op het punt me voor eeuwig te wurgen. Ik had zulke diepe momenten van eenzaamheid en depressie, dat ik zelfs in staat was om mijn moeder te bellen en haar om hulp te vagen, maar ik kon de hoorn niet eens optillen. Ik zat daar maar een hele tijd alleen, hulpeloos en wanhopig, voor de telefoon te wachten. Mijn ziel was verlamd, mijn hand was verlamd: alles in mij was dood. Ik had niets en niemand.

Het moment voor de vijand was daar om zijn laatste aanval uit te voeren. Hij wilde niet alleen mijn ziel, maar ook mijn lichaam bezitten. En dus plantte hij gedachten over bedrieglijke listen in mijn hoofd waardoor ik vrijheid en vrede zou verkrijgen. Als het hem zou zijn gelukt, dan zou ik een bruikbare medeplichtige in zijn vernietigingscampagne zijn geworden. Dit keer besloot ik om naar Latijns-Amerika terug te keren. Mijn uitzonderlijke ervaring van mijn bezoek aan Mexico was ik nog niet vergeten, noch het vertrouwen van de tovenaar die me enkele van zijn trucs toonde. Nu was het tijd om de geheime occulte leer en de machten die daar in Zuid-Amerika werden beoefend nader te onderzoeken. Ik had immers slechts een vage kijk daarop. Ook wist ik niet zeker of ik de Indianen moest bezoeken of de voodooachtige cultus van de afstammelingen van de slaven. Ik had alleen het gevoel dat ik ergens in Zuid-Amerika nog meer survivaltrucs zou kunnen leren. Ik kende al langer de kracht van echte spiritualiteit en echte magie, van de hekserij van de Afrikaanse cultussen die waren geïmporteerd door zwarte slaven, en van toestanden van extase en het paranormale. Allang kende ik de kracht van de extase door dans als een manier om mensen te verleiden en vrouwen te onteren. Vol van list en hoop, besloot ik naar Peru te vliegen.

Voordat ik wegging had ik nog een onverwachte ontmoeting met de persoon die, sinds we elkaar vijftien jaar daarvoor hadden leren kennen, een van mijn leidende lichten op mijn levensweg was. Ursula kwam me opzoeken in het Zwitserse dorp waar ik woonde, alleen en omringd door likeurflessen en duistere gedachten. In plaats van een bruine boeddhistentoga droeg ze een witte sari. Ze was niet langer vermagerd door het dieet van het klooster; haar gewicht was weer normaal. Het was een genot om haar te zien en op het eerste gezicht kon ik zien dat haar leven getransformeerd was. Haar blik was altijd warm geweest, maar nu was het stralend.

Ik huiver nog steeds bij de gedachte wat ze wel niet gedacht moet hebben toen ze mij daar in die verwaarloosde staat aantrof.

In feite wist ik uit haar correspondentie dat er een grote omwenteling had plaatsgevonden in haar religieuze verbintenissen. Ze vertelde me wat er in het klooster gebeurd was en dat was adembenemend:

'Herinner je je de bibliotheek in het klooster?' Natuurlijk herinnerde ik me die. 'Ze hadden daar allerlei spirituele boeken,' vervolgde ze, 'en op een dag vond ik op een plank iets wat mijn nieuwsgierigheid opwekte. De titel was iets als, *De weg van een pelgrim: het pad van een Russisch-Orthodoxe kluizenaar*. Ik bladerde erdoorheen en vond een soort "mantra" om wat verandering te brengen in dat eeuwige "boeddhaa, boeddhaa, boeddhaa", of onze ademhaling- of loopmeditatie. Laat ik het eens proberen, gewoon voor de verandering, zei ik tegen mezelf. Ik probeerde enkel deze zin, *Heer Jezus Christus, ontferm u over mij*. En zoals je weet, geloofde ik helemaal niet in christus. Ik wilde alleen maar een andere mantra uitproberen—en dat deed ik meerdere uren per dag en drie maanden lang. En toen kwam de schok! Plotseling, in een vreselijke angst, zag en begreep ik dat een eeuwige dood me te wachten stond! Ik raakte in paniek en voelde een diepe wanhoop. Deze "mantra" bleek niet zomaar een mantra te zijn, maar had een latente kracht die me mijn innerlijke hel toonde. Ik besefte dat de "val van Adam" in mij herhaald was en een vreselijke, onophoudelijke doodsangst beving me. Dit was het ergste van alles! Met mijn eerdere meditatie was het onmogelijk van deze bedreiging af te komen. Ik haastte me naar meester Ajahn Chah, maar hij en een andere monnik zeiden op een banale manier dat dit "slechts gedachten" waren en dat ze vanzelf over zouden gaan. Dat was helaas niet het geval. Gelukkig werd het klooster op dat moment net bezocht door een groep christenen die allen voor me begonnen te bidden. Ik geloofde toen nog steeds niet, maar door hun gebed werd het draaglijker. Dit was kort voordat ik het klooster voorgoed verliet.'

Feitelijk was dat het moment waarop ze begon mij brieven te sturen vanuit India waar ze bij christenen verbleef. Ze schreef over de reddende gratie van Jezus, in wat ik nu zou herkennen als een evangelisch protestantse manier van denken. In mijn cynische gemoedstoestand raakte ik geïrriteerd door die missies. Ik had ze het liefst verscheurd, maar tegelijkertijd moest ik toegeven dat die brieven iets in mij teweegbrachten. Ze openden een oude en pijnvolle wond. Waarom moest ze nou precies op dat moment in Freiburg zijn? Misschien had Ursula het aangevoeld dat ik depressief en in gevaar was. Achteraf zou ik zeggen, dat God haar zond om me te waarschuwen voor slechte gebeurtenissen. Hoe dan ook, ze vertelde me alles over haar 'geweldige ervaringen met Jezus'. Ik kon het moeilijk geloven, maar was wel onder de indruk van de verandering van haar gezichtsuitdrukking. ze zag er vrediger en gezonder uit dan hoe ik haar in lange tijd had gezien. Ik kende haar goed genoeg om te weten dat ze al die dingen niet zomaar zei, of dat ze niets onbedachtzaams zei. Zodra haar woorden me begonnen te raken, zei ze iets belangrijks tegen me:

'Klaus, je weigert nog steeds te begrijpen waar je het echte leven kunt vinden en bent er nog steeds op gebrand te vertrekken, ondanks mijn waarschuwingen. Je zult ongetwijfeld in de klauwen vallen van de geesten naar wie je al je hele leven op zoek bent.'

'Ja, dat weet ik. Dat is exact waarnaar ik op zoek ben.'

'Stop, stop! Er is iets dat je *moet* weten: het zijn vernietigende geesten die je alleen maar naar de dood kunnen leiden. Dit gaat je je leven kosten! Je ziel is al dood en als je nu ook nog naar Zuid-Amerika vertrekt, dan zul je het risico lopen om ook lichamelijk aangevallen te worden en zal je fysiek sterven.'

'O, val me niet lastig!' Maar ze hield niet op.

'Ik zal doorgaan met je te waarschuwen, Klaus, want dit overleef je niet! Ga alsjeblieft niet naar Zuid-Amerika. Kom bij ons: we zijn allebei zo lang op zoek geweest, maar alleen in Jezus zal je alles vinden!'

Ik was te koppig om haar advies op te volgen. Er was een andere kracht in mij actief die ervoor zorgde dat ik niet zou veranderen. Toch hadden Ursula's woorden me wel uit balans gebracht, maar ze waren niet krachtig genoeg geweest om me van mijn plannen af te brengen. Nadat ze weg was raakte ik pas echt in de war, maar toch kocht ik het vliegticket. Het zou nog enige tijd duren voordat ik zou beseffen dat Ursula gelijk had gehad.

Voor ze afscheid had genomen, gaf ze me een klein gouden kruis aan een ketting, eraan toevoegend dat de kracht ervan me zou beschermen tegen het 'kwaad'. Ik nam het wel aan, meer in een staat van argwaan—

het was ten slotte van goud! Ze gaf me ook een boek, *The Cross and the Switchblade (Het kruis en de stiletto)*. Het was het levensverhaal van Nicky Cruz, ooit een gangsterleider in New York die was teruggekeerd naar Jezus Christus. Tijdens de reis las ik er een deel van, maar daarna liet ik het lot zijn beloop.

# HOOFDSTUK VIII
# HET LAND VAN DE POEMA

AL GAUW LANDDE IK IN LIMA, niet als toerist, maar met de intentie een spiritualiteit uit te stralen en mijn innerlijk antennes te gebruiken. Waar zal het 'bericht' vandaan komen? Was het de mystiek van de magische steen en Machu Picchu die me als een magneet hadden aangetrokken? Nee. Zonder twijfel was het iets anders dat me daarheen trok; het trok me naar het noorden. Moest het de wildernis van Noord-Peru zijn? Nee, zelfs daar was er niets dat me daar hield.

In Peru, evenals op zovele andere plekken, speelde ik een spelletje met de dood. Op een dag in Lima, toen ik terugkeerde in mijn hotelkamer, stelde ik vast dat een avondklok was ingesteld omdat er gevaar dreigde. De sfeer op straat was om te snijden en dit werd met de minuut erger. Het zat er dik in dat er in de buurt een schietpartij zou losbarsten. Maar ik stond erop om toch naar buiten gaan en mij te voet naar het centrale plein van de stad te begeven, waar zwaargewapende soldaten me waarschuwden om zo snel mogelijk weg te gaan. Ik gehoorzaamde onwillig. Een vreemde stem in mijn hoofd bleef me het verkeerde advies geven: dat ik onkwetsbaar was, dat mij niets zou overkomen.

Op mijn reis naar Zuid Amerika, nam ik geen drugs en maar een klein beetje alcohol. Ik werd achtervolgd door andere ervaringen die mijn gedachten beïnvloedden. Vanaf het moment dat ik voet aan wal zette op dat continent, voelde ik een vreemde bedwelming dat met de dag toenam. Ik had een flink bedrag aan contant geld bij me die ik van verschillende baantjes, van archeologische uitgravingen tot lesgeven, in Zwitserland had gespaard. Langzamerhand raakte ik eraan gewend om met overvolle bussen te reizen, volgehangen met overdreven kitscherige religieuze plaatjes en vaak zowel levensvoorraden als mensen vervoerend. Ik reisde naar het noorden naar Ecuador, over een bergroute die mijn adem deed stokken telkens als we door een haarspeldbocht gingen en waar ik probeerde de muziek die voortdurend in mijn oren tetterde te negeren. In een dorp buiten Quito, terwijl ik over een markt slenterde, zag ik een man wiens blik me doorboorde, een blik die ikzelf ook gebruikte op mensen die ik onder controle wilde krijgen. Ik ging naar hem toe en sprak hem in het Spaans aan en we leerden elkaar kennen. Al gauw bood hij aan me mee te nemen in zijn bestelwagen naar de hooglanden. Hij stopte mij achterin, op klaarlichte dag, terwijl hij stuurde en zijn vriend naast hem op de bijrijdersstoel zat. Ik volgde mijn nieuwe vriend naar zijn huis—een grote tent—en was me ervan bewust dat het een grote eer was dat hij mij had meegenomen. In de tent zat een groep mannen, een stuk of acht à tien, op de grond in het rond. Ze gaven een pijp door, die ik weigerde. Er was een lange verhitte discussie gaande. Plotseling veranderde iets in mij, alsof er een zwaard uit de lucht kwam vallen die me afsneed van al het vriendelijke contact met mijn Indiaanse kennissen. Achteraf gezien werd ik op dat moment waarschijnlijk bezeten door een duistere macht. Toch denk ik niet dat die indianen een vloek over mij hadden uitgesproken. Integendeel, hun intenties waren voor zover ik kon beoordelen uiterst vriendelijk. Wat er met me gebeurde had eerder te maken met mijn gekrenkte innerlijke toestand. Hoe dan ook, het resultaat was, dat ik niet meer kon deelnemen aan wat er om me heen gebeurde. Met een bonzend hart was het voor mij onmogelijk nog iemand in de ogen te kijken. Het leek op de allerergste 'horrortrip' die ik tien jaar geleden in Duitsland had ervaren onder invloed van verdovende middelen. Maar het gekke was dat ik dit keer helemaal geen drugs had genomen. De conversatie werd onderbroken; mijn gezelschap had duidelijk door dat er iets geks met mij aan de hand was. Overvallen door paniek, zonder een woord van afscheid, strompelde ik de tent uit, haastte me weg uit het Indianendorp en daalde stuurloos de berg af. Ik bleef maar rennen alsof een magneet me aantrok en er was geen ontsnappen aan. Later realiseerde ik me dat ik direct in de open armen van de dood rende.

Ik voelde me voortgedreven in de richting van Columbia in het noorden en ik liftte tot aan de grens. Zodra ik de grenspost gepasseerd was, overviel me een stemming van somberheid en verwoesting. Was dit omdat er rare dingen in me gebeurden, of had dit land zo'n gek effect op me? Alles in mij leek leeg, stijf, koud en dood. Ik verlangde naar een glimp van hoop of opluchting. Toch wist ik zelfs toen nog dat mijn ziel niet geheel door het kwaad was verzwolgen, want terwijl ik 's nachts in de bus richting Bogota hobbelde, schreef ik een lied. Met ingehouden adem zette ik de tekst op papier. Zonder God te kennen, adresseerde ik het lied aan een onbekende ontvanger, JIJ. Het laatste couplet klonk op zijn minst nog enigszins optimistisch:

> *It won't be easy for me to come back*
> *'Cos I believed in what I'd done*
> *But I've been hurled away from my track*
> *Now I know that soon we shall be one.*

Me nauwelijks realiserend wat voor criminele invloed er in de stad heerste, arriveerde ik midden in de nacht in Bogota, de hoofdstad van Columbia, en werd opgeslokt door de koorts van haar acht miljoen inwoners. Er hing iets zwaars in de lucht en het leek alsof alles vervlochten was met misdaad en geweld: er was weinig intuïtie voor nodig om dat aan te voelen. Grote en kleine winkels stonden onder gewapende bewaking; in de bioscoop waren bijna alleen maar gewelddadige films te zien; de muren en kiosken waren versierd met gewelddadige taferelen; guerrilla's, drugsbaronnen en leiders van georganiseerde misdaadorganisaties creëerden een klimaat van angst en corruptie. Ik ben niet snel bang, maar dit oord beroofde me van al mijn krachten. Al binnen de eerste paar uur in die stad kreeg ik een slecht teken: zigzaggend tussen de auto's door en met mijn rugzak op mijn rug stak ik een grote boulevard over, toen plots een schaduw achter me opdoemde. Het was een jonge man die me overviel en mijn gouden kruis en ketting van mijn nek rukte. In een flits verdween hij in de chaos van het verkeer. Het voelde alsof ik door een bom getroffen was. Niet dat ik gaf om de materiële waarde van het kruis; maar ik herinnerde mij Ursula's belofte dat dit aandenken me zou beschermen. Me een weg banend door de mentale mist waarbinnen ik me nauwelijks kon bewegen, drong ineens een angstvallige gedachte tot me door. Nu was ik zo 'naakt' dat iedere geest die me zou willen beheersen de mogelijkheid zou hebben om me aan te vallen; en op deze reis had ik al genoeg kwade krachten om me heen voelen dwalen.

Schuddend en bibberend ging ik op de vluchtstrook in het midden van de weg zitten. In een flits herinnerde ik me elk woord dat Ursula tegen me gezegd had. Ik wist allang dat niets zonder reden gebeurt. Ik bevond mij in een hachelijke situatie. Een noodlottig moment, een hoogtepunt van mijn leven naderde. Ik moest zeer op mijn hoede zijn. Om enigszins uit mijn half verlamde toestand te komen, ging ik naar het politiebureau zodat ik een document voor het verzekeringskantoor zou kunnen krijgen. Wat ik daar echter op het politiebureau zag en hoorde, deed mijn haren recht overeind staan. 'Jongeman, ik raad u aan uw horloge af te doen, we hebben wekelijks verschillende zaken waarin iemands hand of arm is afgehakt door die bandieten, om hun horloge te stelen. Ze trekken de oorbellen van de oren van vrouwen, en nemen het halve oor mee. Ik verzeker u dat het geweld in deze stad een gigantisch probleem is.'

Tot overmaat van ramp werd in een ruimte ernaast, in een andere gedeelte van het gebouw, een gangster vastgehouden onder strenge bewaking met een machinegeweer. Zag ik een film? Was ik in het Wilde Westen beland? Nee, het was de bittere realiteit van alledag. Voordat ik volledig in paniek zou raken, besloot ik de stad te verlaten en kocht een ticket voor de bus naar Caracas in Venezuela. Om 5 uur op vrijdagmiddag klom ik een halflege bus in, opgelucht dat ik ontsnapt was aan een nachtmerrie; maar er stonden mij nog sinistere gebeurtenissen te wachten.

Het was 24 juli 1981. Nadat we de stad hadden verlaten werd het al snel donker en de kantoren gingen dicht. Zakenlui en politiemannen die in de buitenwijken woonden gingen naar huis, het weekend tegemoet. Na 90 minuten waren we diep het platteland ingereden en ik viel net in slaap, uitgeput van de hitte en de vochtigheid van die dag en van de moeilijkheden die ik zojuist had doorstaan. En toen ineens gebeurde het: schoten, geschreeuw, een tumult. In eerste instantie had ik werkelijk geen idee wat er aan de hand was, maar nu, nadat ik met grof geweld met de loop van een pistool tegen mijn hoofd werd gewekt, werd ik geslagen en geschopt. Eén van de gangsters hield zijn pistool tegen mijn slaap. Hij brulde luid: 'Handen omhoog, niet bewegen!' Mijn hart klopte als een bezetene.

'Als iemand het ook maar in zijn hoofd haalt om te bewegen of iets te doen, schiet ik!'

Ik telde vijf angstaanjagende figuren; die zouden de passagiers—we waren met z'n elven—onder bedreiging van hun wapen gaan beroven. Het was duidelijk dat ze hun hand er niet voor omdraaiden om ons te te verwonden of zelfs te doden tijdens de hele procedure. Dit was iets meer dan een routineroof, daar ze ons ook voor enige tijd gegijzeld wilden houden. De gewapende mannen dwongen de chauffeur van de bus de snelweg te verlaten en een kleinere zijweg in te slaan die naar een bergachtig landschap leidde. Intussen was het buiten pikdonker. O hel, dit keer is het echt met me gedaan, dacht ik. Het angstzweet brak me uit en ik herinnerde Ursula's waarschuwingen, ik wou dat ik haar raad had opgevolgd en niet naar Latijns-Amerika was gegaan. Ik bleef me maar afvragen, 'waarom ik?' Tot nog toe had ik altijd gemazzeld, of was ik op mysterieuze wijze beschermd geweest in benarde situaties. Maar nu vreesde ik dat ik mijn geluk was opgeraakt. Naar mijn gevoel zat er niets anders op dan de hulp van mijn occulte krachten in te schakelen. Die hadden mij immers bij enkele andere situaties waarin pistolen en messen betrokken waren geweest ook beschermd. Die zouden me nu toch ook niet in de steek laten? Die zouden me wel uit mijn misère halen. Er was alleen één ding voor nodig: het moest mogelijk zijn om mijn vijand—de gangster die me bedreigde—in de ogen te kijken zodat ik hem kon frustreren. Dat is in een paar seconden gedaan. Ik bedacht me dat vóór de andere vier bandieten iets zouden merken, ik het raam, dat reeds halfopen stond, verder zou kunnen openen en mezelf zou kunnen redden door uit het raam in de bosjes te springen. De bus reed met een snelheid van 50-60 kilometer per uur, langzaam genoeg. Dat was mijn enige kans. Maar alsof hij mijn gedachten las, kwam één van die andere gangsters naar mijn raam, deed het dicht en trok aan het gordijn. O nee... Maar ik gaf niet zomaar op. Om de situatie te verslechteren dwongen ze me met mijn hoofd naar beneden en met mijn handen op de achterkant van de stoel voor mij voorover te buigen. Alles wat ik zag waren de benen en schoenen van de gangster; ik kon de loop van het pistool voelen, die nog steeds op mijn slaap drukte.

Het was nu of nooit. Ik moest mijn hoofd oplichten om hem in de ogen te kijken, om hem 'in mijn zicht te houden', zodat ik een van mijn gebruikelijke trucs kon toepassen. Zodra ik ook maar de kleinste beweging maakte, sloeg de gangster met zijn pistool tegen mijn hoofd. Ik zag de sterren voor mijn ogen dansen en ik wenste dat ik hem kon vermoorden. Ineens werd alles zwart en ik voelde bloed over mijn gezicht stromen. Toen pas besefte ik dat dit heel serieus was, een zaak van leven of dood.

Nadat ik die bloeddorstige blik in de gangster zijn ogen had gezien, werd ik bevangen door paniek. Ik had definitief niets meer onder controle, behalve mijn dubbelgevouwen houding in de stoel in een gruwelijke toestand met mijn bloed dat op de grond droop. Mijn hart ging tekeer en ik begon te denken dat ik de overstap maakte naar het eeuwige leven. De tijd stond stil. Ik dacht over mijn ongelukkige leven na vanaf het begin, mijn geboorte. Alles wat ik zag was pijn, bedroefdheid, misère, eenzaamheid en nog eens eenzaamheid.

Weer drukte ik mijn arm tegen mijn hoofd om het bloeden te stelpen, want hoe meer bloed hij zag hoe ruwer hij werd. Ik had die 'dorst' om te doden ook bij de overige gewapende mannen geconstateerd. Ik voelde hun meedogenloze haat tegen 'Gringo's' (mensen uit het kapitalistische Westen en de V.S.). Onder deze verharde moordenaars in dit deel van de wereld—of ze nu guerrilla's, drugdealers of simpelweg bandieten waren—heerste er een zekere ongevoeligheid dat 'de enige goede gringo een dode gringo' was; dat is wat ik vaak hoorde. Lijdend en vernederd begon ik met mijn leven af te rekenen.

Plotseling, in die dodelijke situatie, gebeurde er iets nieuws in mij. Voor mijn mentale oog verscheen een visioen, dat helder en scherp was. Ik bevond mij in een gigantisch gebouw, een wolkenkrabber, dat in elkaar stortte. (Toen ik jaren later het World Trade Center op tv in elkaar zag storten, moest ik onmiddellijk aan dit visioen denken). Een enorme hoeveelheid puin stortte ter aarde en doofde gestadig een vlam die eronder woedde. Maar vlak voordat het laatste vlammetje gedoofd werd, hoorde ik een stem die vroeg:

'Klaus, ben je klaar om te sterven?'

Die vraag had ik al eerder gehoord. Toen ik in het klooster in Thailand woonde en een monnik wilde worden, stelde de abt me dezelfde vraag in het bijzijn van alle andere monniken.

'Klaus, ben je bereid om te sterven?'

Een 'Ja' was het verwachtte antwoord van een echte monnik. Maar ik riep luid lachend in hun gezicht: 'Nee, ik wil leven!'

Toen zij dit onverwachtse en botte antwoord hoorden, moesten ze allemaal lachen, ondanks dat monniken altijd geacht worden sober te zijn. Natuurlijk was ik voor hun een vreemdeling en wel een hele domme. Ze wisten dat mensen als ik nog heel veel moesten leren in het klooster en dat dit een leven lang zou duren. Dat dacht ik ook wel, maar op een andere manier: ik wilde leren hoe ik moest leven en niet hoe ik de boeddhistische leegte moest bereiken die *zij* mij voorlegden. Voor mij waren die monniken bangeriken die juist meer over het echte leven zouden moeten leren. Ik had genoeg zelfvertrouwen in die tijd om te denken dat ik een betere boeddhist was dan zij, of dat ik dat op zijn minst zou worden.

Maar nu werd mij weer diezelfde vraag gesteld. Ben ik klaar om te sterven? Wat een verbitterdheid en teleurstelling moet ik gevoeld hebben om mezelf te antwoorden: 'Ja, ik ben bereid om te sterven, want ik heb alles geprobeerd op deze planeet.' Dit leven was een oneindige ketting van gezwoeg en kwelling gemengd met angst en haat. 'Vrede, liefde, vrijheid en God'—die bestonden allemaal niet! Dat waren enkel fantasieën van filosofen of nepgoeroes, maar niets echts. Of zo voelde dat in ieder geval na mijn 36 jaar lange reis op deze planeet, zelfs al zou ik het anders hebben gewild of voorgesteld. Ik was bereid mijn lijdensweg in 'de volgende wereld' voort te zetten in het geval dat reïncarnatie mogelijk was. Misschien was het daar wel beter.

Hoe dan ook, waar had ik nog voor te leven? Ik had nooit het antwoord op die vraag gevonden. Wat voor hoop was er nog? Mijn leven was van begin tot eind een reistocht door de duisternis geweest, en viel op dat moment in de diepste afgrond waaraan niet meer te ontsnappen viel. Ik zou mijn lot moeten aanvaarden zoals het was. Geld, welstand, macht, seks, succes en verval, ascese, eenzaamheid, periodes van aanvaarding door de wereld, periodes van vergetelheid door de wereld, leven in paleizen en sloppenwijken, leven met vrouwen en heksen, nagejaagd worden met stenen, oorlog, ik had het allemaal ervaren en nooit had ik vrijheid, vrede of mijn ware identiteit weten te vinden. Of ik nu geprezen of geslagen werd, me vereerd voelde of vernedering werd door scheldwoorden en schaamte, verhongerde of met een extreem volle maag rondliep— het was altijd hard vanbinnen. Ik zocht het avontuur en noemde het 'leven'. Maar hier zat ik dan, geslagen en bloedend, met slechts één gedachte: 'Haal de trekker maar over, ellendeling. Kom op, doe het dan! Misschien ben jij mijn bevrijder.'

Er gebeurde echter iets heel anders, al was het maar enkel in mijn gedachten. Ik had het gevoel dat iemand van boven de afgrond waarin ik gedoemd was te storten, een touw naar beneden had geworpen om me omhoog te trekken. Mijn hoop kwam van 'daarboven' zonder dat ik dat verdiend had, zonder iets te doen, zonder kracht. Ik leerde later dat dit 'gratie' is. Op het moment dat ik bereid was te sterven, was het alsof een stem tot mij sprak: 'Om te sterven, moet je eerst geleefd hebben!'

Het was zo onverwacht en toch zo logisch. Deze bewering herinnerde me aan een spreuk die ik ooit in mijn jeugd had gehoord: 'God is leven'. Wat betekent deze cliché nou weer? De zogenoemde vrome christenen hadden er altijd voor gezorgd dat religieuze beweringen en Bijbelverzen de muren van hun huiskamers en zelfs badkamers versierden.

Ik had nog nooit iemand leren kennen die dergelijke spreuken serieus had genomen, dus dit waren waarschijnlijk slechts loze woorden, een soort retoriek dat niets overbracht. Maar in mijn situatie, balancerend op de rand van de dood, klonk zo'n zin heel anders. Als God *werkelijk* bestaat en Leven is, zo dacht ik, dan is nu de tijd aangebroken om Zich aan mij kenbaar te maken. als Hij me geen bewijs van Zijn bestaan zou geven en van het feit dat' Hij leven' is, dan kon ik maar beter meteen sterven. Ik had niet de wens om mijn leven voort te zetten zonder een antwoord op die vragen. Uit het diepst van mijn verloren hart schreeuwde ik intens: 'God, als U echt bestaat, red mij dan nu!' Natuurlijk was mijn ongeloof sterk. Ik wilde niet overleven en dan achteraf tegen mezelf zeggen: 'Ouwe kerel, je had weer geluk, begin niet met theorieën over God. Het was enkel een kwestie van geluk of toeval.' Ik wilde het weten en ik 'moest' het weten! Zo zeer, dat ik een P.S. of een S.O.S. in mijn dagboek schreef: 'God, als U echt bestaat, geef mij dan tastbaar en zichtbaar bewijs zodat ik weet dat U het was die mij redde. Anders kan ik maar beter dood gaan!'

Op deze manier leerde ik voor het eerst mijn Onbekende God kennen. Ik kon alleen het bewijs van het overleven aanvaarden. Om te beschrijven wat er gebeurde, moet ik eerst uitleggen wat mijn dierbaarste en waardevolste bezit was dat ik op mijn reizen altijd bij me droeg. Hetgeen waar ik mij aan vastklampte was namelijk mijn dagboek. Alle liederen die ik ooit heb geschreven staan erin. Dit logboek was de afgelopen twaalf jaar niet van mijn zijde geweken en was een tastbaar symbool van mijn zijn. Al mijn ervaringen, leed, liederen, tekeningen en belangrijke momenten van mijn reizen stonden op poëtische wijze uitgedrukt op die bladzijden. Dit dag- boek was mijn 'aanspreekpartner' in eenzame tijden, mijn laatste en meest trouwe metgezel. Het was uniek en kon niet gereproduceerd worden, en daarom heb ik er al die twaalf jaren goed voor gezorgd. Maar nu, met mijn dagboek en al mijn andere bezittingen er nog in, was mijn leren tas door deze bandieten tijdens het begin van hun overval afgepakt. Het zou zinloos zijn om met ze te praten; ze hadden mijn tas nodig, want ze gebruiken ieders paspoorten en geld en moesten immers ook ergens hun buit in bewaren. Mijn geld en paspoort waren mij echter minder waard dan mijn geliefde verslag: geld en documenten kunnen altijd worden vervangen. Bovendien wist ik wel aan geld te komen, desnoods op illegale wijze, maar mijn dagboek was een ander verhaal. De gedachte aan het verliezen ervan was onverdraaglijk. Zelfs terwijl ik in levensgevaar verkeerde, zat ik over mijn dagboek te kniezen.

De bus rolde voort, langs verschillende nederzettingen en over smalle wegen klom het langzaam de bergen in. Het was pikkedonker. Ver weg van de bewoonde wereld werd de buschauffeur gedwongen te stoppen en stond ons weer een volgende onaangename verrassing te wachten: nog meer bandieten, gewapend met machinegeweren, kwamen ons tegemoet. Ik telde er zeven. Ze stapten de bus in met hun machinegeweren in de lucht zodat deze voor ons allen zichtbaar waren. We werden een voor een uit de bus gesleurd onder dreigementen en slagen en in een vers gegraven, modderige kuil geduwd. Ik zat achterin en was de voorlaatste passagier die met behulp van schoppen en stompen uit de bus getrokken werd. We hadden het allemaal ijskoud en stonden bibberend en doodstil daar in dat gat totdat één van ons nog dieper in de kuil werd gedrukt. De bandieten stonden aan de rand van de kuil boven ons met hun wapens op ons gericht...

Het is bijna onmogelijk te beschrijven wat er toen gebeurde. Niemand gaf een kik. Ik dacht niet eens na. Mijn laatste indruk was dat van zwarte silhouetten, verlicht door de lampen van twee voertuigen als schaduwen, die als een razende heen en weer bewogen. Er hing een sfeer van pure doodsangst. Het voelde alsof het lossen van die geweren, die elk moment konden worden afgevuurd, een opluchting zou zijn. Nu zouden ze gaan schieten en dat zou het einde betekenen van alles.

Maar wat er uiteindelijk gebeurde was zó onverwachts, dat zelfs de gangsters er versteld van stonden. God is werkelijk almachtig en wat Hij doet gaat buiten het menselijke denkvermogen om; dat is wat ik ben gaan ge- loven. Plotseling was er een geluid in het donker. Vanuit de kuil kon ik figuren snel zien naderen. Ze kwamen uit een groep bomen tevoorschijn, maar werden gedeeltelijk verlicht door de lichten van de wagens van de gangsters. De zojuist aangekomene waren indianen gekleed in het wit—en nog gekker: ze reden op motorfietsen! In plaats van te vuren naar ons, hun gevangenen, begonnen ze te schieten in alle richtingen. Het was duidelijk dat de indianen tot een rivaliserende groep behoorden. Een paar gangsters renden naar de Indianen. Vanuit de kuil kon ik zien hoe een van de indianen werd geslagen met de kogelvanger van een geweer en op de grond neerviel. Ik kon niet beoordelen of hij nog leefde of dood was. Zijn lichaam werd naar de rand van de kuil getrokken en naast mij neergegooid. De rest van de indianen reageerden vliegensvlug. Omdat ze op hun motors waren slaagden ze erin in de nacht te verdwijnen. vervolgens sprongen de gangsters in een auto om ze te achtervolgen. De gewapende mannen waren nu in twee groepen verdeeld: terwijl de ene groep ons in de gaten hield, achtervolgden de andere de vluchtelingen. Maar kennelijk waren de motorrijders slim genoeg om zich ergens in dat verlaten gebied te verstoppen. Even later waren er schoten te horen met een dodelijke stilte als gevolg.

Waren dat de kogels die voor ons bedoeld waren geweest? Had mijn onbekende 'God' ze op een ander doel gericht? Wat het ook geweest mocht zijn, ik voelde me weer herboren en ik kon wel juichen van blijdschap. Wat was er gebeurd? Het zou kunnen dat de moordenaars even later weer terug zouden komen; maar op dat moment voelde ik dat het tij gekeerd was in ons voordeel. Zijn de gangsters nu bang? Zijn ze in de val gelokt? Werden ze verraden en herkend? Ineens werden ze bang en zenuwachtig en leken ons helemaal vergeten te zijn. Haastig laadden ze de dingen die ze van ons geroofd hadden in de auto en verdwenen in de nacht. Maar mijn tas dan? Mijn dagboek en mijn liederen? Ik had gezien hoe ze *mijn* tas in de auto hadden gedaan.

Het duurde een tijdje voor we op adem waren gekomen. Iedereen was nog steeds bang dat de bandieten zouden terugkeren of dat ze zich in de buurt hadden verstopt en ons van achteren zouden neerschieten. Stukje bij beetje wonnen we vertrouwen en klommen uit de kuil; mijn medereizigers die simpele Campesino's waren, stotterden de eerste woorden: 'We zijn gered!

Dank U, God! Wat een wonder!' Door de lucht vlogen vreugdevolle kreten: 'Milagro, maravilla!' Ik was ook gelukkig, maar ook zo verward.

Wat had mijn leven nou voor waarde? Zou ik ooit een teken krijgen dat God werkelijk bestond? Overleving leek me niet genoeg bewijs. Met een hoofd vol vragen klom ik weer terug in de bus naar de plek waar ik had gezeten. Ik kon het niet geloven: alles was weg, behalve één ding, en terwijl ik dichterbij kwam zag ik dat het op mijn zitplaats lag. Ik herkende het—het was mijn dagboek met mijn songteksten erin! Het was expres daar op mijn plaats gelegd. Het kon onmogelijk toevallig uit mijn tas gevallen zijn. Het was een stevige tas waaruit je niet zomaar iets kwijtraakte. Als ze enkel de waardevolle dingen hadden willen meenemen, dan hadden ze ook al het overige eruit gegooid wat geen waarde had, de vieze zakdoeken, stinkende sokken en alle andere oude vodden. Ik stond volkomen perplex. Hoe was dat nou mogelijk?

Voor het eerst in mijn leven stelde de vraag zichzelf. Ik had tekenen en boodschappen van troost ontvangen op kritische momenten in mijn leven. Ik wist niet hoe ik ze moest interpreteren en ze bleven me niet lang bij. Maar nu verrees de ultieme vraag op zo'n manier dat ik er niet langer aan kon ontsnappen. Bestaat er *werkelijk* 'Iemand' daarboven Die ons kent? Was dit hele verhaal als een soort schaakspel en wist Diegene daarboven van tevoren welke zetten ik zou doen, onderwijl mijn vrije wil en mijn beslissingen gerespecteerd werden, maar bood Hij aan het eind iets 'goeds' voor mijn bestwil? Was er dus Iemand die mij vergezelde bij al die gevechten en die nu mijn vraag 'beantwoordde'? Het voorwerp voor me zag ik als een tastbaar bewijs. Die gedachte drong tot op mijn botten door.

# HOOFDSTUK IX
# TERUG NAAR HET OUDE CONTINENT

MIJN LATIJNS-AMERIKAANSE REIZEN waren nog niet helemaal over. Er stonden mij nog meer problemen te wachtten. Ik reisde dagenlang door het noorden van de Braziliaanse jungle, meeliftend met houttransporten die de zandwegen vlakbij de Amazone passeerden. Een enkele keer nam ik een aftands rijtuig door een deel van de Amazone; men waarschuwde ons dat deze route door een gebied ging waar het voor de indianen niet ongebruikelijk was om blanke mensen om zeep te helpen. Op een van die nachten, net toen ons voertuig de rivier zou oversteken via een soort vlot, hoorde ik een vreselijk lawaai en realiseerde ik me dat onze chauffeur bedreigd werd. Mijn medepassagiers, allemaal van daar afkomstig, zagen er erg bang uit. Maar op de een of andere manier greep de Goddelijke gratie in; het geschil doofde uit en we mochten doorgaan. In het zogeheten asfaltoerwoud van Rio de Janeiro kwam ik langs mediums die het occultisme beoefenen, maar vanwege de grote vrees die ik van de criminele aanval die ik kortgeleden in Colombia geleden had, begon ik me van de duistere wereld terug te trekken. Een innerlijke stem waarschuwde me er nadrukkelijk voor. Na het Colombiaanse incident werd ik mij ervan bewust dat ik in magie en hekserij nooit rust zou vinden. Toch kon ik mezelf nog niet volledig bevrijden van de machtige krachten die mij vasthielden. In een hotel in Bolivia ervoer ik een andere verwoestende ervaring met demonen die in de vorm van groene rook mijn kamer binnendrongen en afgrijselijke vormen aannamen, en mij vervolgens verlamden van angst en me een verstikkend paniekgevoel gaven. Alleen in Thailand had ik een dergelijk intense psychologische terreur ervaren. Nu besefte ik maar al te goed dat ik zulke dingen niet weer wilde doormaken. Een combinatie van fysiek gevaar en mentale verwarring had me kapotgemaakt. Tot overmaat van ramp werd ik niet lang daarna midden op de markt in La Paz beroofd. Er moet toch meer zijn in het leven dan dit, dacht ik bij mezelf.

Afgejakkerd en wel nam ik het vliegtuig terug naar Zwitserland in de herfst. Wat ik niet wist, was dat deze vlucht zo'n beetje de laatste zou zijn van een serie lange en uitputtende reizen die mijn laatste 14 jaar hadden opgeslokt. De volgende fase in mijn leven vereiste geen vluchten door de lucht; het was een innerlijke reis tussen het hoofd en het hart op de weg naar God. Het begon met een bezoek van mijn geestelijke zus Ursula, die studeerde in de 'All Nations Bible School' in Londen. Zodra ze hoorde dat ik terug was in Freibrug, kwam ze me opzoeken en luisterde geconcentreerd toen ik refereerde naar de aanval van de Colombiaanse gangsters. Haar reactie verbaasde me en maakte me sceptisch.

'Dat was Jezus. Hij is Degene die je gered heeft.'

'Pardon? Wat bedoel je?'

'Ja. Op diezelfde dag op school hadden ik en mijn vrienden sterk het gevoel dat je in gevaar was, dus baden we voor je.'

Mijn eerste reactie was dat dit gewoon niet waar kon zijn. Dit was zo goedkoop. Kon ze het bewijzen?

'Wanneer gebeurde dat dan?'

In antwoord op deze vraag vertelde ze me exact op welke dag de roof had plaatsgevonden, terwijl ze dat onmogelijk had kunnen weten. Had ze het misschien in de krant gelezen? Ze ontkende. Nog was ik niet overtuigd: mijn aversie tegen christenen was sterker dan het bewijs dat ze me gaf. Op dat moment bedacht ik dat zelfs al zou Ursula's Jezus bestaan, dan nog zou Hij mijn type niet zijn. Ik zou bang voor Hem en Zijn morele regels zijn, en nog banger voor Zijn vertegenwoordigers. En dan nog, placht ik te denken: 'zij daar boven' hebben mij echt niet nodig. Ik zou er alleen maar een zooitje van maken daar in de hemel, als ze me al binnenlieten.

Toch hield ik mij ergens in mijn binnenste vast aan een aantal dingen die ze zei. Ik wist me geen houding te geven, zoals zo vaak, want er was iets in Ursula's aanwezigheid dat me een oncomfortabel gevoel gaf. Zij merkte dat en trok zich dan weer een tijdje terug. Maar dan kwam ze me na ongeveer een week weer opzoeken. Ze woonde in he Zwitserse Lausanne, het hoofdkwartier van de protestante vereniging voor Bijbelstudies. Ze leek er echter niets op tegen te hebben om 75 kilometer te reizen naar mijn huis in Freiburg wanneer ze me iets mede te delen had.

'Klaus,' zei ze eens, 'na alles wat wij samen en afzonderlijk hebben meegemaakt, snap ik best dat je niet nog iets wilt proberen om vervolgens weer teleurgesteld te worden.'

'Ja, dat is waar, ik werd in alle vorige gevallen diep teleurgesteld en dus wil ik dit keer niet weer gevangen worden in het net van weer een andere religie.'

'Je zult niet worden bedrogen, dat garandeer ik je. Ik spreek de waarheid. Kijk me aan! Maar als ik je niet kan overtuigen, dan kunnen mijn vrienden het misschien. Kom alsjeblieft bij mij op visite.'

'Ik heb jouw God niet nodig, ik kan mezelf helpen.'

'Dat kun je overduidelijk niet, zoals je zelf ook wel gemerkt hebt.'

Ze was erg volhardend en omdat ik haar echt heel erg mocht—ze was ten slotte mijn vrouw geweest—stemde ik in om bij haar in Lausanne op bezoek te komen.

Dit was de eerste stap op mijn nieuwe pad, dat niets van doen had met het verlaten van Zwitserland, maar dat wel veel onverwachte bochten kende. Ik ging naar haar 'Bijbelhuis' in Lausanne, maar ik vond de andere mensen daar te smakeloos voor mijn begrippen en dus nam ze me mee naar een dorp dat Huemoz heette, waar een afkickcentrum voor drugs- en alcoholverslaafden was waar zij waren genezen van hun verslaving in de naam van de Heer Jezus. Met de bewoners daar had ik iets gemeen: ze kenden de harde kant van het leven. Ursula introduceerde me aan vele andere gemeenschappen en groepen. Met haar ging ik naar een oecumenische bijeenkomst, waar ik met wat geleerde priesters en theologen sprak die me van alles vertelden over die onbekende Jezus.

Naar mijn smaak gebruikten ze te veel passages uit de Heilige Schrift. Soms had ik zin om ze een optater in hun gezicht te geven met hun favoriete boek, waarvan ze de essentie schenen te missen. Na al mijn ervaringen meende ik geleerd te hebben dat het leven niet alleen maar een serie van theorieën en theologische ideeën is. Als het Woord van God werkelijk voor iemand een echt verschil maakte, dan leek het dat deze mensen het geheim voor zichzelf wilden houden door hun toehoorders te verblinden met grote hoeveelheden leerstof en theorie.

Zo voelde ik het. Terwijl ik met ze discussieerde was ik vol zelfvertrouwen; Satan bleef me slimme argumenten geven tegen wat zij zeiden. Ik was te trots en 'ervaren' om deze zogenoemde christenen serieus te nemen. Wat hadden zij voor ervaringen gehad? Het leek alsof ze me allemaal probeerden te overtuigen over iets dat niet bestond, ten minste, niet in mijn wereld. De meeste dominees en leiders die ik in Ursula's kringen leerde kennen hielden lange discussies en dit was de gelegenheid om met mijn sluwheid wat punten te scoren, want ik voelde me onoverwinnelijk in een meningsverschil. Sarcastisch noemde ik ze 'babyfaces', omdat ze maar niet ophielden me uit te nodigen, met een brede glimlach op hun gezicht, om wat thee en koekjes te nuttigen. Zelfs nu, ook al zou ik nu wat milder zijn in mijn oordeel, denk ik dat er een zekere valsheid achter de brede glimlachen schuilde, die ik daar in die Bijbelgeoriënteerde wereld tegenkwam. In die tijd, als jonge cynicus, staarde ik naar hun brede grijns vol tanden en vroeg ik me af wanneer ze in een vampierbeet zouden veranderen. Goeroes in India riepen bij mij een soortgelijk gevoel op. Hun tactieken hadden geen effect op mij. In plaats daarvan voelde ik dat ik genoeg van ze had door hun argumenten af te troeven en dan liep ik na die gesprekken—trots op mezelf—weer weg.

Echter ontstond er zo toch een gat in mijn 'beschermende muur', opgebouwd uit trots, smaad en ongeloof. Een keer toen we in Freiburg waren, vroeg Ursula me of ik haar met de auto mee kon nemen naar een bijeenkomst van de YWAM (Youth With a Mission)-vereniging in Lausanne en één nacht daar te logeren. Na wat twijfel kwamen we overeen. Op de snelweg tussen Freiburg en Lausanne begon de motor van mijn Renault te hoesten en sputteren, om vervolgens te weigeren nog een stap te verzetten. Ik belde de wegenwacht voor hulp. Ondanks dat de monteur niet kon vinden waar het aan lag, slaagden we erin de bijeenkomst te bereiken door trillend en in slakkentempo verder te rijden. Aangezien het zondag was en ik vreesde dat ik zo laat in de avond na afloop van de bijeenkomst niet meer thuis zou komen met mijn kapotte auto, besloot ik Ursula daar achter te laten en meteen terug te keren. Ze zei dat alles goed zou gaan en ze bad voor de auto. Ik dacht heel even dat ze gek was geworden, maar uit respect hield ik mijn mond. Na veel aansporingen van mijn ex-vriendin, bleef ik dan toch maar en ging met haar naar de bijeenkomst. De sfeer werd al snel onverdraaglijk toen in de zaal iedereen zijn handen ophief naar het plafond en 'Halleluja' begon te zingen. 'Wat een stel dwazen,' zei ik minachtend.

Dit was teveel voor me dus ik liep naar buiten. Achterafgezien zou ik zeggen dat er een spirituele kracht bij die bijeenkomst aanwezig was die mijn oude ik niet kon verdragen, omdat de duistere krachten mij op dat moment nog steeds in hun greep hadden. Alleen de thee en koekjes lokten mij aan het eind terug naar de zaal. Na tien uur nam ik afscheid van Ursula en ging terug naar huis; de auto bracht mij zonder te hoeven stoppen naar huis, al pufte en sputterde hij wel.

Nog verbaasder was ik toen de volgende dag de automonteur zijn hoofd van onder de motorkap tevoorschijn bracht en zei:

'Hé Klaus, kun je verklaren hoe je thuis bent gekomen?'

'Met veel gekuch en gesputter, zoals je kunt zien.'

'Kom op, even serieus nu. Misschien heb je de motor uitgezet en ben je de heuvel afgerold.'

'Hoe bedoel je?'

*Edmée Cottier (links) met mijn vriendin Diane in Lausanne*

'Nou, de spoel van de bougie is aan beide kanten afgebroken. Nog nooit in mijn leven heb ik een auto gezien die zich meer dan een meter verplaatste zonder een vonkverdeler. Dit is een wonder!'

Ik was verrast en een beetje geïrriteerd door zijn woordkeuze; en toch was *ook* ik nu echt verbaasd. Er was voor de auto gebeden—ik weet niet wat het anders had kunnen zijn—maar ik hield mijn mond erover, want ik schaamde me. Het was iets dat volkomen mijn begrip te boven ging, te gek, ongelooflijk!

Een paar weken later vroeg Ursula me om een 67-jarige Zwitserse dame te ontmoeten, Edmée Cottier geheten, die in Rougemont woonde. Edmée, die drieëndertig jaar in Angola had gewoond, werd ooit gekidnapt en beroofd door een rebellengroep van het bevrijdingsleger UNITA. Deze dame, ondanks haar gevorderde leeftijd, werd voor 1600 kilometer in de zengende hitte door soldaten door kreupelhout gesleurd. Op dat punt van haar verhaal vertelde ze hoe ze door Jezus gered werd. Hij begeleidde haar; Hij had haar kracht gegeven om de uitputting te doorstaan. Een indrukwekkend verhaal, en wat me fascineerde was dat deze dame geen 'babyface' had. Haar huid was bruin en gerimpeld en leek meer op de huid van een indiaan; ik mocht haar wel. In plaats van een preek te houden over moraliteit, droegen haar ogen een fantastische kracht over. Haar gezicht glimlachte steeds en een enorme kracht straalde van haar ziel. Langzaam leek mijn verdediging te verzwakken; de muur die ik om mij heen had opgebouwd kreeg steeds meer gaten. Kon het zijn dat er iets echts en waars was in wat ze zei? Nee, dat accepteer ik niet. Misschien had ze het bij het verkeerde eind, zei ik haar. Toen ik naar huis ging dacht ik dat ik haar had kunnen overtuigen, dat zij het slachtoffer was van een of andere illusie.

Zo ging dat maar door en door. Hoe lang moest het nog duren? Ik kon me goed voorstellen dat iedereen van die Zwitserse christelijke kring die mijn had leren kennen, geconcludeerd zou hebben dat ik een hopeloos geval was. Dat zag ik in mijn cynische zelf als het bewijs van mijn superioriteit: ik geloofde dat ik genoeg concreet bewijs had geleverd, dat ik niemand nodig had—en zeker niet hun Jezus. *Niemand* was sterker dan ik! Niemand op aarde! Maar op dat punt van de conversatie plachten ze aan te vullen: 'behalve één man'. Volgens Edmée tijdens onze laatste ontmoeting was dit een man die ik binnenkort al zou kunnen ontmoeten, als ik dat wilde.

Over deze man, die sterker zou moeten zijn dan ik, had ik reeds gehoord van andere christenen. Ik begon de tactieken van die mensen door te krijgen en het was me van tevoren duidelijk hoe die ontmoetingen zouden eindigen, dus vanaf een bepaald punt weigerde ik verder op dingen in te gaan. Maar aan dit ene punt hielden ze vast met een ongebruikelijke standvastigheid, versierd in diplomatie en gebruikmakend van mijn trots. Men vertelde mij dat deze spreker beroemd was, dat hij vele boeken had geschreven en dat ondanks dat hij het erg druk had en beroemd was, hij bereid was om mij te ontvangen, omdat hij al over me had gehoord. Dit was natuurlijk wel erg verleidelijk.

'Dus die man is echt sterker? En hij gelooft dat hij iets voor me kan betekenen?' vroeg ik op een meer provocatieve manier, in afwachting van mijn ontmoeting met hem. Door het verlangen gegrepen om het hem—die 'beroemde' man—'wel even te laten zien,' ging ik ermee akkoord om hem te zien.

*Mijn eerste vaderlijke vriend, Dominee Maurice Ray en Ursula op de achtergrond*

Die ontmoeting vond een paar weken later plaats in Lausanne, op 10 september 1981. We hadden afgesproken voor de deuren van de kathedraal, zoals dat door een derde persoon was geregeld. Om die beroemde man te tonen dat ik hem niet nodig had, kwam ik bewust te laat. Ik zat voor de deuren en wachtte. Een tijdje later kwam hij naar buiten samen met Edmée, Ursula en een paar vrienden en hij kwam direct naar me toe. Zodra ik hem zag, was ik gealarmeerd vanbinnen. Ik kon zien dat de persoon die me naderde een sterke aura had. IJdel als ik was had ik het gevoel dat twee titanen elkaar zouden ontmoeten. Het was altijd mijn gewoonte geweest nieuwe kennissen diep in de ogen te lijken om uit te vinden of er iets onzekers of instabiels in ze te vinden was. In dit geval kon ik geen kink in zijn pantser ontdekken. Een man van bijna vijfenzestig jaar oud met lang grijs haar kwam naar me toe, met een intense blik in zijn ogen die tegelijkertijd vol van liefde was. Hij keek me aan zonder ook maar met zijn ogen te knipperen. Dat sprak boekdelen. Er was geen twijfel over mogelijk—het was hij of ik! Er zou maar één overwinnaar zijn. Diep vanbinnen dacht ik: Ursula en haar vrienden hadden gelijk. Dit zou mijn laatste gevecht zijn! Dat hij zou verliezen, daar was ik wel zeker van. Ik kende mijn strategie.

Om ruzie uit te lokken ging ik naar hem toe en provoceerde hem door te zeggen:

'Goedemiddag, *Maurice!* Mag ik je tutoyeren?' Ik wilde zijn eerlijkheid testen. Ik had wel vaker van die opgeblazen 'deugdelijke personen' leren kennen, die iets te vaak schaapachtig glimlachten. Als Dominee Maurice Ray zo'n gezicht zou hebben getrokken, dan was ik meteen vertrokken zonder iets te zeggen. Dan was het probleem opgelost. Maar hij antwoordde mij op dezelfde manier als hoe ik hem had aangesproken: 'Natuurlijk, mijn beste man!' Met een brede, vriendelijke glimlach nodigde hij me uit hem te vergezellen naar een gebouw naast de kathedraal, waar we alleen konden zijn en op een stille plek. Ik ging akkoord, al was ik niet van plan mijn verdediging te laten vallen. Ik had het idee dat ik door een ondoordringbare bewapening beschermd werd. Maar Ursula en haar vrienden waren ook vastbesloten. Ze zeiden dat ze ergens in de buurt zouden bidden terwijl Maurice ik met elkaar spraken.

Ik vertelde hem mijn levensverhaal met het vele leed en hij luisterde aandachtig. Na mijn relaas antwoordde hij droogjes:

'Dit is heel *slecht* nieuws. Het wordt langzaam tijd voor *goed* nieuws. Vind je niet?'

Dat was ik wel met hem eens en ik was blij dat hij me niet probeerde af te schepen met citaten uit de Bijbel. Hij had ervaring met het bezorgen van '*Goed* Nieuws', de Evangelie in dit geval, en wel op een manier die me niet tegenstond.

Ik vertelde hem hoe een van die babyface-dominees me had gevraagd om bewust en luid de naam van Jezus uit te spreken. Ik moest toegeven aan Maurice dat ik me op dat moment misselijk en ziek had gevoeld, alsof iemand me wilde wurgen en ik mijn mond niet open kreeg. Zelfs als ondervragers me zouden dreigen mijn tong af te snijden als ik niet onmiddellijk het woord en de naam 'Jezus' zou zeggen, dan nog zou het voor mij onmogelijk zijn geweest om het te doen. Maurice begreep dat prima; hij kon zien dat ik onder invloed van demonen stond. Zijn inzichten waren iets waar ik niet op gerekend had. Hij realiseerde zich dat achter mijn agressieve uiterlijk een zwakte schuilging, een zwakte die mij ontvankelijk had gemaakt voor demonen en het daardoor voor mij niet mogelijk was de naam van Jezus uit te spreken.

Maurice lachte vreugdevol, wetend dat hij vorderingen maakte:

'Snap je nu waarom onze nieuwe vrienden je naar mij toe hebben gestuurd?'

'Nee, helemaal niet. Waarom dan?'

'Omdat je een "marionettenpop" bent! Je hele leven lang ben je niets anders dan dat geweest.' Ik begon overstuur te raken:

'Maurice, alsjeblieft, zeg dat niet. Drijf niet de spot met me! Anders zal je er spijt van krijgen. Ik waarschuw je.'

'Nee, Klaus, dit is de waarheid. Weet je, in het leven is er altijd iemand die aan de touwtjes trekt. Terwijl God de vrijheid van de mens respecteert, geeft de duivel je die kans niet, want bij hem wordt je gedwongen om toe te geven. Je moet hem volgen.'

Iets klikte in mijn hoofd. Ik was perplex, maar terugkijkend op mijn leven realiseerde ik me dat Maurice wel eens gelijk zou kunnen hebben. Al die tijd had ik de indruk gehad dat ik meester over mezelf was, maar in werkelijkheid hield mijn echte meester zich altijd verborgen. Hij werkte in de duisternis. Ik huiverde toen ik de waarheid van zijn uitspraken begon in te zien.

'Denk niet dat de kleinste vonk van kracht die je had uit jezelf is gekomen. Om te beginnen ben je altijd de dienaar van iemand—je zult nooit neutraal kunnen zijn. Ik betreur het als jij in werkelijkheid degene dient, die je eigenlijk niet zou moeten dienen. Dat realiseer je je toch wel?'

'Nou ja, het leven was tot nog toe geen rozengeur en maneschijn. Daar heb je gelijk in.'

'Klaus, het enige wat je hoeft te doen is overstappen naar het andere kamp, dien de Andere. Maar vergeet niet dat God je nooit dwingt! Jij kunt hem alleen volgen uit eigen vrije wil. En als je het echt wilt, dan zal je nooit meer teleurgesteld worden. Zijn doel is dit: leven en liefde, vrijheid en vrede.' Ineens begreep ik dat ik niets van deze waarden bezat. Hiervoor had ik 'geloofd ' in macht, kracht en vrijheid in de zin van afwijzen van alle noodzaken. Nu werd dat geloof wat fragieler. Maar de angst voor weer een teleurstelling aan het eind van deze weg, was te sterk. Maurice ging verder:

'Weet je, mijn beste vriend, jij bent niet vrij... je'—hier aarzelde hij—'bent gebonden door occulte krachten. Als Satan eenmaal in de ziel mag kruipen en er een rustplek heeft gevonden, dan gaat hij niet vrijwillig weer weg. Hij ziet die ziel als zijn rechtmatige eigendom en wil erover heersen. Jij, Klaus, bent een goede medewerker van de onderwereld geweest en daarom ontving je macht van lucifer, maar je hebt ervoor betaald met je leven en je ziel. Jouw kwaliteiten waren: leugens, haat, vernietiging, eenzaamheid en de dood. Jij kent God niet—die staat aan de andere kant. En bovendien is hij sterker dan Satan.'

Tot mijn verbazing beaamde ik alles wat hij zei en gaf toe dat wat hij zei redelijk klonk. Toen zei hij:

'Nu zal ik je vertellen waarom je naar mij bent gestuurd. God heeft mij de gratie gegeven en de opdracht om zij te bevrijden—in Zijn Naam—die vastzitten in de vangnetten van Satan; maar dat kan alleen gebeuren als ze het uit eigen vrije wil willen ondergaan. Met andere woorden, ik ben bereid om je van je banden met het occulte te verlossen. Ik doe dit niet in mijn naam maar in de Naam van Jezus, Die Degene is Die je zal bevrijden. Het is nu aan jou of je dat wilt of niet.'

Op dat moment was ik gehinderd. Ik was absoluut zeker van één ding: 'Nee, Maurice, vergeet het maar! Ik wil geen christen worden; niet zo één met een mollig volle maan-gezicht en een wiebelige onderkin!'

'Dat zal je ook niet zijn,' voegde hij er snel aan toe, hij was daar duidelijk zeker van.

Ik was in dubio. Ik vroeg:

'Wat voor voorwaarden zijn er aan dat exorcisme van je verbonden?' Maurice antwoordde zacht:

'Niets; en het betekent dan nog lang niet dat je een christen zult zijn.'

'Wat heeft het dan voor nut?'

'We hebben het over *vrij* zijn, dat is alles. Vrij van Satan. Je kunt nu eerst bevrijd worden om vervolgens te beslissen wat je later gaat doen.'

Dat klonk als een redelijk aanbod. Na een korte twijfel ging ik er dan uiteindelijk toch mee akkoord. Later zien we wel hoe het verder zou gaan. In feite had ik niets te verliezen. Nog een ervaring erbij was van gering belang vergeleken bij alles wat ik al in mijn leven had meegemaakt. Ik had gehoord over 'exorcisme' in een Hollywood-film; waarom zou ik niet ook door iets dergelijks heen gaan? Het kostte me niets en naderhand kon ik het gewoon afvinken als nog een levenservaring om het vervolgens weer te vergeten. Daarom had ik er niks op tegen.

'Klaus, hebben we elkaar goed begrepen?'

'Ja, natuurlijk, ga je gang.'

Maurice knielde op de grond naast mij neer en begon te bidden. Eerst in het Frans, de taal waarin we gesproken hadden; toen plotseling bad hij 'in tongen', een taal die ik niet thuis kon brengen. Daardoor begon ik te twijfelen. Ik dacht dat hier vreemde geesten werden opgeroepen, dezelfde soort geesten die ooit voor dat pedofiele varken werkten die mijn jeugd had verpest. Wat deed hij? Ik werd bevangen door een vreselijke angst.

Alsof hij mijn gedachten las, ging hij voort in het Frans, zodat ik hem kon volgen. Toen hoorde ik iets dergelijks:

'In de Naam van Jezus Christus bind ik alle krachten die in Klaus zitten. Door de kracht van Jezus beveel ik hen zijn ziel en lichaam te verlaten, zodat Klaus vrij zal zijn en erachter kan komen wat Gods plan voor zijn leven is en deze kan volbrengen.'

Tijdens dit gebed voelde ik me ergens diep in mijn binnenste vreemd geroerd, hoewel ik gewoon wakker was, waardoor ik wist dat ik niet was beïnvloed door iets spookachtigs. Elke cel van mijn wezen was alert.

Toen het voorbij was vroeg ik hem:

'En nu?'

'Nu ben je bevrijd, ga waar je maar wilt en doe wat je wilt.'

Ik vond het allemaal wel een beetje snel gaan.

'Wat, echt? Ben je al klaar?' Ik had me het wat gruwelijker en spannender voorgesteld.

'Ja, de krachten van Satan zijn nu onderhevig aan de autoriteit van Je- zus.'

Nu was ik toch echt nieuwsgierig en wilde daar meer van weten.

'Hé, Maurice, nu ben ik toch echt geïnteresseerd in al die verhalen over die Jezus van je, of ze waar zijn—bijvoorbeeld dat Hij iedereen kent.'

Er zijn ongeveer zes biljoen mensen op aarde! Ik stelde me voor hoeveel werk dat voor Hem moest zijn. Hij moet heel erg veel werk hebben. Hoe is dat mogelijk?

'Hij weet nog meer dan dat, Klaus,' zei Maurice en voegde eraan toe: 'Jezus weet ook wat we denken; en zelfs nog voordat we ze gedacht hebben.'

Wat ik daarvan moest geloven, klonk erger dan sciencefiction! Dit ging me te ver.

'Hoe kan ik er zeker van zijn dat jullie christenen niet liegen? Wie zal mij de waarheid bewijzen van wat je allemaal zegt? Wat moet ik doen om daarachter te komen?'

'Daar moet je voor bidden,' zei hij laconiek.

'Wat?!' barstte ik uit, 'Je verwacht toch zeker niet van me dat ik van een stuk papier een of andere loze formule ga oplezen of als een papagaai die mooie woorden van je zal herhalen? Ik heb nog nooit gebeden en weet niet eens hoe dat moet.'

Een algemene tekst herhalen is hoe mijn moeder en die andere farizese karakters in mijn jeugd baden. Ik ging door:

'Toen ik klein was, was ik verplicht woorden te herhalen; je kan hopelijk wel begrijpen dat ik dat niet wil, toch?'

Dat begreep hij wel.

'Nee, nee', zei hij lachend en geruststellend. 'Het is veel makkelijker om te bidden; je kunt het denken—of beter nog—hardop alles wat je van binnen voelt uitspreken. Zeg alleen wat je van binnen voelt diep in je hart, spreek de *waarheid*.'

'Is het werkelijk zo makkelijk? Dan kan ik dat inderdaad ook.'

Maar ondertussen vroeg ik me alweer wat anders af. Het hart, waar is dat? Had ik een hart? In mijn herinnering plaatste Moeder Theresa haar hand op mijn hart en adviseerde ze me om daar, diep in mijn hart, naar de waarheid te zoeken. Was het mogelijk dat de weg naar mijn hart zich had geopend door het exorcisme? Op dat moment merkte ik dat ik de naam Jezus uit kon spreken zonder dat het voelde alsof iemand me wurgde. Dus sloot ik in mijn ogen en probeerde ik mijn hart te kijken, voor ik met luide stem zei: 'Oké, Jezus, als al die verhalen die ik de laatste tijd over U heb gehoord waar zijn, en als U werkelijk alle mensen in de wereld kent, mij en mijn gedachten incluis—zelfs nog voor ik ze zelf heb gedacht—dan, Jezus, als dat alles waar is, dan moet U weten dat ik *niet* in U geloof. U weet dan ook dat ik wel in U zou willen geloven, maar dat, zo U begrijpt, ik teveel in mijn leven heb geleden om nog blindelings iets of iemand te kunnen geloven. Te vaak werd ik verblind en bedrogen. Oké? Maar kijk, ik doe U het volgende aanbod: als U tegen mij spreekt, dan zal ik in U geloven.'

Maar hoe zou ik weten dat ik het antwoord kreeg waarnaar ik zocht? Onmiddellijk nadat ik die woorden had uitgesproken, begon ik te twijfelen aan de authenticiteit van de stemmen die mij uit de andere wereld leken toe te komen. Aan de andere kant was ik ook medium geweest en hoorde ik duidelijk stemmen afkomstig uit de andere dimensie van het bestaan, en dus voegde ik eraan toe:

'Maar kijk uit, Jezus, ik wil niet voor de gek gehouden worden. Ik kan stemmen van de andere wereld horen. Ik wil er zeker van zijn dat U het bent Die tot mij spreekt.'

Maurice had me geadviseerd om de waarheid te spreken, dus dat was precies wat ik deed. Dit was mijn eerste gebed en het kwam uit het diepte van mijn hart.

'Jezus zal van Zich laten horen,' verzekerde Maurice me lachend. Hij leek ervan overtuigd te zijn dat dat zou gebeuren.

Eerlijk gezegd vond ik Maurice op dat moment eerder naïef en toch wel een dromer. Want zeg nou zelf, hoe en door wie kon zoiets nou werkelijk *serieus* genomen worden? Door mij zeker niet. Ik bedoel, ondanks mijn ijdel en egocentrisme, vroeg ik me toch af wie ik wel niet was dat deze Eeuwige en wereldberoemde Jezus zich zou verwaardigen om zelfs maar aan me te denken, één van de biljoenen! Provocerend zei ik:

'Nou, als dat gebeurt, laat ik het je weten.'

Arme Maurice. Ik kreeg bijna medelijden met hem. Maar wie kon vermoeden dat op dat moment mijn laatste gevecht was begonnen; en dat het een gevecht op leven en dood zou zijn. Het was een net zo spannende en zenuwslopende impasse als een Hollywood-drama. Zonder de gratie Gods en de steun en gebeden van mijn vrienden, zou ik de volgende vierentwintig uur gebukt gaan onder de macht van de duivel. Ik besloot niet naar Freiburg terug te gaan voordat ik de tastbare waarheid 'in mijn zak' had, dat God echt bestond. Het zou beter zijn in Lausanne te sterven, dan in onwetendheid in Freiburg terug te keren. De actie begon pas echt op zaterdagmiddag.

In de kathedraal van Lausanne begon die dag een jaarlijks festival, dat 'Dagen van berouw en gebed' werd genoemd. Het zou drie dagen duren en er zouden een serie van vieringen plaatsvinden en lezingen worden gehouden. De sprekers kwamen van heinde en ver: pastors, priesters en een groot aantal leken kwamen daar om naar ze te luisteren. 'Een belangrijke gebeurtenis,' verklaarde Edmée Cottier, die in die dagen voor me zorgde en voortdurend voor me bad. Ze maakte het me duidelijk dat naast haar ook een andere groep mensen voor mij bad, zodat ik 'er goed doorheen zou komen zonder schade aan mezelf,' want, zo waarschuwde ze, 'het zal niet makkelijk zijn.'

Na zes decennia was Edmée een ware krachtpatser en ik had enorm veel respect voor haar. Daarom sprak ik met haar af om op zaterdagavond mee te gaan naar de kathedraal. We zaten iets te ver vooraan. Aangezien ik niet veel begreep van wat de spreker zei, raakte ik verveeld en viel in slaap, mijn hoofd rollend van links naar rechts en weer terug. Ik hoorde de stem van de spreker 'ver weg', alsof er een dichte mist hing. Toen mijn hoofd naar beneden viel en ik begon te dromen, gebeurde er iets. Alsof ik van ver weg de woorden hoorde *'Wees altijd vreugdevol in de Heer.'* In mijn slaperigheid klonken die woorden onduidelijk; hoe dan ook, ik voelde dit weer min of meer als een van die vele loze clichés, vaak aangehoord maar nooit nageleefd. Ze gingen het ene oor in en het andere weer uit. Plotseling keek de spreker in mijn richting en ik was er zeker van dat hij mij aankeek. Ineens was ik wakker; hij zou het wel eens gezien kunnen hebben dat ik zat te knikkebollen. Ik voelde me als een dief die op heterdaad betrapt was door de bewaker van de winkel. Dit bracht mij uit mijn apathische houding, ik bloosde en in een oogopslag luisterde ik oplettend naar wat de spreker zei. Het leek alsof zijn woorden aan mij *persoonlijk* gericht waren en ze raakten me diep van binnen. Omdat hij zag dat ik niet goed had opgelet, herhaalde hij speciaal voor mij nog eens wat hij gezegd had.

'*Nogmaals ik herhaal: wees vreugdevol!*'

Nu was ik pas echt goed wakker! Bij deze woorden begon het me te duizelen. Met grote snelheid speelde zich in mijn brein een film af. Waarom herhaalde die vent die woorden? En waarom keek hij naar *mij* terwijl hij die woorden sprak? Het was duidelijk dat hij door had dat ik zat te dommelen. Ik werd zo rood als een schooljochie dat betrapt werd met afkijken. Ik herinnerde me dat mijn docenten altijd alles twee keer moesten zeggen, voordat ik zou gehoorzamen! Zo was het met deze prediker ook.

Maar nu, wat me nog meer raakte dan de eerste keer was het bevel, '*wees vreugdevol*'. De woorden klonken als een aansporing, een aanmoediging. Tot nog toe was mijn beleving van 'geluk' het nuttigen van drugs of alcohol of het uitoefenen van macht over een ander, maar dat bracht mij nooit echt geluk. Deze woorden hadden een gevoelige en aanslaande snaar in mij geraakt. Hoe kon deze man dat nou weten? Nee, dat kon hij onmogelijk geweten hebben.

Mijn gedachten waren nu helemaal vol van de aangeboden mogelijkheid. Was het werkelijk mogelijk om vreugde te voelen? De zin die volgde begreep ik niet meteen:

'*Toon aan iedereen dat je van hen houdt en wees vriendelijk tegen elkaar.*'

Ik vreesde dat mijn begrip van 'liefde' voor en 'vriendelijkheid' tegen iedereen die in mijn klauwen terecht waren gekomen spreekwoordelijk was geworden. Iedereen in mijn buurt was bang voor mij en had een goede reden om voor zijn of haar leven te vrezen; veel mensen voelden intuïtief mijn masker van haat. Dus ik was ongevoelig voor het idee van wederzijdse liefde. Daarna hoorde ik de volgende woorden:

'*De Heer is nabij!*'

BAM! Op dat moment explodeerde er iets in mijn hoofd. Nog onder de invloed van Maurice zijn woorden, draaide ik mijn hoofd naar achter om te zien waar Jezus was gaan zitten. Het zou me niet verbaasd hebben, als ik Jezus in de rij achter mij had zien zitten. De spreker had immers zojuist deze uitzonderlijke woorden uitgesproken. Hij *moest* gewoon vlakbij zijn. Maar ik zag Hem nergens achter of voor me zitten. Waar was Hij?

Ik realiseerde me dat Hij niet direct aanwezig was; maar hoe? Vervolgens dacht ik, Hij is inderdaad wel vlakbij, maar hij is nog niet helemaal 'hier'. Dat was natuurlijk ook wel vreemd; ik was nog maar net naar Hem op zoek en Hij was al 'dichtbij'—het ging allemaal zo snel. Honderden gedachten tolden door mijn hoofd, toen ik plotseling nog iets anders hoorde:

'Wees nergens bang voor.'

Dit sloeg de spijker op zijn kop. Was mijn leven tot dan toe niet gevuld geweest met enkel angst en zorgen? Weer kwam er een golf van gedachten over me heen: angst voor de kwaadaardigheid van mensen, voor volwassenen die me nooit begrepen, de valsheid van degenen om me heen, de schijnheilige moraliteit van de rechters, van het politieapparaat. Ik herleefde het gevoel van hopeloosheid, teleurstelling, vluchten, vervolgd worden, het hele scala van een ellendig leven. Dit kleine zinnetje: *'Wees nergens bang voor'* —het klonk als een fantastische belofte, concreet en zo nodig in mijn leven. Wat zou dat geweldig zijn! Ondertussen ging de spreker door:

*'Maar breng al je verzoeken via gebed en nederig smeken over aan God.'*

Dit begreep ik niet zo goed natuurlijk, want mijn brein had het nog steeds druk met alle angst en misère in mijn leven. Hoe dan ook, waarschijnlijk kon ik dat vers niet verstaan omdat ik toen nog niet vertrouwd was met de christelijke woordenschat. Tegenwoordig begrijp ik de betekenis ervan beter: ik weet nu dat God in elke situatie waarin we ons bevinden, ongeacht hoe rampzalig het ook is, naar ons luistert. We kunnen Hem alvast smeken en bedanken, want Hij heeft ons gered en maakt het beste van elke omstandigheid, hoe erg het ook is. Voor 'hen die van God houden, is alles voor hun bestwil.' Na dat gepeins vestigde ik mijn aandacht weer op de spreker en hoorde ik wat waarschijnlijk het kernwoord is:

'en de vrede van God...'

Op dat moment haakte ik af, want ik had wat om over na te denken. Ja, vrede! Dat is waar ik mijn leven lang naar zocht en wat ik nooit had kunnen vinden. Innerlijke vrede, dat wat alle goeroes en meesters beloofden, maar waar ook zij niet over beschikten. Op dat moment leek de onbereikbare kathedraal van weleer ineens heel dichtbij. Maar ik voelde wel dat die 'vrede van de Heer' waarschijnlijk niet dezelfde vrede was als die beloofd werd door politici, filosofen, psychologen, 'occultisten' en sekteleiders. 'Vrede', in deze nieuwe betekenis, was zowel iets wezenlijks voor het menselijke bestaan als een specifieke belofte aan mezelf: dat is wat ik begreep van de woorden van de pastoor. Ondanks dat was het een aanbod dat ik niet durfde te accepteren uit angst om weer teleurgesteld te worden.

Na zoveel mislukte pogingen had ik niet de kracht om weer opnieuw te beginnen—dat kon ik gewoon niet. En nog eens zweerde ik aan mezelf dat ik Lausanne niet zou verlaten voordat ik 'door de tunnel' was gegaan en wat zekerder was geworden van deze nieuwe vooruitzichten. *'De vrede van God die het verstand te boven gaat,'* ging de spreker verder, waarmee hij alweer een gevoelige snaar raakte. Ik was er zeker van dat die man me nog steeds aankeek terwijl hij deze woorden sprak. Dit was de zesde keer dat zijn woorden me geraakt hadden. 'Begrijpen', 'ratio', 'gedachte', 'intellect', 'analyse', ik beschikte er allemaal over ten koste van mezelf en anderen. De ratio, die trotse, intellectuele valstrik, kon een obstakel worden, een gif dat verdeeldheid in de wereld brengt. Daarom was het de moeite waard om te vragen: die 'vrede van God'—verandert het werkelijk het begrip van de mens? Ik dacht meteen aan dat boek van Maharishi over transcendentale meditatie, *the Science of Existence,* en herinnerde me hoezeer dat boek me had misleid met ogenschijnlijke intelligentie. In feite had het boek mij, en een hele generatie, misleid en bedrogen met zijn 'menselijke' wijsheid. Inderdaad zijn veel van die goeroes en sekteleiders zeer welbespraakte theologen, die de cultus van academische intelligentie verafgoden en die allerlei soorten van intellectverslaafde wijzen in hun net vangen. Maar Satan is nog slimmer dan dat hele zooitje bij elkaar; hij gebruikt de intellectuele ijdelheid, met nog een heleboel andere trucs, om mensen te misleiden. De ratio, gescheiden van het hart, kan ons naar slechte plekken leiden. Mijn hart sloeg over met enorme emotie toen zijn laatste woorden weerklonken door de kerk: '*[de vrede van God] zal via Jezus Christus over jullie hart en denken waken.*'

Deze woorden drongen niet meteen tot me door, want mijn brein was nog steeds koortsachtig verstrikt in hyperactieve gedachten en bezig met het idee van puur menselijke 'intelligentie'.

Ook al waren er dingen die ik nog niet kon accepteren, ik was zó aangedaan en geraakt door de woorden van de spreker—die in feite verzen uit de Bijbel waren— dat ik na afloop van zijn toespraak naar hem toe ging om hem aan te spreken.

'Meneer, zeg mij, sprak u mij zonet persoonlijk aan?' Hij keek verbaasd.

'Nee, ik citeerde alleen maar wat passages uit de Heilige Schrift.'

Maurice die vlakbij hem zat en mijn vraag hoorde, kwam naar ons toe en zei:

'Natuurlijk, als je alles wat er gezegd werd persoonlijk opvatte, dan was het inderdaad voor jou bedoeld. Ja, mijn vriend, God is nabij.'

Toen kwam Maurice op een ingenieus idee.

'Wil je zien waar die passages gedrukt staan?'

Zelfs op dat moment kon ik me nog niet voorstellen dat de woorden die aan mij persoonlijk gericht waren ergens geschreven stonden.

'Ja, graag,' antwoordde ik ongelovig.

'Goed, kom maar mee.'

De ene verrassing na de andere. De volgende wachtte me om de hoek. We staken het plein bij de kathedraal over en gingen het parochiehuis binnen. Maurice opende een kast, nam er een Bijbel uit en opende het op de bladzijde waar ik zwart op wit de tekst kon lezen die ik zojuist gehoord had. Maurice keek naar me en begreep dat mijn weerstand net een zwaar verlies geleden had. Plotseling, in een snelle beweging, hield hij de Bijbel onder mijn neus en zei:

'Wil je hem hebben?'

Dit was een schok, en een pijnlijke. Wat moest ik doen? Mijn voorgaande ervaringen met christenen hadden me laten zien dat dit boek een excuus was voor ontelbare oorlogen, machtsstrijden, vernietigingen en de Inquisitie. Ik vond dat mijn persoonlijke verhaal en dat van het Vaticaan bijdroegen aan een aanklacht die voor zichzelf spreekt. Dat leek allemaal voldoende reden om geen Bijbel in mijn hand te willen nemen, zelfs niet als geschenk. Ik stond daar zonder emoties aan de grond genageld en bevond mij in een heus dilemma. Ik dacht aan al die hypocriete mensen, liefdeloos en levenloos, die dat boek citeerden— mensen aan wie ik een gruwelijke hekel had. Aan de andere kant, net een paar minuten geleden, had ik een Evangelietekst gehoord die klonk alsof het direct en persoonlijk aan mij gericht was; een tekst, uit precies dit boek, dat me krachtig had geraakt vanbinnen. Dit maakte het praktisch onmogelijk om 'nee' te zeggen, maar ik wist nog steeds niet welke kant te kiezen. Het idee om nu dit boek in mijn handen te nemen, maakte me duizelig. Het werd donker voor mijn ogen alsof ik mijn bewustzijn zou verliezen.

Met extreme schaamte en aarzeling strekte ik mijn hand uit. Eigenlijk weet ik niet wat voor kracht het was die mijn ellenboog vooruit duwde en mij mijn handpalm deed openen. Ik hield het boek alleen aan de hoek er- van vast, alsof Maurice gloeiende kolen in mijn hand legde en ik het ieder moment kon laten vallen. Mijn gezicht voelde alsof het in brand stond: ik schaamde me. Had mijn ziel zijn 'Meester' herkend en bloosde het nu? Het zou toch een onaangename gedachte zijn dat een kennis, zodra ik deze kamer zou verlaten, mij met een Bijbel in mijn hand zou zien. Mijn oude vrienden zouden al hun respect voor mij verliezen. Als ik op dat moment mijn gezicht in de spiegel zou hebben gezien, dan had ik ongetwijfeld mezelf in mijn gezicht uitgelachen, zoals ik dat ook bij die zielige babyfacechristenen had gedaan die altijd een Bijbel bij zich droegen.

Het ergst zou zijn als men zou denken dat ik behoorde tot die groep van chocoladepuddingachtige christenen. Verontrust verliet ik het parochiehuis. De mensen zouden denken dat ik een van de priesters was als ze me daar zagen lopen met een Bijbel. Het was erg ongemakkelijk, dus ik verborg de Bijbel bij het verlaten van het gebouw onder mijn jas. O, mijn Heer! Wat gebeurde er met mij?

Voordat ik Maurice verliet, gooide ik nog snel even een bommetje door opstandig te roepen:

'Wat er ook geschreven staat zegt niet veel, dat begrijp je toch wel? Dat hoeft niet te betekenen dat God tot mij gesproken heeft!'

Maurice wist dat ik Jezus gevraagd had om *persoonlijk* met mij te spreken en niet door Zijn Woord in drukvorm.

Maurice glimlachte alleen maar. Dat was zaterdagavond. Op zondagochtend om 9 uur had ik weer een gesprek met hem.

' En.. hoe gaat het vandaag?' vroeg hij terwijl hij me tegemoet trad.

'Kijk, ik weet niet wat hier gebeurt, maar Jezus heeft nog niet met me
 gesproken. Hij heeft geen haast, hè? Er is al een halve dag voorbij sinds je het beloofde.'

Maurice zei dat ik geduld moest hebben. 'Ik ben er zeker van dat Hij komt.'

Maar ik kon me nog steeds niet voorstellen hoe iemand die 2000 jaar geleden in Palestina leefde naar Lausanne zou kunnen komen om met mij, in zijn ogen de meest waardeloze sloeber die er was, te praten. Ik kon mijzelf daar simpelweg niet van overtuigen. Maar ineens had ik een idee.

'Maurice, wat zeg je ervan om mij nog een te bevrijden; twee keer is beter, dan zal Hij zich misschien wat meer haasten.'

Zoals ik al eerder zei, in mijn leven werd mij elke belangrijke mededeling twee keer gezegd voordat ik reageerde. Ik had nog steeds twijfels over de dingen die Maurice me verteld had.

'Nou, zeg eens, wat vind je van mijn voorstel?'

'Met genoegen, als je dat werkelijk wilt,' zei hij lachend met zijn diepe basstem vol vaderlijke goedheid. We herhaalden de procedure van de vorige dag. In de Naam van Jezus bond Maurice voor de tweede keer de occulte krachten die op mijn lichaam en ziel aasden, en gooide ze er eens en voor altijd uit Vervolgens zei hij:

'Nu is alles veilig. Nu zal je Jezus kunnen horen.'

Die ochtend stond ik wat meer open en liet ik me makkelijker overhalen, maar er was toch nog wat scepsis in mijn hoofd. Misschien zat ik te wachten op spectaculaire ervaringen of om opgeheven te worden op een roze wolk, maar toen dat wegbleef werd ik voor de tweede maal geconfronteerd met de werkelijkheid. Tijdens en na het tweede exorcisme zat ik in een stoel; misschien dat mijn hart wat harder klopte maar dat was dan ook alles. Geen Hollywood scene? Geen sensatie? Was het zo simpel? Maar wacht, er stond iets te gebeuren. Om 10 uur zou de religieuze dienst in de kathedraal beginnen. Edmée Cottier—die ik later de vroedvrouw van mijn hergeboorte zou noemen—vroeg me om mee te komen. Eerst wilde ik niet.

'Ik ben geen christen. Ik hoor er niet bij en heb er niks te zoeken.'

'Ik weet zeker dat je iets zult vinden,' hield ze halsstarrig vol. 'Kom mee, het is belangrijk, dat zul je zien.'

Ze stond erop en ik volgde haar uiteindelijk naar binnen. Ik liep langzaam, nors; ik deed het alleen om Edmée een plezier te doen, omdat ze zo'n lief mens was. En toch ik was aangenaam verrast door de mooie dames die ik de kathedraal in zag gaan en ik vroeg me af wat ze vonden van zo'n oud gebouw als dit. Hoe dan ook, dacht ik bij mezelf, in ieder geval heb ik tijdens de dienst iets om naar te kijken.

# HOOFDSTUK X
## IN DE KATHEDRAAL

ER STOND MIJ NOG EEN verassing te wachten toen ik de kathedraal binnenging. Naar mijn verwachting zouden er hooguit wat sombere, in het zwart geklede oude dametjes zijn die roddelend de jurk van de buurvrouw afkraakte. Ik stelde een verloren priester voor, die de kerkdienst viert voor een driekwart lege kerk en een gemeente die meer weg heeft van mummies in een museum dan van trouwe gelovigen. Dat was immers het beeld van een halfdode kerk die ik in Spanje en Italië had opgedaan en om puur culturele redenen had bezocht. In plaats daarvan zag ik echter een mengelmoes van jonge en oude mensen. Hun kleren waren modern, en er waren er zelfs bij die een spijkerbroek droegen. Het waren er zelfs zoveel, dat de kerk amper plek voor ze had; er waren ongeveer 800 zitplaatsen in de kerk voor een gemeente van ongeveer 2.500. Vooraan speelde een band met gitaren synthesizers en een elektronische bas, wat een aangename sfeer gaf. Jongens en meisjes zaten in groepjes op de vloer, omdat er niet genoeg zitplaatsen waren. Mijn mond viel ervan open! Vanaf het moment dat ik niet meer naar de kerk ging heb ik altijd gedacht dat kerkdiensten een achterhaalde zaak waren, met maar weinig volgers behalve de traditionalisten of zij die eeuwig in het verleden leven. Ik was er vanuit gegaan dat het verblijf in een sombere kerk onmogelijk en onvoorstelbaar was voor mijn tijdgenoten.

Edmée en ik drongen ons door de menigte naar voren tot we tamelijk vooraan twee vrije plaatsen vonden. Er waren 5 dominees en 2 katholieke priesters die samen de oecumenische dienst vierden, want , zoals Edmée me vertelde, 'Deze dagen van berouw en gebed zijn een belangrijk iets.' Aangezien ik niet helemaal begreep wat er werd gedaan, begon ik de ramen te tellen, de architectuur van de pilaren te bestuderen, te luisteren naar de band en naar de mooie dames te kijken. Er schoten meerdere gedachten door mijn hoofd, maar die hadden met de handelingen aan het altaar niets

te maken. Tegen het eind van de dienst wendde een van de priesters zich tot de mensen, en ik hoorde het volgende vers:
*'Gezegend zijn zij die uitgenodigd zijn voor het Avondmaal van de Heer.'*
Op dat moment heerste er stilte. Edmée boog zich discreet naar mij toe en fluisterde me iets in het oor. Wat daarop volgde was de 'meest verpletterende gebeurtenis' in mijn hele leven.

'Hé Klaus, kom jij ook mee,' fluisterde Edmée in mijn oor.

Ineens kwam ik tegen haar in opstand. Wat had ik nou weer met het Avondmaal van de Heer te maken? Dat was voor haar—voor christenen. Waarschijnlijk waren de anderen uitgenodigd. En hoe dan ook, niemand heeft me ooit voor een feestje of een viering gevraagd. Als ik ergens aanwezig wilde zijn, moest ik mezelf onzichtbaar maken en onaangekondigd naar binnen glippen, desnoods via de achterdeur. Aan de andere kant was mij vaak het tegengestelde overkomen: mijn hele leven lang was ik ongewenst, werd ik weggestuurd en eruit gegooid. Zelfs uit de baarmoeder van mijn moeder, die het duidelijk maakte me niet te willen. Ik werd altijd afgewezen, of het nou thuis was of op school, in de kerk, waar dan ook. Hoe kon ik dus samenzijn met zij die waren 'uitgenodigd', met de 'gezegenden'?

Edmée begrijpt er niks van, dacht ik, en dus mompelde ik haar terug: 'Nee, dat is niet voor mij. Dat is voor jou en jullie, christenen.'

'Dat is niet waar, het is ook voor jou. Kom nou maar.' Ze gaf het niet op en was ervan overtuigd dat 'mijn tijd' gekomen was.

'Nee, ik kan en zal niet met je mee gaan, laat me met rust,' antwoordde ik wat scheller. 'Ik ben geen christen.'

Mijn hemel, haar volharding begon me echt op mijn zenuwen te werken!

'Ik heb hier niets verloren en ben ook nergens naar op zoek! Begrijp me nou eindelijk eens, dit is niks voor mij. Ik ben niet één van jullie.'

'Maakt niet uit Klaus, kom mee,' hield ze vol. 'Ik ben ervan overtuigd dat dit precies is wat je nu nodig hebt.'

Wat een koppig mens is ze toch! Waarom is ze zo dwars, vroeg ik me af. Nu begon ik pas echt moe van haar te worden!

In ieder geval voelde ik dat de meesten om me heen niet echt aan het avondmaal, dat aangeboden werd, wilden deelnemen. Het is mogelijk dat ze de 'uitnodiging hebben aangenomen' in die zin dat ze naar de kerkdienst zijn gekomen, maar buiten dat niet aan alles willen deelnemen. Waarom gingen ze dan eigenlijk naar de kerk? Dat slaat nergens op. Als ik bij iemand te eten was uitgenodigd, dan zou ik toch niet zo snel naar zijn huis gaan om te zeggen: 'Nee bedankt, ik wil niks eten. Ik ben enkel gekomen om hier te zijn, niet om van uw gastvrijheid te genieten.' Aangezien zoveel leden van de gemeente het niet zo nauw namen en niet warmliepen voor het avondmaalt, maakte het ook weinig verschil of ik wel aan het 'avondmaal' zou deelnemen of niet— dus waarom zou ik gaan om alleen Edmée een plezier te doen?

Naar mijn mening eiste ze iets te veel van het goede. Haar houding zette mij onder druk en daar werd ik gek van. Zonder enig respect voor het moment van stilte en heiliging viel ik met luide stem tegen haar uit:

'Hou je mond, je kraamt onzin uit! Je kunt dit voor mij niet beslissen, of wel soms?

Laat me met rust!'

De mensen om ons heen sprongen op van schrik, maar dat liet me koud. Edmée zweeg. Ze was een te wijze lerares om te blijven volharden. Plotseling begon ik door al die uitgewisselde spanningen te twijfelen wat te doen. Moest ik opstaan en aan het 'avondmaal' deelnemen of niet? Ik begon te piekeren. Eigenlijk, zo realiseerde ik me, kon Edmée dit niet voor mij bepalen. Ik moet het zelf beslissen. En weer stond ik voor een dilemma (lijkend op dat toen Maurice de Bijbel in mijn hand stopte), tot ik een ingenieus idee kreeg.

Mij was ter ore gekomen, dat het brood en de wijn die zij verdeelden, daar vooraan in de kathedraal, in werkelijkheid het lichaam en het bloed van Jezus Christus waren. Als dit niet slechts symboliek was, maar werkelijk zo was, dan was dit het geschikte moment voor de Heer om zich te openbaren. Hij kon— nee moest— het bewijzen. Hij Zelf moest dan maar beslissen of Hij mij wel of niet Persoonlijk wilde uitnodigen.

Ondanks al mijn wikken en wegen, wist ik nog niet of ik nou wel of niet naar voren moest gaan; het leek erop dat het antwoord buiten mijzelf lag. Misschien moet ik het Hem vragen, dacht ik. En alsof er niets anders in mijn brein was, boog ik spontaan zonder verder na te denken mijn hoofd naar voren, sloot mijn ogen om door niets afgeleid te worden en vroeg Hem simpelweg:

'Jezus, wil je dat ik mee naar voren kom?'

Binnen een seconde, alsof Hij lang op dit moment had zitten wachten, was Hij er en sprak me aan! Niet in mijn hoofd, maar in mijn oren hoorde ik de volgende woorden in een luide en heldere stem:

'Ja kom! Ik heb je alles vergeven.'

Ik schrok ervan en was zo onthutst, dat het bijna onmogelijk is te beschrijven wat er zich op dat moment afspeelde. Ik was me tegelijkertijd bewust van het verleden, het heden en de toekomst. Aangezien ik wel vaker stemmen van de andere wereld had gehoord, was ik minder verrast door het horen van onlichamelijke stemmen dan je zou verwachten. Wat mij echter wel verbaasde was dat ik *wist* dat HIJ het was—Zijn Aanwezigheid! Ik kan nog steeds geen woorden vinden om die onvoorstelbare liefde en het geluk te beschrijven die mij op dat moment omgaven.

Tot op de dag van vandaag voel ik dat ik in een vreugde gehuld ben die niet in woorden kan worden omschreven. Het is vergelijkbaar met een man die helemaal stijf van de kou was, op het punt stond om te bevriezen, en zich plotseling bevind onder een douche van warm water. Zoals was in het licht van de zon smelt, zo smolt ik in de hitte en liefde die van Hem afkomstig waren, en probeerde ik mijn hart voor Hem te openen.

Een kruimeltje van die liefde is wat ik voelde toen ik Moeder Theresa in Calcutta ontmoette. En een paar jaar later leidde God mij weer tot een heilige persoon, een man die zelfs nog meer van dat soort liefde en onzelfzuchtigheid bezat, zo onmogelijk om onder woorden te brengen—dit soort dingen kunnen enkel ervaren worden. Maar op dat moment in de kathedraal overtrof de liefde die ik voelde alles wat ik ooit ervaren had. Dit ging mijn verstand te boven. Ik wist niet hoe ik ermee om moest gaan. Ik was van mijn hoofd naar mijn hart geleid. Wat me ook geraakt had, het was te diep om te bevatten.

Maar op datzelfde moment kwam ook de aanval...

Nog kon ik de woorden van Jezus in mijn oren onderscheiden, toen ik plotseling een vreselijk gefluit of gesis hoorde, die vanuit de koepel van de kathedraal naar beneden kwam en steeds sneller naar me toe bewoog. Instinctief voelde ik het gevaar voor de dood en wilde opzij springen voordat dat 'wilde beest' me zou raken. Maar het was al te laat! In een fractie van een seconde viel een 'tweehandig zwaard' op mij als een bliksemschicht uit de hemel die mijn hoofd en lichaam in tweeën leek te splitsen voordat ik de benen kon nemen. Het was als een fatale klap. Ik had het gevoel dat ik kapot was en in tweeën as gedeeld.

Alles werd door die klap verpletterd. Waar was de liefde? Waar was de vrede? Nog even daarvoor had ik zowel liefde als vrede gevoeld, maar ze werden in een klap weggevaagd als door een orkaan. Mijn teleurstelling was te groot, want mijn grootste vrees was werkelijkheid geworden—ik was weer bedrogen! Ik kon er echt niet meer tegen. Een moment lang was ik blind van haat, verzwolgen van boosheid, woede, agressie, desillusie en geweld tegenover alles en iedereen om me heen, de hele wereld.

Ik had iedereen wel kunnen vermoorden. Ik had een bovenmenselijke kracht en dacht erover om Edmée met één hand te wurgen, om haar te kelen tot ze zou neervallen. Ik weet niet wat me ervan weerhield. Ik wilde een bloedbad aanrichten onder alle aanwezigen in de kerk, in hun gezicht spugen en ze de grond in stampen. Diep gewond nam een sterk gevoel van minachting mijn hart in zijn macht. Nu keerde diezelfde kracht zich tegen mij. Ik raakte in paniek en voelde dat mijn keel werd dichtgeknepen. Het bloed tolde door mijn hoofd alsof het een turbulente waterval was.

Het licht in de kathedraal werd roodpaars. Mijn oren barstten alsof er een zoemende elektrische stroom doorheen ging. Alle mensen om me heen waren ineens in leugenaars en vervloekte Farizeeërs veranderd. 'Vervloekte bende van valse heiligen!' riep een schreeuwende stem in mij. Gegrepen door paniek en met dichtgeknepen keel strompelde ik de kerk uit, voelend dat ik de dood tegemoet rende...

De verkwikkende lucht verscherpte mijn zintuigen nog meer. Dus alles wat ik gehoord had, was een botte leugen geweest. Daar was ik dan, weer stond ik helemaal alleen, ontdaan van mijn laatste beetje hoop. Daar en op dat tijdstip voor de kathedraal was ik bereid om te sterven. Van mijn hele leven was dat het moment van uiterste eenzaamheid en totale verlatenheid. Ik was helemaal gesloopt, staand voor een heuvel van gebroken wensen en verwachtingen. Ik kon het allemaal niet meer begrijpen; had Jezus dan niet met me gesproken? Was ik dan niet duidelijk geweest? Ik geloofde van wel en ineens—BAM—niets! Overweldigd door een diepe verbitterdheid was ik er sterk van overtuigd, dat ik al mijn redenen voor het bestaan had verloren. Doodsgedachten drongen bij mij naar binnen, namen toe en begonnen intens en snel mijn wil te beheersen, waardoor elke weerstand tegen destructieve gedachten ontbrak. Dichtbij de kathedraal, die op een heuvel gelegen was, was een afgrond en ik voelde een drang om mezelf erin te werpen. Ik was maar tien stappen van een muurtje voor die afgrond verwijderd, toen ik nog een erg sinistere stem hoorde.

Slechts een kleine afstand scheidde mij van de plek waar ik me op de daken van de oude stad onder mij zou werpen. Hoeveel keren had ik al gemakkelijk kunnen sterven, van oorlog, drugs, criminele daden, verwaarlozing, vuur, zin in avontuur, provocatie, verdrinken, verhongeren, high zijn....vijfentwintig? Of misschien nog wel meer? zelfs al had ik het telkens weer overleefd, van een ding was ik zeker: over een paar seconden zou alles definitief voorbij zijn.

Ik naderde het muurtje en ineens, als uit het niets, kroop er een ijskoude stem mijn oor binnen en hoorde ik helder en duidelijk een gegniffel: 'Ha, ha, ha, je voelt je ellendig hè? Het gaat niet zo goed met je, toch? Ben je aan het eind van je Latijn?

Onthutst hield ik mijn schreden in. Wat was dat? Waar kwam dat nou vandaan? Het klonk net zo helder als de vorige stem. Doet er niet toe— maakt niet uit. Ik ging door, maar weer verhoogde de stem de spanning:

'Doe gewoon wat je altijd hebt gedaan als alles misging! Gebruik je oude trucs weer en manipuleer de mensen, ha, ha, ha.' Je had die stem moeten horen, zo gemeen en vol leedvermaak...

Iemand wilde duidelijk niet dat ik die laatste stap over de muur zou nemen. Feitelijk wilde de duivel mij helemaal niet verliezen; ik had zoveel bruikbaar werk voor hem verricht. En inderdaad herinnerde ik me dat als ik me rot voelde, ik dan op prooien ging jagen. Als een vampier viel ik mijn slachtoffers aan, en legde beslag op hun levensenergie omdat ik die zelf niet meer had. Net als heroïneverslaafden die zichzelf inspuiten, zo zette ik mijn spirituele tanden in de psyche van mijn slachtoffers, zoog ze leeg en leefde van hun kracht. Om deze trucjes te spelen, droeg ik een 'magische pet': ik was een meesterlijke mimespeler en kon heel overtuigend mezelf als goeroe, priester of profeet presenteren. Mensen slikten zonder vragen mijn aas. Al die goeroes in verschillende landen hadden mij goed opgeleid, jaar na jaar. Nadat ik ze had bekeken, was het makkelijk om door visueel contact de ziel van een slachtoffer te penetreren. Ik zaaide daar een zaad van passie, trots of haat. Ik stimuleerde mensen om mij te volgen op de weg van zelfvernietiging. Als ik er zelf niet in slaagde om het werk te volbrengen, dan bracht ik mijn slachtoffers in een gevaarlijke situatie en liet de vreselijke gevolgen de vrije loop nemen. Met andere woorden, ik hing de vis aan de haak van de duivel en hij zorgde voor de rest.

Ondertussen was ik er, tot mijn frustratie, achter gekomen dat zij die echt in Jezus Christus geloofden niet vatbaar waren voor deze destructieve levenswijze, omdat ze door Hem beschermd werden. Maar ik had nog niet zoveel van dit soort mensen ontmoet. Bij bijna elke persoon die ik voorheen had leren kennen, had ik mijn tijd succesvol doorgebracht en mijn beheersingsslag geslagen. Het was 'macht hebben' over anderen—met name meisjes—waar ik van genoot; dat was mijn drug. Het leek erop dat 'de stem' dat ook wist en het liet zich weer horen. Duidelijk en helder hoorde ik: 'Kijk achter je! Draai je om en kijk!'

De stem kende mij duidelijk heel goed en had iets voor mij voorbereid. Ik keek om en zag drie mooie meisjes die voor de kathedraal langs liepen. Ik 'rook' onmiddellijk een nieuwe prooi. Als ik, vanuit mijn egoïstische perspectief, het leven nog enige waarde wilde toekennen, dan moest ik wel snel toeslaan. Ik deed snel mijn 'magische pet' op en liep hun richting op. Nu begon mijn oude kat en muis spelletje—een spel dat meestal bevredigend eindigde voor de kat. Eerst zou ik ze een tijdje laten kronkelen, dan zou ik ze het leven nemen—met een krachtige beet—om ze vervolgens weg te gooien. Maar dit keer was het geen spelletje meer; het was een kwestie van leven of dood. Als ik lichamelijk wilde overleven, dan moest een van hen spiritueel sterven. Ik onderschepte ze, en toen ik de mooiste van de drie aankeek, sprak ik haar aan om de kans te krijgen haar in de ogen aan te kijken en haar ziel binnen te dringen.

Maar hier schrok ik ineens!

Het was een openbaring wat ik in haar ogen zag. Een gordijn ging plotseling open, en waarschijnlijk door Gods genade kon ik met volslagen duidelijkheid haar ziel binnenkijken. Wat ik mocht waarnemen was niet langer een mooi gekleed meisje. Achter een masker van make-up zag ik verdriet, ontevredenheid en frustratie, en tot mijn eigen verbazing voelde ik medelijden in plaats van opportunistisch sadisme, wat vroeger mijn reactie zou zijn geweest. Hoe was dit mogelijk? Had Jezus uiteindelijk toch sporen in mij achtergelaten? Had ik nog wel een destructieve macht over de slachtoffers die ik uitkoos? Ik realiseerde me dat ik dat niet had. Ik was niet meer in staat om deze jonge vrouw kwaad te doen—dat was een pijnlijke ontdekking. Ik begreep dat ik een hele ris negatieve vaardigheden had verloren: kwaliteiten waarmee ik al mijn hele leven geïdentificeerd werd, waarvan ik dacht dat ze van 'mij' waren, mijn specifieke eigenschappen. Het leek me echt geen zin hebben om nog verder te leven. Wie was ik nou zonder al die krachten? Om die duistere krachten te onderhouden en te verfijnen had ik mijn hele bestaan opgeofferd. Nu was alles verloren!

Ik begon een ijskoude rekening in mijn hoofd te maken. De duistere stem die ik hoorde beloofde me succes, voldoening en geluk als ik terugkeerde naar mijn oude manier van leven. Maar hoe kon ik nou gelukkig worden door ongelukkige mensen als deze jonge vrouw tot mijn prooi te maken? Hoe kon ik nou tevreden zijn als ik misbruik maakte van mensen die angstig en ontevreden waren? Hoe kon ik daar nou bevrediging in vinden? Dat was niet logisch. Ineens begreep ik dat de stem die ik gehoord had, die van de 'vader der leugens' was, zoals ik dat Edmée en Maurice had horen noemen. Van die stem stamde de impuls, die mijn ganse leven had geleid: 'Doe dit, doe dat...' altijd met de belofte voor vervulling en geluk, maar deze belofte nooit nakomend. Elke keer was het een bittere teleurstelling geweest.

Het onmiddellijke gevolg van deze vreselijke openbaring was dat ik psychologisch in een bodemloos gat viel; mijn hart stond op het punt te stoppen met pompen. In werkelijkheid viel ik gewoon flauw en viel als een blok op de grond. Ik dacht dat ik stierf. Er was inderdaad iets aan ten einde gekomen. Mijn oude leven, waarin ik Satan gediend had, was voorbij. God riep mij op tot een nieuw leven; ook Hij dankte mijn oude bestaan af.

Hoe lang ik daar op de grond heb gelegen, kan ik mij niet herinneren. Ik neem aan dat de jongen dames dachten dat ik mentaal gestoord was en hun weg vervolgden.

Tot mijn geluk kwam de dienst kort daarna ten einde en kwamen Edmée, Maurice en mijn andere vrienden mij opzoeken. Wat ze vonden was een ellendig hoopje misère, dat geen woord kon uitbrengen. Van mijn gezicht was oprechte wanhoop af te lezen, dus iedereen ging heel voorzichtig met me om. Het was voor Maurice echter belangrijk om te verklaren wat er gebeurd was.

'Klaus, je ziet er niet zo best uit, wat is er gebeurd?' vroeg hij me direct zonder omwegen, zodat hij me weer terug in het leven kon helpen.

Ik probeerde het hem allemaal zo goed mogelijk uit te leggen.

'Dat is heftig.' zei Maurice, maar leek geen medelijden te hebben.

'In bepaalde mate ben je zelf verantwoordelijk geweest voor wat er met je is gebeurd.'

'Wat? Hoe dan?'

'Klaus, wat er met je gebeurde was—hoe zal ik het zeggen—een tegenaanval van Satan. Hij probeerde je weer voor hemzelf terug te winnen. De duivel laat niemand zo makkelijk gaan; dat is zijn ware natuur. Hij is categorisch slecht en onbetrouwbaar.

'Ook moet je je realiseren dat het een antwoord is op jouw gebeden. Je vroeg aan Jezus om aan je duidelijk te maken wanneer Hij sprak, en je hebt ook de stem van de vijand gehoord. Nu ben je in staat om het verschil te onderscheiden, nu weet je wie de leugenaar is.

'Maar van nu af aan zul je op je hoede moeten zijn, want hij zal niet stoppen met proberen terug te slaan en je te verleiden om naar zijn pijpen te dansen. Tot nu toe was je een van zijn efficiëntste medewerkers. Satan is als een brullende leeuw, op zoek naar wie hij kan verslinden.'

'De volgende keer dat Satan komt, zal ik wat bokshandschoenen aantrekken om hem neer te slaan,' zei ik, terwijl ik nog steeds niet bekomen was van mijn ervaring. Maurice antwoordde plechtig:

'Je kunt de tegenstander niet verslaan: geen mens kan hem definitief overwinnen. Er is maar een persoon die dat wel kan en dat is Christus. Als je in Christus leeft, dan heb je de tegenstander al verslagen.'

O, wat haatte ik Satan nu, mijn voormalig 'partner'. Tegelijkertijd had ik een soort 'rillerig respect' voor hem en zijn onberekenbare macht. Welk mens kon op meer bekwaamheden pochen dan de duivel? Alleen achterlijke dromers zouden kunnen denken dat zij machtiger zijn dan hij of zelfs hem de baas kunnen zijn. Of, nog erger, ze geloven überhaupt niet dat hij bestaat.

Wat er in de Bijbel staat over een spiritueel gevecht had ik in de voorgaande uren ten volste ervaren. Zelfs vandaag de dag ben ik er nog van overtuigd dat ik lichamelijk zou zijn gestorven, als Jezus niet kort voordat deze ontmoeting met Satan plaatsvond mijn ziel en lichaam was binnengetreden.

Allicht stond ik al onder de bescherming van Christus. De vijand sprak tot mij, maar ook Jezus had dat gedaan. Dat is precies waar ik om gevraagd had. Lachend herinnerde Maurice me aan mijn gebed van onze eerste ontmoeting.

'Je wilde zeker zijn dat het Jezus was Die tot je sprak, zo was het toch?' 'Dat is waar,' beaamde ik. 'Als je het op die manier bekijkt, was die fatale ontmoeting een antwoord op mijn gebed.' Pas op, dat is nou niet echt de leukste manier om een antwoord op je gebed te krijgen.

'Je bent over de ergste aanval van allemaal heen gekomen,' legde hij uit. 'De eerste aanval is meestal de ergste,' bevestigden de anderen me geruststellend en nodigden me te eten uit.

Pas tegen de avond begon ik van de schrik te bekomen en verbeterde mijn manier van denken zich. Maar ondanks dat alles, was ik nog steeds geen Christen geworden en ik was zeker nog niet 'herboren'. Er dreigde weer een vreselijke paniek zich van mij meester te maken.

Het werd maandag, de festiviteiten waren nog niet afgelopen. Vanaf 9.00 uur 's ochtends was de kathedraal bezet door meer dan duizend mensen. Ik zag Edmée voor de deuren van de kathedraal staan. Dit keer waren we er beide zeker van dat ik met haar de kerk zou binnengaan. Zij en ik waren er beide tevens van overtuigd, dat ik een van de gezegenden was die waren uitgenodigd om aan het Avondmaal van de Heer deel te nemen. Slechts een paar dagen geleden zou zo'n lange dienst me nog hebben verveeld en afgeschrikt.

Nu wilde ik voor het eerst aan dit Avondmaal deelnemen. Gefascineerd door het Liturgische Drama, volgde ik nauwlettend wat er zich voor mijn ogen afspeelde. Gisteren waarschuwde Maurice me nog dat ik op mijn hoede moet zijn voor een tegenaanval en ried me dringend aan me volledig op de dienst te concentreren. Natuurlijk nam mijn vrees toe toen het moment van de Heilige Communie naderde, toen het brood en de wijn, het Lichaam en het Bloed van Christus, aangeboden werden, want ik voelde nog steeds de schok in mijn botten van de ervaring van de dag ervoor. Alleen als ik er al aan dacht, begonnen mijn knieën te knikken.

Aan de ene kant was ik vol vreugdevolle verwachtingen, terwijl ik aan de andere kant angstiger werd, want ik vermoedde dat de duivel zeker weer een poging zou wagen om mij van mijn deelname aan het Avondmaal te weerhouden. Ik was bang, en niet onterecht, dat hij ergens verstopt op de loer lag om op een onverwacht moment als de bliksem tevoorschijn te komen en controle over mij te nemen. Vanwege die vrees zat ik op mijn stoel heen en weer te schuiven, ik voelde me echt heel klein.

Vreselijke gedachten drongen mijn brein binnen en ik kon maar niet van ze afraken. Ik was er zeker van dat Satan weer zou verschijnen met een van zijn mogelijke trucs. Nee, ik zou echt niet nog een aanval kunnen weerstaan. Mijn concentratie wisselde zich af tussen wat er bij het altaar gebeurde en mijn angst voor Satan.

Het enige wat ik kon doen is mezelf bewapenen met spirituele bokshandschoenen. 'Laat hem nou maar komen!' zei ik tegen mezelf. Ik wilde hem confronteren met een vlaag van alle toorn, woede en haat die ik kon verzamelen, vanwege de vernietiging die hij had veroorzaakt. Maar in mijn binnenste wist ik dat deze gedachten alleen maar bedoeld waren om mezelf moed in te praten. De ervaring van gisteren had me met dwang getoond hoe ongelooflijk snel en subtiel de tegenstander kan zijn vergeleken bij mij of elke andere mens. Het moment voor de Heilige Communie naderde en ik hoorde de stem van Maurice Ray nogmaals het vers zeggen dat de vorige dag ook geklonken had.

*'Gezegend zijn zij die voor het Avondmaal van de Heer zijn uitgenodigd!'*

Ik voelde een spanning van tweeduizend volt door me heen gaan. Net op het moment dat ik wilde opstaan om naar voren te gaan, brak de paniek los omdat ik ervan overtuigd was dat de duivel zat te wachten op een moment om weer toe te slaan. Hij *moest* dat doen, want zodra ik deelnam aan 'het lichaam van God' als een beschermend medicijn, werd er verondersteld dat ik immuun zou zijn voor zijn aanvallen. Ik rekende erop dat Satan dat niet zou toelaten.

Midden in die intense angst, die overging tot paniek, kwam Hij! Niet Satan, maar Jezus. Verrassenderwijs zonder dat ik hem geroepen had, sprak Hij tot mij luid en duidelijk. Ik hoorde woorden van eeuwig leven, woorden waarvan ik de ware betekenis pas jaren later kon doorgronden: woorden die ik later telkens weer las in de Bijbel. O, wat een gratie en hoeveel liefde ervoer ik—zo moeilijk te beschrijven! God IS! God is de tegenwoordigheid zelve. Deze tegenwoordigheid—zo moeilijk uit te drukken—voelde ik voor de tweede keer. De aanwezigheid van pure liefde en warmte is niet makkelijk in woorden te vatten. Dat moet je beleven. God is nu in mij omdat Hij het oneerlijke gevecht in mijn ziel heeft gewonnen.

Het was een strijd die al mijn krachten te boven ging. Daarom kwam Hij mij te hulp in Zijn immense liefde, die Hij over me uitgoot om alle teleurstellingen, twijfels en angsten uit te wissen. Dit gold voor dat specifieke moment, maar ook voor al de daaropvolgende jaren van mijn leven. Vanaf die dag ben ik nooit meer bang geweest, noch heb ik getwijfeld of gewanhoopt. Deze woorden waren geschrapt uit mijn vocabulaire vanaf het moment dat Zijn woorden mijn angst transformeerden in de volheid van vreugde en zegen:

'Vrees niet!' 'In Mijn Naam zul je altijd sterker zijn!'

Zittend naast Edmée en wachtend tot ik zou opstaan om de communie te ontvangen, barstte ik in tranen uit. Het voelde alsof een dam, die mijn tranen voor zesendertig jaar had teruggedrongen, door een enorme kracht was gebarsten. Mijn tranen vloeiden als rivieren, vrij en zonder obstakels. Het waren tranen van de doop, tranen van hergeboorte. Ik schaamde me helemaal niet om in het bijzijn van iedereen aan de liturgie deel te nemen. Ze mochten het allemaal zien! Ik weende vanwege een stroom van vreugde en kracht! Met die tranen verzegelde ik de belofte die ik net met Jezus tot stand had gebracht. Vanaf dat moment behoorde ik tot Hem en in ruil daarvoor gaf Hij kracht, dat wist ik zeker. Wat een geweldige, eeuwige zekerheid!

Macht was iets dat ik mijn leven lang had nagestreefd en ik had er alles voor opgeofferd om het te verkrijgen. Maar van nu af aan zou ik kracht krijgen, en nog veel meer, in Zijn Naam. Deze 'overeenkomst' leek me makkelijk; hiertegen kon ik zonder enige aarzeling en met alle gemak 'Ja' en 'Amen' zeggen.

Toen ik opstond om mij met knikkende knieën richting het altaar te begeven, rolden stromen van vreugdetranen over mijn wangen. Maurice deed dienst met zes andere priesters. Toen hij zag dat ik aankwam, liet hij al zijn officiële functies achter en haastte zich naar me toe, zijn gezicht straalde van vreugde. Waar iedereen bij was, de hele kerk en haar duizend aanbidders, omarmde hij me, gaf me een broederlijke kus op beide wangen, rees zijn armen naar de hemel en riep luid met zichtbare emotie: 'Halleluja, Klaus heeft het gehaald! Ere zij de Heer!'

Het hele gebeuren was veel te overweldigend voor geest en hart; elk geschenk leek ineens op me neer te storten. Ik probeerde er al niet eens meer uitleg aan te geven. Er was één feit, waarvan ik wist dat het van het grootste belang was: ik had een 'hart', een hart dat kon voelen, dat anderen lief kon hebben en met hen kon meelijden. Mijn leven was in zijn geheel vernieuwd, wonderwel geraakt door deze ondervinding.

Met een gezicht doordrenkt van tranen, liep ik een paar treden omhoog naar het altaar waar ik met de eerste groep in een halve cirkel stil bleef staan en voor het eerst het mystieke 'Brood', het Lichaam van Jezus, en de 'Wijn',

Zijn Bloed ontving. Op de een of andere manier waren de mysteries van deze eeuwenoude rite op dat moment voor mij makkelijk te begrijpen. Dit was voedsel, dat leven gaf aan een hongerige ziel. Het was een geschenk van onschatbare waarde, vooral met betrekking tot mijn toekomst. Dit was de echte uit de Hemel gezonden Tegenwoordigheid, een oprechte gratie van God.

Eindelijk bevond ik mij op het pad naar het paradijs. Nu, door en in Jezus, had ik eindelijk de terreur van de dood overwonnen! Ik was niet meer bang voor de dood, want ik wist dat Jezus het had overwonnen. Zolang Hij in mij was, had ik geen reden meer om bang te zijn voor de dood. Daar stond ik dan, herboren en feitelijk huilend als een pasgeboren baby. Terwijl ik de broodmand en de kelk doorgaf, viel me op dat een vrouw (van ongeveer mijn leeftijd) rechts naast mij ook begon te huilen. Ik had een goede reden voor mijn tranen. Maar wat, zo vroeg ik me af, was er met haar aan de hand? Toen ik naar mijn plaats terugkeerde, volgde ze mij en sprak me aan. Beiden leken we nog steeds aangedaan van wat er had plaatsgevonden, want we huilden allebei. Maar bij God bestaat geen toeval. De dame keek me aan en zei:

'Ik ken u niet, meneer, maar toen ik daarboven naast u stond achter het altaar, moet er iets uitzonderlijks en wonderbaarlijks met u zijn gebeurd.'

Ik snapte niet helemaal waar ze het over had.

'Wat bedoelt u?'

'Exact op het moment dat u mij de kelk overhandigde met de Wijn, had ik een visioen. Ik zag de hemel wijd open. De hemelse heerscharen kondigden een grote overwinning aan, de engelen zongen zo prachtig, zoiets moois heb ik nog nooit in mijn leven gehoord. De vreugde in de hemel was onbeschrijflijk groot en wel zo groot, vergeeft u mij, dat ik niet kan stoppen met huilen. Wat was er met u gebeurd?'

Het was duidelijk te zien dat ze diep ontroerd was. Ik keek haar verbaasd aan en met tranen in mijn ogen, evenals in die van haar, antwoordde ik:

'Ik denk dat ik zojuist... *Christen* ben geworden!'

Naderhand bevestigden Edmée, Maurice en een paar anderen dat die dame, Madame Grisjean geheten, uit Lausanne kwam en bekendstond om haar gave van het visioen. Haar visioenen bleken altijd juist te zijn geweest. Dit was het eerste bewijs dat ik had gekregen. Later volgde er nog een hele lijst van bewijzen, dat ik niet weer het slachtoffer was van een vluchtige verbeelding of elegante illusie. Nee, want voor mij stond een persoon, die mij volkomen vreemd was, die niets had kunnen weten van wat ik eerder in mijn leven had doorgemaakt.

Al gauw vielen mijn oogkleppen af en begreep ik dat de naam Jezus geen techniek vertegenwoordigt en niets te maken heeft met een 'mantra', die altijd verbonden is met een hindoegod. Ik leerde ook dat elk gesproken woord van Jezus een boodschap is aan de hele wereld. Zoals Hij spreekt tot de mensen door middel van goede werken, elke vriendelijkheid, elke positieve gedachte. Zo zijn de persoonlijke woorden die ik uit Zijn eigen mond hoorde komen daadwerkelijk woorden van eeuwig leven, bestemd voor de hele mensheid, zoals ik dat ook later las in de Handelingen van de Apostelen.

Op dat moment in mijn leven, zo kan ik nu getuigen, bood Jezus uitgebreide antwoorden op twee cruciale vragen over de aard van de mensheid, die mij zo lang hadden beziggehouden. De eerste vraag betrof de vergeving van de zonden, wat in de boeddhistische en hindoeïstische leer betekent bevrijding een bevrijding van het gezwoeg van karma en van de lange keten van reïncarnaties. In het hindoeïsme kan die keten wel 8.400.000 levens lang zijn. 'Kom, ik heb je alles *vergeven*.' Van deze uitspraak komt de ware vrijheid waar iedereen naar snakt: een vrijheid die alleen in vervulling gaat door een persoonlijke ontmoeting met, en de aanvaarding van, Jezus Christus.

De tweede kwestie die me altijd al had beziggehouden was het vinden van een bepaalde techniek die mij een manier van verlossing of vrijheid zou bieden, of hoe je het ook maar definieert. Nu zei Jezus tegen me: 'In Mijn Naam zal je altijd sterker zijn.' Dit impliceert dat er geen verlossingstechnieken nodig zijn, zoals yoga, mantra, Aziatisch meditatie of wat voor esoterische beoefening dan ook, om balans en innerlijke rust te vinden.

Ik heb zogenoemde spirituele christenen leren kennen (waaronder ook katholieke priesters), die durven te propageren dat je om een goede christen te worden, je beter de hulp van yoga, zen en andere dergelijke technieken kunt accepteren. Dat zijn geen pastors, maar wolven. Ze zijn niet alleen naïef, maar ook medewerkers aan de vernietiging van de Goddelijke Openbaring. Voor zulke vaders is het niet passend de naam van Jezus te gebruiken; ze hebben zen of yoga aanvaard, omdat ze nooit een persoonlijke relatie met Jezus gehad hebben—in plaats daarvan hebben ze een aantal jaren theologie gestudeerd en informatie uit boeken verzameld. Nu is het lezen van boeken uiteraard niet slecht, in bepaalde mate is een hoeveelheid kennis zelfs heel nuttig, maar enkel over theorie beschikken is *niet* het enige doel. Men moet ernaar streven Jezus in het hart, als een persoon, oog in oog, te ontmoeten.

We zijn naar het beeld van God geschapen. God is liefde en liefde vereist twee personen, anders heeft het geen zin. Het menselijk streven naar harmonie en liefde is geïnspireerd door God en dat heeft alleen in Hem zin. Het kan geen afgezonderde activiteit van de 'ander' zijn en alleen maar geconcentreerd zijn op de eigen persoon zoals in boeddhistische meditatie.

Het 'jezelf zijn', en te worden wat je 'bent', betekent niets minder dan je tot God te wenden, om één te worden met God. Elke christen doet dat op zijn of haar eigen manier met een bepaald startpunt en via een specifieke weg. Maar alle wegen zijn gemaakt met Christus als gids.

Na deze ontmoeting met Jezus kon ik hem financiële, spirituele, lichamelijke en praktische vragen stellen. Niets is te groot of te klein voor hem. Alles kan gebruikt worden om ons dichter bij Christus te brengen. Ik zal daar in het tweede gedeelte van dit boek meer over uitwijden, door een beschrijving te geven van de wonderen die ik beleefde en waarvoor ik Hem eer. Maar als ik die vergelijk met het wonder dat zich in mijn hart voltrok, zie ik al die andere wonderen en geschenken als kleinigheden, kleine tussenstops op mijn weg naar Hem toe.

Voorheen was mijn hart een plek waarin enkel duisternis zich huisde. Het was een plek waar ik plannen beraamde om te heersen en te vernietigen. Nu bij Zijn Gratie was het een plek voor liefde, begrip, medelijden en christelijke genade. Mijn verlangen naar belangrijkheid maakte plaats voor nederigheid en deemoed, wat het meest efficiënte tegengif is tegen trots.

Mijn hele manier van hoe ik de dingen zag veranderde in één oogopslag. Dat dat mogelijk was en zo snel kon gebeuren, is me nog steeds een raadsel. Haat en wraak werden vervangen door begrip en vergiffenis. Niet lang daarna had ik een ontmoeting met de pedofiele priester die me zeven jaar lang had misbruikt en ik strekte mijn hand naar hem uit bij wijze van verzoening. Ik moet toegeven dat dit niet makkelijk voor me was. Ik reisde vaak naar mijn moeder in Duitsland en later vond ik mijn vader in Stuttgart. Voordat ze stierven, vergaf ik hen onvoorwaardelijk voor wat zij hadden gedaan.

In de loop van de tijd, terwijl ik de echte waarden van het leven ontdekte, voelde ik hoe de ogen van mijn hart zich openden. God had mijn hart van steen vervangen door een hart van vlees. Mijn oude leraar, Satan, had mijn leven genomen en er een ruïne van gemaakt, aangetast door de tijd: vies, donker, bedekt met gras, zonder dak en met gaten in de vloer, verrot, stinkend en raamloos. Zodra ik Jezus accepteerde als mijn nieuwe Meester, als de 'huisbaas' van mijn 'oude' huis, veranderde in het begin niet zoveel, alleen de eigenaar was veranderd. De nieuwe eigenaar echter houdt van Zijn huis, zorgt ervoor, houdt het schoon en versiert het: het dak is gerepareerd, het water is uit de kelder gepompt; hij heeft er nieuwe ramen in gedaan, overal vloerkleden en regelt alles om het huis weer bewoonbaar te maken. Kortom, Hij heeft liefde omdat Hij liefde is. Dat reinigen gebeurt door de Heilige Geest en is het tegengestelde van oosterse meditatie, welks verbijsterende werk ons actief belemmert de vernietigende werking van de zonde en de passies in te zien. Het biedt de ziel iets verleidelijks, maar uiteindelijk iets onbetekenends daar het slechts een afleiding is van de waarheid. De 'Verlichting' waar ik in Aziatische religies naar gezocht had, vond zijn ware vervulling in de pijnlijke onderkenning dat al mijn strijd tegen ondeugd en passies voor niks waren geweest.

Zodra dit besef gekomen is, is er plaats voor het werk van de gratie en vergeving van Jezus. Omwille van deze gratie—altijd onder de voorwaarde dat we bereid zijn ervoor open te staan—dat Christus Zijn Bloed over het kruis liet lopen: voor de gehele mensheid en voor Klaus in het bijzonder. Wie had ooit gedacht dat dat mogelijk was?

Veel van de mysteries van het leven zullen in essentie voor ons verborgen blijven, omdat het niet de bedoeling is dat ze op een intellectuele manier 'begrepen' worden. Slechts degene die het risico neemt van het geloof, zal werkelijk leren hoe hij moet leven; alleen degene die bereid is om de lange reis van het hoofd naar het hart te ondernemen. Dit betekent niet dat men zijn intellect moet verlaten, maar het betekent wel op ervaring te vertrouwen.

Een gelovige ontmoet God in hem of haar zelf, in de natuur, in anderen en overal, en misschien op een dag, bij Gods gratie, zelfs in mensen die ze als hun vijanden zien.

Maar om de dingen wat dieper te leren kennen moeten we eerst tot het besef komen hoe weinig we weten. We moeten Socrates' moed hebben en zeggen 'Ik weet dat ik niks weet'. We moeten ons losmaken van alle verleidingen, vooroordelen, van bekrompen letterlijke kennis, professionele trots en alle andere dingen die tussen ons en God staan. Hij kan onze energieën veel beter regelen en in goede banen leiden dan wijzelf.

'Wie oren heeft om te horen, laat hem horen', staat in het Evangelie. Dat zijn de oren en ogen van het hart. Wie de moed en het geduld heeft om die spirituele zintuigen te openen door het *pure* gebed, 'zal dingen zien, die het [gewone] oog niet ziet en het oor niet hoort.'

Ook staat er in het Evangelie dat 'een kameel gemakkelijker door het oog van een naald zal kruipen dan dat een rijke man het Koninkrijk Gods zal binnentreden.' Alleen als we afstand doen van onze rijkdom, onze wereldlijke macht, ons egoïsme, onze eigen wil, de passie voor geld, machtswellust en losbandigheid en onze oude gewoontes, dan opent zich de deur naar de liefde en mogen we de hemel op aarde ervaren. Op dat moment zijn we in staat om stil te staan en ons te verwonderen over de grootsheid van Gods vrijheid en vrede. Vele miraculeuze en onverklaarbare dingen overkwamen me in de tweede helft van mijn leven, welke ik zal proberen te beschrijven in de volgende bladzijden van dit boek.

*Ursula, mijn geliefde medestrijdster*

# HOOFDSTUK XI
# EEN NIEUWE LEVENSWIJZE

NA AL DEZE GEBEURTENISSEN, na al het zoeken en vluchten van mijn eerste zesendertig levensjaren, dacht ik natuurlijk dat mijn reis ten einde was gekomen. Het is waar dat gedurende de volgende decennia mijn materiële situatie redelijk stabiel was in vergelijking met het nomadenbestaan dat ik daarvóór had geleefd. Ik bleef in Freiburg wonen en werkte als leraar. Maar na mijn confrontatie met Christus begon ik dingen anders te zien en paradoxaal begreep ik dat de echte reis van mijn leven pas net was begonnen. Alle avonturen die ik tot dan toe in de jungles en steden van deze planeet had beleefd, waren spiritueel gezien niets meer dan oppervlakkige ervaringen. Ze waren van triviale aard vergeleken bij de bewijzen van vergiffenis, de wonderen en nieuwe spirituele slagen die nog zouden volgen. Mijn voorgaande reizen waren amper te vergelijken met de ontdekkingsreis naar wie ik werkelijk was. Die ontdekking is slechts mogelijk als we onze weg hand in hand met God bewandelen, wat betekent, dat we Hem toelaten ons aan de hand te geleiden. Maar wat ons daarvan weerhoudt is het probleem van trots. Wie van ons is in staat om de verborgen trots, die we allen in ons dragen, te herkennen? Wie van ons kan leren de boodschappen die van onze trotse zelf komen te wantrouwen? Wie heeft voldoende vertrouwen, deemoed of wijsheid om toe te staan aan de hand geleid te worden? Wie heeft de moed om als 'een kind' te worden en al zijn tekortkomingen te zien en te accepteren? Hoe banaal het ook klinkt, diegene die in staat is om van zijn trots af te zien en nederig te zijn, is degene die uiteindelijk wint. Hij verwerft geloof, hoop, liefde—hij herwint zichzelf.

Tekens, beantwoorde gebeden en ware wonderen werden een bijzonder zichtbaar deel van mijn dagelijkse leven de vijf daarop volgende jaren. De tekens waren zo merkwaardig, dat andere christenen zich afvroegen hoe dat mogelijk was. Vaak kwamen er mensen na een conferentie naar me toe en vroegen waarom zij niet ook zulke ervaringen hadden. Als pasgeboren christen kon ik ze op dat mysterie helaas ook geen antwoord geven. Mijn ervaringen leken me 'heel normaal', omdat ik in zo'n intense genade leefde.

Het duurde wel enige tijd voor ik besefte dat ik ook wel eens wat terug zou moeten doen voor de wonderbaarlijke geschenken die ik had mogen ontvangen. God verwachtte wel iets terug. Wat ik moest opgeven was mijn ego, mijn egoïsme. In het verleden had de duivel mijn ziel opgeëist, mijn ware zelf als trofee voor het verlenen van zijn onverklaarbare gaven van macht. Met andere woorden, mijn ware zelf was begraven en geruïneerd omdat de duivel dat wilde. God vroeg me nu om een nog grotere overeenkomst aan te gaan. Hij verwachtte van mij mijn egoïsme, mijn kwaadaardigste zelf—mijn valsheid, mijn gevallen natuur— op te geven, zodat Hij kon helpen en helen. *'Hij die niet zijn eigen leven haat, kan mijn Discipel niet worden ... en wie niet zijn kruis draagt en mij volgt, kan niet mijn Discipel zijn.'* Waarom wordt dit door maar weinig zogenoemde christenen gedaan? Wat is er misgegaan? Waarom klagen ze en zeggen ze dat er zo weinig gebeurt en dat ze geen wonderen beleven? Het antwoord houdt volgens mij verband met de degeneratie van tradities waarin ze zijn opgegroeid en vanwaar ze hun spirituele voeding ontvangen. Waarom worden fundamentele vragen over het 'mysterie van het leven' nauwelijks nog besproken in het christelijke Westen? De weg van het hoofd naar het hart blijkt voor velen nog gesloten te zijn.

Juist omdat het georganiseerde christendom van het Westen onverschillig lijkt te staan tegenover een echte levenstransformerende ervaring met God, lijken de mensen in het Westen zich meer tot Aziatische religies aangetrokken te voelen. Ze zijn gefascineerd door de diverse esoterische cultussen, door de boeddhistische meditatie, door de mystieke kant van yoga. Een heleboel doorsnee priesters, dominees, leiders van communies, spirituele vaders, zijn niet in staat het mysterie van het leven aan hun kudde duidelijk te maken, omdat zijzelf de nodige ervaring missen. In plaats van het effect van een levend geloof te ervaren in deemoed en angst voor God, zijn de parochianen afgescheept met een soort snoepjeschristendom dat als een ziekelijke pudding smaakt: zoet, makkelijk verteerbaar en smeedbaar als de wiebelende hangkin van vele klerken.

Vergeef me alstublieft mijn sarcasme! Maar mensen voelen instinctief hun dorst naar God aan, naar ware en eerlijke kennis en ervaring, dat kan niet gelest worden door droge theorie. Ware zoekers kunnen niet genoegen nemen met enkel intellectuele preken. Om de Bijbel te begrijpen, heeft de mens begeleiding nodig bij het bidden en bovenal levende rolmodellen. Als die dingen ontbreken, vult de prins van deze wereld, Lucifer, deze gaten op en spant hij samen om valse vervangingen voor het ware christendom te creëren. Door alle tijden heen waren er wolven die als schaap gekleed gingen. Maar tegenwoordig is een dergelijke verkeerde begeleiding tot een bijzonder acuut probleem uitgegroeid, met name na de jeugdprotesten en de hippies van de zestiger jaren.

Ik denk dat de opstand tegen autoriteit, de seksuele schaamteloosheid, de liederen die het gebruik van drugs verheerlijken, woedende rockmuziek, geheel perverse en roekeloze teksten en de strijd tegen de kerk, meer zielen hebben vernietigd dan de eerste en de tweede wereldoorlog bij elkaar. Gezinnen vallen uit elkaar. Het gezin is de atoom van de samenleving. Als zo'n gezin uit elkaar valt, vindt er een nucleaire explosie plaats, gemakkelijk te herkennen aan een scheidingspercentage van vijftig procent en aan de vele homohuwelijken. Ik spreek hier vanuit mijn ervaringen als leraar van ongeveer 200 leerlingen per jaar. Deze breuk van de gezinskern is vernietigender dan de atoombom—waarmee 'alleen maar' fysieke lichamen worden gedood—vanwege de zielen die voor eeuwig verloren gaan.

Laten we niet vergeten dat Maharishi en door hem Aziatische religies populair werden en invloed wonnen in het Westen dankzij de Beatles. De jeugd, die veel van hun ware christelijke geloof verloren had tijdens de hippierevolutie, werd bedrogen door een substituut in de vorm van een foutief exotisch geloof, zonder dat iemand merkte wat een immense fraude dit was. Als tomeloze rockmuziek, de consumptie van drugs en de massamedia met al hun verschillende structuren, religie begonnen te verjagen, werd God vervangen door de mens. God was niet langer in gebruik. Lucifer, de auteur van deze verandering, lachte en ging op de troon zitten. Om een voorbeeld te nemen, de eer die heavy metal en hardrock Satan aandoen, zou veertig jaar geleden verfoeid en om zijn occulte karakter vermeden worden. Hoe meer christelijke waarden worden vernietigd, met name door advertenties, hoe kwetsbaarder de mensen worden, hoe makkelijker ze worden aangestoken door mystieke trends. En niet alleen de jongeren! De Aziatische cultussen kwamen in de mode nadat de Beatles op pelgrimage naar India waren geweest naar de populaire Maharishi Mahesh, en hun reis werd vol enthousiasme door de media gevolgd. De strijd over zieltjes is net zo oud als het conflict tussen goed en kwaad. Al het esoterisme met zijn newage-bagage, rozenkruisers, vrijmetselarij, witte en zwarte magie, boeddhisme, kortom de hele esoterische zelfbedieningssupermarkt, heeft uiteindelijk maar één doel—het omverwerpen van de Enige tot Wie onze harten waarlijk behoren, oftewel Jezus Christus. Deze cultussen zijn ontworpen om zich Zijn troon toe te eigenen. Volgens mij wordt Gods tegenstander ook geholpen door lauwe christenen, homoseksuele priesters, lesbische bisschoppen, levenloze gemeentes die opgevreten worden door interne machtsconflicten en waar alle energie verbruikt is door jarenlange administratieve disputen, in plaats van zich toe te leggen op het genezen van de ziel van de mensen en het verspreiden van de boodschap van Jezus.

Men is niet dom; ze zullen niet snel beschadigde goederen accepteren. Teleurgesteld in het huidige christendom , wenden ze zich tot een systeem zoals het boeddhisme, dat enkel van buitenaf op het christendom lijkt. Ik wil niet beweren dat de boeddhistische filosofie hetzelfde is als esoterische geloven of zelfs occultisme. Dat zou verkeerd zijn en betekenen dat ik niets van de boeddhistische traditie begrepen heb. Een voordeel van het boeddhisme is de verwerping van de 'negatieve gevolgen' van de passies en leed. Wat het echter mist, is dat het de 'positieve gevolgen' of de deugden van liefdadigheid en medeleven niet voldoende stimuleert. Vanuit dit gezichtspunt kan Christus gezien worden als de vervulling van waar Siddharhta Gaudama Boeddha naar zocht. Door de ziel van elke visuele of intellectuele vorm te bevrijden, dus door een totale innerlijke 'leegte' te creëren, hoopt de boeddhist zich van alle leed te bevrijden, terwijl de christen ernaar streeft een andere soort 'volheid' te bereiken. Hij streeft naar innerlijke perfectie met, door en in Christus—door het 'onophoudelijke bidden' te leren—totdat hij Degene bereikt, Die beloofd heeft: *'Ik ben de weg, de waarheid en het leven; wie tot mij komt zal leven en niet sterven.'* Het leven in Christus is niet iets statisch; het houdt een leven in dat Christus' liefde voor de wereld deelt, het voeden van de hongerigen, het bevrijden van de gevangenen en het helen van gebroken harten.

Voor de eenwording met Christus, wat een groot christen me hielp inzien, is heel veel geduld nodig. We zouden moeten vermijden de fout te maken die velen in deze tijd begaan, zij die te haastig en met gebrekkige voorbereiding vrijheid, vrede en alle andere spirituele geschenken willen verkrijgen zelfs tot aan de zichtbare waarneming van God. Dit soort mensen vergelijken vaak de gebeden met de oosterse praktijk van yoga, en zeggen dat beide een makkelijkere en snellere techniek zijn om verenigd te worden met God. Mijn christelijke leraar zei me dat dit een grote vergissing is. Wie zijn denken wil bevrijden van alle dingen die hij ziet als relatief of vergankelijk om zijn voorwereldlijke oorsprong te vinden, zal enkel op een doodlopende straat uitkomen. Deze mentale techniek moet gecombineerd worden met een ware aard van zelfopoffering, door het kruis op zich te nemen en anderen te dienen.

Wat de boeddhist hooguit kan ontdekken is menselijke schoonheid— en dit is een waarheid in de zin dat God de mens schiep naar zijn evenbeeld. Maar er is iets gevaarlijks aan de hand als de mens simpelweg op zichzelf gericht is, een zelf die foutief en vergeefs wordt gezien als god of goddelijk.

Dit kan nare gevolgen hebben, omdat de mens door op zichzelf te focussen, een verkeerd beeld van zichzelf krijgt, die hem, denkt hij, beschermt tegen alle stormen en verwarringen van het leven. Op die manier wordt hij ervan weerhouden op zoek te gaan naar de ware veilige Haven, die Christus is. Dit kan tot een tragische dood aan dorst leiden, een soort zelf desintegratie.

Ik kan uit eigen ervaringen (en die van anderen) getuigen dat meditatie, doordat je hiermee je innerlijk leegmaakt, leidt tot het opvullen van deze leegte door de vijand, de demonen. Op deze wijze worden alle deuren tot het hart en de ziel geopend, en willens en wetens door de vijand van God, Satan, gevuld.

Een van de meeste krachtige ervaringen die ik met het boeddhisme had was dat ik een staat van puur bewustzijn kon bereiken, dat los stond van het menselijk brein. In die toestand was ik in staat om mijn hele leven, vanaf het moment waarop ik ontvangen werd in mijn moeders baarmoeder, in een seconde te herbeleven.

Totdat ik christen werd, was ik mij niet ten volste bewust van de betekenis daarvan. Na mijn eerste confrontatie met Christus begon ik te begrijpen wat Hij bedoelde met de woorden: *'Zelfs de haren op je hoofd zijn geteld'* en *'Niets zal verborgen blijven, ook als het niet is ontdekt.'* Er is een perspectief die alle belemmeringen van tijd en ruimte te boven gaat, waar als het ware alles in één moment ter plekke gebeurt. Dat is het oogpunt van God. Vanuit zijn blik is niets ver weg—in ruimte en tijd—niets is gescheiden. Dat houdt in dat we verantwoording zullen afleggen voor alles wat we doen en hebben gedaan. In het Boek des Levens wordt alles tot in de details opgeschreven en we zullen elke gedachte, elk woord en elke daad moeten verantwoorden. Als we tijdens ons leven al onze tekortkomingen, zonden en fouten erkennen en toegeven en ze opgeven, dan zal de Rechter ons sparen. Indien we echter proberen onze fouten te rechtvaardigen, dan zal de Rechter ons veroordelen. Ik herhaal hierbij nadrukkelijk, dat oosterse religies en meditatie ons blind maken voor het falen van ons innerlijk. Door yoga is het maar al te makkelijk om te vermijden naar ons ware gevallen zelf te kijken, naar de zondaar in ons en in plaats daarvan onszelf te vergoddelijken. Dat is een gevoelig en uiterst belangrijk punt. Zelfs al zijn we naar Gods evenbeeld geschapen, we zullen nooit God in Zijn essentie kunnen zijn, maar we kunnen wel *'geadop-*

*teerde Goden*' worden, geadopteerd door God; en om dat te bereiken worden we geacht met heel ons hart, geest en ziel Zijn Gratie te zoeken. Ik begon met die reis op die bewuste dag in Lausanne en het was een nieuwe start.

Doe je gordel maar om, want hier begint een nieuwe reis vol met onverklaarbare gebeurtenissen.

Onmiddellijk na mijn thuiskomst in Freiburg vanuit Lausanne, had ik een ervaring die duidelijk wees op de aanwezigheid van mijn nieuwe hemelse Vader. Een paar maanden eerder was ik ontslagen van de privéschool die bekend stond als 'Institut de La Gruyere', waar ik het voorgaande jaar gewerkt had. Het hoofd van de school had me botweg medegedeeld, 'Meneer Kenneth, U past niet in het beeld van deze school', en daar was ik het wel mee eens. Het was een school met rijke snobistische leerlingen en de school moest zijn imago hooghouden. Ik was zoiets als een indringer, een hippie, het zwarte schaap en eerlijk gezegd lapte ik de regels van de school aan mijn laars. Door mijn houding had ik er zelf toe bijgedragen om ontslagen te worden, ondanks dat mijn relatie met de kinderen best goed was. Maar goed, werkeloosheid in Zwitserland zou betekenen dat ik het land zou moeten verlaten. Was dit nu het pijnvolle nieuwe begin dat verbonden was aan mijn spirituele wedergeboorte? Ten tijde van mijn geboorte leefde mijn familie letterlijk op straat, op de vlucht. Ik realiseerde dat mijn wedergeboorte wederom in dergelijke turbulente omstandigheden zou kunnen plaatsvinden. Maar in tegenstelling tot mijn aardse vader, verliet mijn hemelse Vader mij niet. In tegendeel: Hij stond me bij.

Voordat ik wegging uit Lausanne introduceerde Maurice mij aan een man die George Rapin heette. Hij was de leider van een oecumenische gebedsgroep in Freiburg, waar ik woonde. Maurice beweerde dat ik 'in goede handen' zou zijn als ik zou deelnemen aan die gebedsgroep; dit was van groot belang, met name als de vijand weer in de aanval zou gaan. Daarna nam Maurice afscheid met de woorden: 'Alleen zal je niet kunnen blijven groeien, een gemeenschap is onmisbaar.'

Nog steeds op mijn hoede en vastbesloten om niet in handen te vallen van die 'babyfaces', bezocht ik de donderdag erop de gebedsgroep die zichzelf 'Maranatha' noemde. Zodra ik daar aankwam zei ik die christenen ronduit dat als iemand een poging zou doen van mij een babyface te maken, ik hem zou vermoorden. Als reactie barstten ze in lachen uit; daarna baden ze voor mij en voor mijn dringendste behoefte om snel werk te vinden. De volgende ochtend werd ik door het hoofd van het Gruyere instituut, meneer V., gebeld:

'Meneer Kenneth?'

'Ja'...
'Ik heb al een paar dagen pogingen gedaan om u te bereiken.'
'O ja? hoezo?'
'Nou, we hebben u weer aangesteld! U had eigenlijk vanaf maandag al moeten werken, maar we kregen u niet te pakken. Komt u zo snel mogelijk, als het even kan, verwachten we u vanmiddag om lessen te geven.'

Ik was als door de bliksem getroffen. Dit was ongelooflijk. Hoe kon het nou dat dezelfde persoon die mij voorheen niet bij de school had vinden passen, me ineens weer aanstelde? Een vers dat ik de zaterdag ervoor in Lausanne had gehoord kwam in mijn gedachten op: 'De Vrede van de Heer gaat aan alle *verstand* voorbij.' Ik kon niet wachten om erachter te komen wat de beweegredenen van meneer V. waren geweest. Ik wachtte een aantal weken omdat ik in het begin nog wat onzeker was na mijn ontslag, maar toen ik me na een tijd realiseerde dat ik inderdaad weer vol aangesteld was, waagde ik het hem te vragen.

'Meneer V., wat was de reden voor mijn wederaanstelling als docent op uw school?'

'Weet u, meneer Kenneth, wij van het schoolbestuur hebben uiteindelijk besloten u nogmaals in beschouwing te nemen.' Dat was zijn korte en geheimzinnige antwoord.

Ik had mijn eigen gedachten erover: als je eens wist, beste vriend, Wie mij in werkelijkheid nog eens in overweging had genomen. Maar dat kon ik maar beter niet te luid zeggen. Zo waren mijn problemen opgelost en had ik een stabiele baan, belangrijk voor mijn verdere ontwikkeling. Na een tijd kwam ik echter toch tot de conclusie, dat dit werk niet veel mogelijkheden bood voor verdere ontwikkeling en groei. Ik besloot om mijn studie, die ik in Hamburg net vóór mijn tweede eindexamen had onderbroken, voort te zetten. Ik wilde een cursus herhalen, omdat ik alles vergeten was dat met het onderwerp te maken had. Dus schreef ik me in op de universiteit van Freiburg, waar ik in het kantoor van de decaan een verklaring moest ondertekenen waarin stond dat ik met een Zwitserse wet akkoord ging die zei dat ik na afronding van de studie onmiddellijk het land zou verlaten en geen recht zou hebben om daarna in Zwitserland te werken. Ik was er zo van overtuigd dat tegen die tijd mijn hemelse Vader een oplossing zou vinden, dat ik zonder lang na te denken de verklaring ondertekende.

Werken en studeren tegelijk was niet makkelijk, temeer daar de school in Greyerz (ook bekend als Gruyere, waar de bekende kaas vandaan komt) gelegen was, wat voor een lange reistijd zorgde. Elke ochtend en avond moest ik zo'n 30 kilometer rijden. Ik had ook een permanente behuizing nodig, bij voorkeur centraal in Freiburg. Tot nog toe had ik in een dorpje net buiten de stad gewoond. Daarom deed ik een aanvraag voor een beurs en tegelijkertijd was ik op zoek naar een andere woning. Al gauw vond ik een advertentie in de krant voor een flatje—slechts 180 franc per maand! (een flat van dat formaat kostte in die tijd normaliter het dubbele).

Toen ik voor het eerst naar de flat bezichtigde, kon ik het gebouw niet eens vinden en stond op het punt terug naar huis te gaan, waarschijnlijk was het toch al naar iemand anders gegaan. En terwijl ik daar zo bij het stoplicht stond te wachten, hoorde ik een duidelijke innerlijke stem, die zei: 'Klaus, ga terug en kijk goed, alsjeblieft, doe het ordelijk!' Ik was perplex. Was ik zo slordig geweest? Had *iemand anders* negatieve gedachten, om me een gevoel van wanhoop te geven? Was dit een compenserende stem, die me moest aanmoedigen? Hoe dan ook, ik had begrepen dat ik nog eens moest gaan kijken: dit keer ging ik wat verder de straat in, hogerop dit keer en inderdaad stond daar, verborgen achter een paar bomen en te midden van een bloemenveld, nog een huis. Wat een droom! Alsof het op mij had staan wachten. Niet lang daarna ondertekende ik het contract. Voor de paar jaar die volgden bleek dat huis een waarlijk paradijs op aarde. De volgende stap was om aan een beurs te komen. Dus enkele dagen later ging ik met dat doel naar de schoolinspectie.

'Goedemorgen meneer B.,' zei ik, ik had zijn naam op de deur gelezen. 'Ja, wat kan ik voor u doen?'

'Ik wil graag een aanvraag doen voor een studiebeurs.'

Hij opende een la en overhandigde mij een formulier, dat ik terstond invulde en aan hem retourneerde. Hij bekeek het en zei: 'Het spijt me zeer meneer Kenneth, maar u komt niet voor een beurs in aanmerking daar u niet voldoet aan de eisen; u bent niet Zwitsers.'

Dat was een teleurstelling, ik ging naar huis. Hoe los ik dat op? Dan maar elke dag naar Greyerz op en neer reizen? In die dagen zag ik Christus als mijn ware Vader, Vriend en Raadgever. Hij had vast een oplossing voor dit probleem, daar was ik stellig van overtuigd. Zo zat ik aan mijn bureau zonder eigen gedachten en vroeg hem: 'Jezus, wat moet ik nu doen?'

'Ga er nog een keer heen,' was Zijn korte en duidelijke verklaring. Dat was alles

'Wat bedoelt U? Hoorde ik dat wel goed?'

Hij gaf geen antwoord. Ik ging dus voor de tweede keer naar de inspectie.

'Neemt u mij niet kwalijk, meneer B., ik wou toch nog even vragen, misschien was er iets niet duidelijk in mijn geval? Kunt u nog eens kijken? Of misschien is er een andere bron vanwaar ik een studiebeurs kan krijgen?'

Meer kon ik niet verzinnen. Ik gehoorzaamde enkel Jezus, maar dat kon ik die ambtenaar niet vertellen.

'Ik zei al, dat u niet voor een beurs in aanmerking komt, de enige mogelijkheid is dat u een lening aangaat, die u naderhand terugbetaalt.'

Ja en daar stond ik natuurlijk niet om te springen. Vol twijfel ging ik naar huis en er volgde dit dialoog:

'Hallo, Jezus, bent U daar?' 'Ja.'

'Kan het zijn dat U Zich vergist hebt? Ik begrijp echt niet waarom ik daar vandaag weer heen moest. Het was zonder enig resultaat. Misschien was het een vergissing?'

'Neen.'

'Zeg me dan alstublieft wat ik moet doen om toch een beurs te krijgen.'
'Ga er nog een keer heen.'

'Wat?! Dat kunt U niet van mij verlangen, hij zal denken dat ik achterlijk ben. Dat maakt de kans dat ze me iets geven nog kleiner. Dit is onmogelijk!'

'Vertrouwt u Mij niet?'

'Nou, ja, als U het zo stelt, dan ga ik maar weer.'

Het leek ongelooflijk dat ik iets moest herhalen dat geen resultaat zou hebben, en dat het bevel zo droog had geklonken. Nogal verward en met een groot vraagteken in mijn hoofd ging ik voor de derde keer naar het kantoor van meneer B.

'Neemt u mij niet kwalijk dat ik er weer ben, maar bent u er echt zeker van dat ik niet voor een beurs in aanmerking kom? Er moet toch een mogelijkheid zijn. Op de een of andere manier ben ik ervan overtuigd, dat ik dat recht wel heb. Al kan ik daar geen verklaring voor geven.'

'U bent een rare vogel', zei hij en opende de lade van zijn bureau. Nadat hij daar een dik referentieboek over legale zaken uit had genomen, begon hij te zoeken. Hij wees naar de paragraaf waarin stond dat er geen recht op een beurs voor buitenlanders was, dat kon ik met mijn eigen ogen lezen. Ik was een buitenlander en had dus *geen recht* op een beurs. Dat was duidelijk.

'Maar misschien kan ik u toch helpen,' vervolgde hij. 'Vraagt u bij de DAAD (Deutsche Akademische Austausch Dienst). Dit is een Duitse academische dienst voor buitenlandse studenten. Zij geven ook beurzen.'

'Waar kan ik die vinden, heeft u een adres?'

Hij had het en schreef het op een papiertje. Opgelucht reisde ik naar Stuttgart in Duitsland. Ik vond het gebouw, ging er naar binnen, legde mijn situatie uit en vulde een aanvraagformulier in.

'Ja, wij kunnen u helpen, als Duitse burger in het buitenland, kunt u een beurs krijgen. Vult u het formulier in.'

Blij en vervuld van hoop dat alles nu in orde zou komen, ondertekende ik het formulier en wilde net het kantoor verlaten. Alles leek geregeld te zijn.

'Een ogenblik, alstublieft!'

'Ja natuurlijk, was er nog iets?'

Nu dat ik uw gegevens gelezen heb, zie ik uw leeftijd. Wij geven beurzen tot een leeftijd van 30 jaar en in enkele uitzonderingen tot 35, maar u bent 36. Het spijt me zeer, maar u valt daar net buiten.'

Wat een teleurstelling, mijn droom aan diggelen! Waarom gebeurde dit allemaal, waar was Gods zorg? Hij liet mij 700 kilometer voor noppes rijden. Bitter en teleurgesteld kwam ik weer thuis en begon een dialoog.

'Jezus, ik ben woedend! Wat voor spelletje speelt U met mij? Waar bent U?'

'Ja, Ik ben hier. Wat is er?'

'U weet toch precies wat ik denk, of niet? U begrijpt me toch? Dan weet U toch wat ik wil?'

'Ja.'

Ik begon mijn geduld te verliezen. Waarom was Jezus zo direct en waarom leek hij op dat moment zo onbewogen en oncoöperatief? Ik had het recht om woedend te zijn. Hij had me teleurgesteld, maar omdat ik niemand anders had die me raad kon geven, bleef er niets anders over dan te kalmeren en Hem nogmaals om hulp te vragen.

'Alstublieft, zeg me toch, wat wilt U dat ik doe? Heeft u enig idee?'

'Ja, ga nogmaals naar het inspectiekantoor.'

Ik kon mijn oren niet geloven en dacht al bijna dat ik het niet goed gehoord had.

'Sorry, Jezus, misschien maakt U een grapje maar dit is verkeerd, U weet toch dat ze me geen beurs kunnen geven.'

'Wil je in mij geloven of niet?' was het plagende antwoord.

'O Heer, Heer, wat verlangt U toch veel van me. Dit is onmogelijk. Wat moeten ze met me aan? Ze zullen me uitlachen! Ok, ik zal het doen, maar ik wil dat U dit keer meegaat! Zijn we het eens?!'

Geen antwoord. Is het nodig te beschrijven hoe ik me voelde toen ik dat kantoor binnenstapte? God was kennelijk niet geïnteresseerd in hoe anderen mij zagen, Hij had zijn eigen kijk op mij. Toen ik de deur van het kantoor opende, zei ik: 'Jezus, alstublieft, U eerst, ik volg '

'Goedemorgen meneer B., u zult me wel voor gek verklaren, dat begrijp ik, maar ik heb toch nog steeds het gevoel dat ik van u een studiebeurs ga krijgen. Ik vertelde wat er in Stuttgart gebeurd was en vervolgde:

'Ik weet verder ook niet wat ik nog moet zeggen, maar u bent toch niet verplicht om tegen de beslissende commissie te zeggen dat ik een buitenlander ben, of heeft u misschien een beter idee? Vergeeft u alstublieft mij volharding.' Er was niets anders meer te zeggen, dus vertrok ik. Een paar dagen later ontving ik een brief die mij vertelde dat ik een beurs kreeg toegezegd!

Door mijn les in *gehoorzaamheid* begon ik beter te begrijpen dat de vrede, die '*alle verstand te boven gaat*' (Fil. 4:7), niet zomaar een Bijbelse uitdrukking is, maar eerder een statement over het leven zelf.

Kort daarna hielp mijn nieuwe Vader me om mijn gebroken leven op diverse gebieden herop te bouwen. Ik was in staat om vakken te bestuderen, die vanaf de lagere school al een probleem voor me waren geweest, maar die ik als sportleraar niet kon vermijden. Scheikunde, natuurkunde en met name wiskunde waren altijd vreselijke vakken voor me geweest op school. Nu moest ik fysiologie studeren voor een heel jaar; maar God zorgde ervoor—ik zou bijna zeggen, 'God wist hoe'—dat dit moeilijke vak nog enigszins aangenaam was en dat het ondenkbare gebeurde: ik haalde mijn examens voor dat vak.

Dan was er nog een vak waar ik het meest nerveus van werd: anatomie. Het was niet dat ik die vakken niet leuk vond, integendeel, ik vond ze juist interessant, maar God gebruikte de vakken anatomie en fysiologie om opnieuw mijn gehoorzaamheid en mijn geloof op de proef te stellen. Dat was niet zo makkelijk als het leren van die vakken zelf. Dat ging als volgt: aan het eind van het academisch jaar gaf onze docent voor anatomie, professor Papadatos, een Griek, ons een lijst met 80 mogelijke vragen, waarvan er maar 6 daadwerkelijk op het examen gesteld zouden worden en waarvan elk één punt zou opleveren. Om het examen te halen moesten minstens 4 vragen correct beantwoord worden, zes punten was het maximum. Kort nadat we de lijst hadden ontvangen, kregen we een uitnodiging voor het examen op een bepaalde datum en tijd. De tijd van het opnieuw bestuderen van boeken, aantekeningen en oefeningen was aangebroken, waar ik hele nachten aan besteedde. Totdat ik me op een gegeven moment realiseerde dat er nog maar twee voorbereidingsdagen over waren voor de dag van het examen. Tot nog toe had ik nog maar 50 vragen van de 80 afgewerkt. Dus op donderdagavond begon ik aan de laatste dertig vragen en ik liep naar mijn bureau om te beginnen, toen ik

hoorde:

'Zoek eerst het Koninkrijk Gods en al de andere dingen zullen je toekomen.'

Ik ging door met bestuderen en probeerde niet teveel aandacht te schenken aan wat ik zojuist gehoord had. Dit was niet het moment om me te laten afleiden van mijn studeren. En weer hoorde ik de stem:

'Zoek *eerst* het Koninkrijk Gods en al de andere dingen zullen je toekomen.'

Dit keer klonk het meer empathisch en ik stopte met lezen. Het werd me duidelijk dat er 'daarboven' weer iets gaande was.

Ik deed alsof ik doof was en verzonk me in mijn boeken. Maar het was onmogelijk door te gaan—daar was het weer, dat geluid dat maar vol bleef houden om gehoord te worden: 'Zoek eerst...' Het bleek onmogelijk er tegenin te gaan. Ik gaf het op.

'Goed, Jezus, ik begrijp dat U het bent, maar laat me alstublieft werken, U weet hoezeer ik onder druk sta.'

Hij hield maar niet op. 'Zoek eerst...' en nu lag het accent op 'al de andere dingen' en op 'toekomen'. Ik had wat tijd nodig om te begrijpen dat dit meer betekende dan alleen anatomie en concentratie.

'Jezus, weet u, soms bent U best irritant met Uw volharding. Wat wilt U dat ik doe?'

Stilte...Geen antwoord. Typisch. Ik dacht na. De woorden 'eerst' en 'al de andere dingen' leken zijn boodschap te zijn en ik interpreteerde dat als dat ik voor al het andere eerst het Koninkrijk Gods moest zoeken—hier en nu, vanavond, vóórdat ik nogmaals anatomie zou doornemen. Waar was het Koninkrijk Gods op dat specifieke moment te vinden? Ha, natuurlijk! Het was donderdag, dan kwam Maranatha bijeen. Ik besloot om ondanks mijn tijdnood daar voor minstens een uur heen te gaan en dan snel de 'verloren tijd' in te halen met studeren. Ik haastte me naar de stad en arriveerde daar net voor de gebeden in de St. Joseph-kapel begonnen en ik groette George Rapin:

'Hallo, zoals je ziet ben ik gekomen.' Hij keek me verrast aan en zei:

'Waarom begroet je me op zo'n rare manier?'

Ik vertelde hem wat een half uur daarvoor gebeurd was en hij zei:

'Als ik het goed begrijp moet je hier niet maar een uurtje blijven , maar tot het eind. Ik denk dat we het over een stap hebben, die de *Daad van geloof* wordt genoemd.'

'Wat betekent dat? Wat is de *Daad van geloof*?'

'Dat betekent, dat je vanavond niet meer verder gaat studeren, maar dat je al je vertrouwen in God legt—blind vertrouwen. Probeer er niet onderuit te komen, dat werkt niet. Dat is een daad van geloof.'

'En de voorbereiding voor mijn examen dan?'

'Laat het verder aan God over en leg je vertrouwen bij Hem.'

Tot mijn grote schrik hielp George me eraan herinneren, dat ik de volgende dag een meeting zou hebben in het kleine dorpje Payerne, waar hij woonde, en alwaar hij voor mij een 'avond van getuigenis' had georganiseerd. Ook overdag zou ik niet kunnen studeren omdat ik op school moest invallen voor een andere docent. Die tijd was dus ook al verloren. Met alle goede wil van de wereld kon ik dat toch niet laten gebeuren?

'George, je moet die avondbijeenkomst annuleren, ik kan niet.'

'Dat zal niet lukken, Klaus. Er komen morgen een heleboel mensen, ik heb bevestigingen van vrienden uit Neuchâtel, Bern en vanuit de hele omgeving, allemaal mensen die speciaal komen om jouw verhaal te horen. Nee, Klaus, dit is een daad van geloof, dat is voor mij glashelder.'

Het was duidelijk dat ik geen keuze had. Er waren geen uitwegen meer en ik kende mijn Vader goed genoeg om te weten dat Hij alles op zo'n manier regelt dat er geen twijfel meer bestaat.

'Ok, maar beloof me dat je op zaterdagochtend voor me zult bidden, als ik examen moet doen, ok?'

'Dat beloven we.'

Tot elf uur bleef ik daar die avond. De volgende dag hield ik mijn toespraak en keerde niet voor middernacht naar huis terug. Op zaterdagochtend was ik om 9.00 uur al bij de universiteit. Mijn hart sloeg in mijn keel toen ik de kamer binnenstapte. Voor mij stond mijn examinator, een wat oudere professor, die Duits sprak. Naast hem zat professor Papadatos, een Griek, van wie ik dat jaar anatomie in het Frans had geleerd (Freibrug is tweetalig). Op de tafel lag een stapeltje van twintig velletjes met de bovenkant naar beneden en op ieder velletje stonden 6 vragen. Op elk blad stonden verschillende vragen. Voordat ik er eentje tussenuit trok, draaide ik mijn rug zodanig, dat ze het niet zouden merken als ik een ander blaadje zou nemen in het geval het vragen waren die ik niet had bestudeerd. En helaas is dat precies wat er gebeurde! Bij mijn eerste blik op de vragen ging er een schok door me heen. Ik had erop gerekend dat God voor alles gezorgd had en ik vragen zou krijgen, waar ik een antwoord op wist. Helaas was het niet volgens verwachting. Dus nu moest ik mijn heil zoeken in mijn handigheid. Op het moment dat ik probeerde dat eerst velletje terug te leggen, hoorde ik achter me de ernstige toon van prof. Papadatos:

'Meneer Kenneth!' ik sprong op van schrik, 'wat bent u daar aan het doen? Dat is bedrog! Hoe durft u op deze wijze het examen te halen!'

Mijn hart zonk me in de schoenen—nee, het bereikte Australië. Ik probeerde een uitweg te bedenken, maar geen ervan was van God. Zijn hele leven had de 'oude Klaus' alleen maar geleerd om te bedriegen en te liegen. Maar nu dat ik betrapt werd, betekende dat dat ik geen recht meer had om aan het examen mee te doen en ik minstens nog een jaar zou moeten wachten voordat ik het zou kunnen herkansen. Shit! Ik was ervan overtuigd dat ik gefaald had en al mijn hoop op een goed verloop van dat examen was verdwenen nog voordat ik er überhaupt aan begonnen was. Ik kon mezelf tenminste niet verwijten dat ik te lui was geweest. Maar de sfeer in die ruimte was om te snijden. Met een donderende uitdrukking beval de professor mij:

'Geef dat blad dat je nu in je hand houdt, aan professor G.'

Oef! Gelukkig had hij me niet gediskwalificeerd. Maar wat nu? Er waren zeker een aantal vragen op dat blad waarvoor ik niets had voorbereid. De angst die me overviel toen ik het bureau naderde waarachter de twee professoren zaten is niet te beschrijven. Het was het soort angst, dat me met gemak zou kunnen terugdrijven in de handen van Satan. En inderdaad, de 'oude Klaus' was nog niet geheel verslagen, dus verzon ik weer een andere leugen. Ik veronderstelde het volgende: mijn professor de Griek gaf ons het hele jaar les in het Frans, dan spreekt hij vast geen Duits. De persoon die mij examineert, daarentegen, spreekt wel Duits, dus terwijl ik hem het blad met de vragen overhandigde loog ik in het Duits:

'Meneer, ik zie op het blad vragen die we nooit hebben gehad dit jaar. Dat moeten vragen van vorig jaar zijn.' Nu brak de hel los. Helaas had professor Papadatos elk woord dat ik zei verstaan en hij explodeerde:

'Meneer Kenneth! Hoe durft u zoiets te zeggen! Dit is echt ongehoord, ik heb elke vraag nauwgezet behandeld!'

Nu voelde ik de bodem onder mijn voeten helemaal verdwijnen. Ik wou dat ik die resterende dertig vragen ook had herhaald. Ik begon te duizelen en mijn zintuigen lieten het afweten. Ik hoorde niets meer en voor mijn ogen werd alles zwart. Nu kon ik het echt wel vergeten, ik had het verbruid. De ijzige stemming in de examenruimte werd nog ijziger—laten we zeggen 15 graden onder nul. Pas toen herinnerde ik mij dat ik uit gehoorzaamheid *eerst* het Koninkrijk Gods had gezocht in plaats van verder te blokken op de resterende anatomievragen. Nu dat mijn onhandige pogingen tot bedrog hadden gefaald, bleef me niets anders over dan het verder in de handen van God te laten. Nu was het Zijn beurt—*'en alle andere dingen komen naar je toe'*. Daarnaast was mij beloofd, dat er voor mij gebeden zou worden. Bij deze gedachten kalmeerde ik plotseling en voelde me rustig. De professor keek op het blad en stelde de eerste vraag. Die vraag kon ik zonder aarzelen beantwoorden, want dat onderwerp had ik wel bestudeerd. Maar al bij de tweede vraag had ik een probleem. Op het blad dat voor hem lag was het menselijk brein getekend met in het midden een aantal cijfers. De examinator wees naar een bepaald cijfer en vroeg:

'Vertelt u mij alstublieft, wat *weet* U over dit gedeelte van het brein?'

Wat ik *wist* was dat dit onderwerp bij de nog niet bestudeerde vragen zat. Het had dus nauwelijks zin om daarop te antwoorden.

Maar juist op dat moment nam God het lot in handen. Professor Papadatos, die even daarvoor zo ontzet was over mijn leugens, leek een verandering te hebben ondergaan. Hij knikte zijn hoofd naar voren, alsof hij mijn aandacht wilde trekken. Ik keek naar hem en stelde vast hoe hij op opvallende wijze met zijn linker hand aan zijn linker oor zat. Hij wilde me iets duidelijk maken. Maar de examinator die naast hem zat, kon niet zien wat hij aan het doen was. Hij herhaalde zijn gestes meerdere malen. En bovendien zei hij met gewichtige stem:

'Luister naar de vraag, meneer Kenneth, luister goed!' Ik snapte de boodschap en gaf een kort antwoord:

'Waar u naar wijst is het gehoorcentrum van het brein.' 'Goed,' zei de examinator en wees een volgend cijfertje aan. 'En wat hebben we hier?'

Het 'spelletje' was nog niet afgelopen. Mijn professor wees met zijn wijsvinger verschillende keren naar zijn ogen, gaf een knipoogje en zei:

'Kijk naar de vraag, kijk goed!'

Dat was een duidelijke tip.... Ik gaf een beknopt antwoord.

'Meneer, dit is het visuele centrum.'

'Goed,' prees hij me, 'U bent goed voorbereid.'

Zo hielp mijn professor me elke keer als we een van de 30 niet voorbereidde vragen tegenkwamen en uiteindelijk slaagde ik met 5,5 punten uit het maximum van 6. Opgelucht verliet ik de examenruimte. Hoeveel zorgen had ik gemaakt en hoe erg had God mij gemarteld tot op het laatste moment! Hoeveel makkelijker zou het zijn geweest als ik me degelijk en bewust had voorbereid op de onderwerpen en had kunnen 'rekenen op mezelf'. Aan de andere kant zouden veel dingen voor mij verborgen zijn gebleven als ik niet mijn 'daad van geloof' had gepleegd: de rijkdom van een waarlijk levendig geloof in God, het negatieve effect van het slechts op jezelf vertrouwen en de ware aanwezigheid van God onder alle omstandigheden in het leven. Hoe kunnen we Hem leren kennen, behalve door gehoorzaamheid aan Zijn woord?

Na het staatsexamen aan de universiteit ontving ik nieuwe tekenen van het belang van gehoorzaamheid aan Gods. Ik had al eerder vermeld, dat ik toen ik me inschreef op de universiteit, ik van de decaan een formulier ontving en heb ondertekend, waarin stond dat ik niet het recht had om mijn beroep in Zwitserland uit te voeren. Deze officiële regel zou mijn toekomstige werkgelegenheid en verblijf in Zwitserland voorgoed belemmeren, terwijl ik er inmiddels ingeburgerd was geraakt.

Ik wist dat God mij op de proef zou stellen wat betreft mijn toekomstige beroepsplannen en kansen, en dat het zinloos zou zijn om aan Hem te twijfelen.

Maar ik was nog steeds perplex over de toekomst. In wereldlijke termen: wat mij het meest interesseerde waren mijn studie en mijn beroep als leraar. Daar had ik nu twijfels over. Maar ik veroorloofde het mezelf niet om me daar te druk over te maken—ik gehoorzaamde mijn Vader.

Ik ging verder met mijn studie en was een wat ongebruikelijke student. Aangezien ik al bijna veertig was, was ik grof genoeg om een aantal professoren aan de tand te voelen, bijvoorbeeld die van literatuur, en ik vertelde hen dat mijn levenservaring wellicht meer waard was dan hun boekenkennis. Zodra ik een reputatie als directe persoonlijkheid had verworven, mocht ik soms lezingen geven in de plaats van de professoren. Maar ik was vlijtig genoeg om door mijn studie heen te komen. Na een paar jaar behaalde ik ook mijn onderwijsacte en ging op zoek naar een baan, ondanks dat ik daar geen 'recht' op had. Gelukkig was het zoeken van werk niet verboden. Aan het eind van mijn studie hoorde ik dat er maar liefst 64 mensen waren afgestudeerd waarvoor maar 4 vacatures beschikbaar waren, dus het begon erop te lijken dat ik geen kans maakte. Ik bleef echter rustig. God wist wat Hij met mijn diploma kon doen. Hij had altijd iets achter de hand. Hoe dan ook, mijn blinde vertrouwen in Hem was al sterk toegenomen.

De vakantie begon en de scholen en universiteiten waren gesloten. Ik stond op het punt mijn koffer te pakken om naar een evangelische kerk in Sicilië te gaan, toen de telefoon ging.

'Meneer Kenneth?'

'Ja, dat ben ik, wat wilt u?'

'Kunt u zo snel mogelijk komen voor een gesprek?' 'Wie bent u en waar moet ik heen?'

De nodige informatie werd verstrekt. 'Waar gaat het over?'

'Dat kan ik u niet over de telefoon vertellen, komt u alstublieft zo snel mogelijk.'

Een paar minuten later stond ik in het kantoor van de rector van een mij onbekende middelbare school.

'Ik ben blij dat u zo snel kon komen. Gaat u zitten. Ik moet met klem benadrukken dat wat wij hier zullen bespreken strikt geheim is.'

Dat maakte allemaal wel een vreemde indruk, mysterieus. Ik was gespannen, want ik dacht dat het weer één of andere truc was—in de positieve zin van het woord—van het soort dat mijn Vader placht te doen.

'Onze leraar Duits is *verdwenen*.'

Verdwenen? Dit was Gods werk, dat was mijn eerste gedachte.

'Hoe? Heb ik dat goed begrepen? Wat houdt dat in?'

'Het probleem is het volgende: meneer S. is al geruime tijd niet op zijn werk verschenen. Ik heb hem thuis geprobeerd te bereiken, maar zelfs zijn familie kon geen informatie over zijn verblijf geven, en hij is al langer weg.'

Het was werkelijk raadselachtig.

'De reden waarom ik u gevraagd heb te komen is de volgende: als meneer S. niet tijdens of na de vakantie op komt dagen, zou u dan de klassen van meneer S. willen overnemen?'

'Maar natuurlijk, graag zelfs.' Een sprankje hoop!

'Goed, dan neem ik u om te beginnen als zijn vervanger. U moet er rekening mee houden, dat als hij tijdens of na de vakantie toch op komt dagen, ik u niet langer in dienst kan houden. Meneer S. is ambtenaar met een permanente aanstelling, hij kan niet ontslagen worden.'

Ik voelde dat ik op het voorstel in moest gaan, een paar weken inkomen is altijd beter dan geen inkomen. Dus waren we het eens en ik tekende een contract.

De volgende dag vertrok ik naar Sicilië met mijn muziekvriendin Gaby, waar we op het strand werkten met jonge mensen die aan de drugs geraakt waren. We spraken met hen over Jezus en de Bijbel, die de enig mogelijke basis vormen voor hun leven. Ongeveer half augustus kreeg ik bericht dat ik op school verwacht werd en vertrok ik naar Freiburg. Er was iets vreselijks gebeurd: meneer S. had om de een of andere reden zichzelf gedood door van een brug af te springen. Zijn lichaam was gevonden. Mijn eerste reactie was er een van afgrijzen over deze persoonlijke tragedie en mijn medeleven voor de nabestaande familieleden. Moge God genade hebben over zijn ziel!

Toch is het een feit, dat elke dramatische gebeurtenis in het leven van een mens meervoudige neveneffecten heeft op andere mensen die verder niets met het drama te maken hebben. In dit geval bracht de dood van meneer S. de school in grote nood en hadden ze een nieuwe leraar nodig. Al had ik geen enkele wens van andermans noodlot te profiteren, was ik toch opgelucht dat ik op deze wijze in staat zou zijn in Zwitserland te blijven. Ik dacht bij mezelf dat ik door in Zwitserland te blijven mijn geloof zou kunnen versterken en daarna Gods werk weer zou kunnen opnemen door op school te werken, werk voor mijn medegelovigen te doen en te evangeliseren. Ik probeerde goed van deze gelegenheid gebruik te maken. Na drie jaar kreeg ik een vaste aanstelling in het Zwitserse systeem van staatsscholen; dit was nauwelijks mogelijk voor niet-Zwitsers. Het zou een misvatting zijn te geloven dat ik dit voorrecht verdiende omdat ik een beter dan de gemiddelde leraar zou zijn. Ik nam het simpelweg dankbaar aan als deel van Gods plan voor mijn leven. 'Wat Hij opent, kan niemand sluiten en wat Hij sluit kan niemand openen' (Openb. 3:7-8).

God heeft me nooit verlaten. In die tijd placht ik elke zondag naar Basel te gaan, zo'n 140 kilometer van Freiburg verwijderd. Ik nam deel in charismatische diensten voor de jeugd. De aanbidding was levendig en boeiend en de Elisabethkerk was doorgaans vol met jongeren. Maar op sommige momenten had ik toch nog wel het gevoel, dat ik allesbehalve perfect was vanwege het feit dat zowel mijn brein alsook mijn hart nog veel reiniging behoefden. Op een van die avonden, tijdens een ceremonie van Johannes Czwalina, een dominee van de kerk van Basel, zonk mijn hart me in de schoenen: ik stond op het punt alle moed te verliezen door alle obstakels van het verleden die ik met me meedroeg. Een groot verdriet overviel me en ik wilde juist de kerk verlaten, toen Johannes plotseling zijn zin onderbrak. Ik hoorde zijn stem echoën door de microfoon:

'Er is een man in ons midden, die zich gebonden voelt aan zijn verleden, dat hem verstikt. Christus zegt hem nu dat hij onbevreesd de toekomst moet aanschouwen en dat hij met zekerheid is verlost.'

Zodra ik deze woorden hoorde, had ik een sterke lichamelijke sensatie: ik voelde dat de grote dikke kettingen die om mijn hart gebonden zaten, ineens loslieten en kletterend op de grond vielen. In mijn herinnering verbaasde ik me erover hoe die gigantisch dikke kettingen ruim genoeg waren om om mijn hart te passen. Het waren het soort kletterende kettingen van de ankers van oceaanschepen. Dit incident gaf me een diep gevoel van dankbaarheid, het gevoel dat God me niet alleen gecreëerd had, maar bovendien van me hield.

Rond dezelfde periode gebeurden er ook nog andere dingen die mij dichter bij de Heilige Geest brachten. Voordat Jezus de aarde verliet, beloofde Hij de mens dat Hij Zijn Vader om een 'andere Trooster' zou bidden, om naar de mensheid te sturen. We hebben het hier over de leven brengende adem van de Heilige Geest, die volgens een oud gebed 'overal aanwezig is en alles vervult'. Deze levengevende Geest is afwezig in de oosterse religies, omdat in oosterse meditatie elke gedachte en energie wordt verdoofd, wat makkelijk leidt tot een innerlijke leegte. Christelijke vrienden bleven me maar vragen, of ik al de Heilige Geest had ontvangen. Hoe kon ik dat nou weten? En wie was dat dan, de Heilige Geest? Maar God had voor mij al een plan. Wat me te wachten stond was niet makkelijk te verdragen—het was, om eerlijk te zijn, ronduit moeilijk. Dit is wat er gebeurde...

De charismatische bidgroep 'Maranatha' vroeg me om met ze mee te gaan naar de Franse stad Strassburg. Daar werden we geacht een bijeenkomst te bezoeken dat heette Operatie 'Pentacost throughout Europe', waar zo'n 30.000 mensen vanuit de hele wereld op afkwamen, van kardinalen tot kleine evangelische groepjes. Het was een vermoeiende reis, vooral omdat het uitzonderlijk warm was. Het wachten op de accommodatie na de reis was voor de ouderen onder ons uitputtend, al voelde ik al snel een enerverende en frisse golf door mij en de mensen om me heen gaan. Het drong tot op mijn botten door. Maar dit was nog niet Pinksteren.

Het verhaal over mijn leven deed zich snel de ronde, omdat het meerdere malen op 'Radio Luxemburg', 'Radio Monte Carlo' en andere buitenlandse zenders was verteld. Er was zoveel respons op mijn verhaal, dat er een boekje met mijn getuigenis werd uitgegeven en bij duizenden werd verkocht. Zo werd ik herhaaldelijk door de organisatoren van grote events uitgenodigd om mijn verhaal te komen doen; die organisatoren probeerden het mij op alle mogelijke wijzen naar de zin te maken en keken zelfs zo tegen me op, dat mijn trots geweldig steeg. Zonder het te merken, begon ik te denken dat ik beter was dan anderen. Een grote ijdelheid sloop heimelijk en onopvallend bij me naar binnen. Ik achtte mezelf erg belangrijk en vond het doodnormaal dat ik een ereplaats op de tribune zou innemen bij alle waardigheidsbekleders op alle religieuze ontmoetingen.

Met andere woorden, ik verwachtte altijd dat ik bij de belangrijkste sprekers zou zijn tezamen met hiërarchen als Kardinaal Suenens en bekenden charismatische figuren zoals Thomas Roberts en Daniël Ange.

Parallel met die trots, ontstond er een andere onduidelijke gedachtegang waarin ik in de slechte oude tijd ook al was getuimeld. Het was het gevoel dat ik nooit tot een grote massa van mensen had toebehoord. Ik was immers handiger en intelligenter dan de meeste van mijn landgenoten. Sterker nog: ik was belangrijk! Daarom was het beneden mijn waarde om met al die andere duizenden mensen in Strassburg in de rij te staan en als een nul gevoed te worden.

Op voorgaande conferenties had ik een trucje ontwikkeld om die lange rijen voor voedsel te vermijden. Ik ging dan gewoon vijf minuten voor het eind al weg om mezelf een plekje te bemachtigen en te eten, terwijl alle andere 'arme' mensen in de hitte stonden te wachten op hun beurt. Dat was toch slim aangepakt, of niet soms? Op vrijdag en zaterdag van het evenement werkte die truc perfect. Maar op zondag, op Pinksteren, had de Heilige Geest zijn buik vol van die 'trotse Klaus.'

Toen ik wakker werd, met de warmte van de zon op mijn gezicht, zei ik mijn ochtendgebeden en verraste mezelf met een brein vol met trotse gedachten: ik was ervan overtuigd dat ik geweldig was, een geboren leider. Dat klinkt misschien raar, heel raar, maar dat is waar mijn gedachten naar uitgingen. Toch was ik mij er ten minste deels van bewust dat dat geen normaal van denken of doen is zoals dat van een christen verwacht wordt. Daarom was mijn *vaste* besluit om gewoon in de rij te gaan staan voor het voedsel en als er toespraken waren, ik tussen het publiek zou gaan zitten. Ik zou niet proberen een plekje te bemachtigen bij de vips, zoals ik dat meestal deed. Deze gedachte beviel me. Hoe kon ik ook zo bot zijn geweest in mijn trots? Ik nam me vanaf die dag voor om een vriendelijke, attente en nederige jongeman te zijn—een echte christen.

Maar theorie en realiteit zijn niet altijd met elkaar in overeenstemming. Terwijl ik de hoofdzaal binnenging, viel me op dat het platform plaatsen reserveerde voor hooggeplaatste persoonlijkheden en dat er barricades waren om de gewone mensen op een afstand te houden. Al naderend voelde ik een onweerstaanbare kracht die me in de verkeerde richting trok. Mijn geest vulde zich met smoesjes: 'Wel, je bent ook echt wel beter dan de rest, hoor. Je bent belangrijk en hebt veel geleden, dus je hebt wel een beter plekje verdiend. Daar te midden van de meute word je helemaal platgedrukt, het stinkt er en het is zo heet, straks val je nog flauw...'

Nog voordat ik begreep dat dit een verleiding was, gebruikte ik een bekende truc door met mijn gitaar te veinzen dat ik zou gaan optreden en daarom een plaats onder de belangrijke personen nodig had. Opgelucht dat ik aan de meute ontsnapt was, ging ik ten onrechte op een ereplaats zitten. Ik was onzeker over wat er aan de hand was. Ik herinnerde me mijn voornemen om met de menigte in de rij te gaan staan voor het eten en niet vóór het einde weg te gaan. Ik was mijn eerste voornemen, om tijdens toespraken bij de menigte te gaan zitten, niet nagekomen, maar deze tweede zou ik toch zeker wel nakomen.

En toen kwam de verrassing. Eén van de sprekers had het precies over het onderwerp waarover ik aan het malen was. Ik hoorde hem zeggen:

'Lieve broeders en zusters, het is nogal vervelend voor een spreker om mensen voor het eind van zijn toespraak te zien weglopen uit de conferentiezaal, over anderen heen stappend, geluiden producerend en dus de aandacht van de anderen afleidend. Op die manier kan de Heilige Geest niet werken. Vindt u niet ook dat we allemaal tot het einde moeten blijven zitten tot de zegen is gegeven?'

Een luid applaus betekende de oprechte bevestiging van het publiek. Mijn verbazing groeide nog toen ik me realiseerde hoezeer zijn woorden met mijn voornemens overeenkwamen. Ik bleef luisteren tot vijf voor twaalf. Toen begon mijn maag te rammelen, eerst zacht.

Hoe dan ook, ik was vastbesloten! Ik zou niet weggaan. Drie minuten voor twaalf werd het rammelen sterker, ik begon te zweten, ik voelde me duizelig en na nog een minuut werd het loodzware gewicht in mijn maag ondraaglijk, het knaagde aan me en mijn gedachten waren vol van deze ellendige spirituele aanval. Ik was ervan overtuigd dat ik in de komende minuten zou omgaan van de honger als ik niet *acuut* iets zou eten. Als dat zou betekenen dat ik ook nog lang in de rij zou moeten wachten, dan zou ik een zonnesteek krijgen door die zengende hitte buiten. Ik visualiseerde dit gebeuren bovenop al mijn andere werk. De angst om van de honger om te komen was niet om uit te houden, en dan nog een zonnesteek er bovenop! Uiteindelijk stond ik op van mijn stoel.

Op mijn tenen probeerde ik me onopvallend tussen de rijen door te manoeuvreren, bukkend zodat ik niet in mijn volle lengte te zien zou zijn—hoe absurd kon het zijn—maar het was vooral mijn gitaar die de aandacht trok. Met een vuurrood gezicht van angst en stress, zette ik koers naar de uitgang, hopend op genade van de duizenden mensen in de zaal; want ik stond immers op het punt te sterven, nietwaar? Halverwege, tussen het podium en de uitgang, begon de meute me uit te jouwen en te fluiten omdat ik de enige was die de regels niet respecteerde. Er waren zo'n vijfduizend mensen aan de kant waar ik had gezeten en nog zo'n vijfentwintigduizend aan de andere kant. Ik was de enige die het waagde de net afgesproken regel te overtreden! Ik schaamde me dood. Kon de aarde nu maar openspijten en me opslokken! Helemaal dolgedraaid struikelde ik in een 'leegte'.

Toen ik ging zitten om te eten, was mijn maaltijd onverteerbaar, smakeloos en zo zwaar als steen. Het gaf me een onwerkelijk gevoel. Daar zat ik dan, geheel alleen, in een gigantische eetzaal, omgeven door allemaal lege plaatsen, rillend vanuit mijn kern.

Satan kwam om me te beschuldigen:

'Scheer je weg van hier, stumper, jij bent nergens goed voor!' Dat moest ik wel toegeven; ik was nergens goed voor. Drie keer had ik gefaald om mijn goede voornemens uit te voeren. Ik kon wel schreeuwen. Ik was een 'nietsnut'. Alles in mij lag in stukken. Bam! Ik was op de bodem geworpen.

'Je waagt het toch niet te beweren dat je een christen bent, of wel soms?' Satan was wederom aan zet.

'Je bent die mensen niet waardig,' beschuldigde hij me weer. Hij had gelijk!

'Ga terug naar Freiburg en distantieer je van deze goedhartige en pure mensen. *Jij* hoort hier niet thuis.'

Zijn wil werd wet en ik keerde terug naar huis. Ik rende weg van deze christenen omdat ik niet één van hen was. Aangezien ik geen geld had, noch een auto, noch de weg uit de stad wist, bleef me niks anders over dan door de straten te struinen. Mijn gitaar, die altijd mijn troost was op eenzame momenten, bleef voor het eerst stil—die bood me geen troost. Het was onmogelijk te spelen. Ik bracht vier uren door in kwelling, wanhopig zoekend naar een plek waar ik een beetje rust en troost zou kunnen vinden. Dat was echter niet gemakkelijk. Muziek, alcohol, drugs, overspel, reizen, filosofie; mijn ervaring was dat geen van deze dingen respijt bood. Die had ik allemaal al uitgeprobeerd en hadden me allemaal naar leegte geleid. Ik was volkomen kapot en verscheurd vanbinnen.

Maar plotseling gebeurde er iets onverwachts! Misschien was het wel de doop van de Heilige Geest; dat besef sloeg er als een flits in. Ik realiseerde me dat buiten het christendom, in de wereld die ik had achtergelaten, er geen vrede noch troost noch stilte te vinden was. Er bleef maar één enkel alternatief over en dat was terugkeren! Ik moest daar terugkeren vanwaar ik was weggelopen. De gedachte kwam gepaard met een tranenvloed, wat me voor mijn gevoel klein maakte, heel klein. Geconfronteerd door mijn eigen zwakte, leerde ik veel meer door dit moment van lijden dan van welke morele lessen of sociaalmaatschappelijke normen dan ook. Deze waarheid werd slechts evident door de Heilige Geest. Het is waar dat christenen *niet* beter zijn dan andere mensen, maar ze hebben wel *iets* beters—*ze hebben de bescherming van de Heilige Geest.* Satan stond op het punt om me te vernietigen—ja, en hij gebruikte ware feiten om dat te doen! Met de hulp van de Heilige Geest, door wat er zojuist gebeurde, creëerde God een heuse verandering in mijn bewustzijn. Door de aanwezigheid van de Heilige Geest veranderde de zelfdestructie in een heropbouw van mijn ware zelf. Dat is de manier waarop mijn nieuwe Meester, degene die leert en troost, zich manifesteerde. De Heilige Geest is de meest efficiënte docent die er is en Hij kost minder dan een psycholoog, therapeut of sociaal werker.

Na die belastende uren wist ik wat mij te doen stond. Ik moest om vergiffenis vragen en terugkeren. Uiteindelijk was het niet moeilijk om Jezus te zeggen dat ik niks waard was en Hem te vragen mij onder zijn hoede te nemen, ondanks wat er gebeurd was. En dat is precies wat ik deed: ik keerde terug naar de bijeenkomst en beleefde daar de volgende verrassing. Exact op het moment dat ik de deur van de grote conferentiezaal opendeed, hoorde ik—van een Duitse spreker—de volgende woorden: 'De Heilige Geest te kennen, betekent het erkennen van je eigen zonden.'

Ongelooflijk! Ik sprong op van vreugde, daar kreeg ik de bevestiging dat de Heilige Geest op mij was nedergedaald! Een luid 'Halleluja' kwam uit het diepste van mijn hart! Pinksteren was echt. 'Gezegend zijn zij die treuren, want zij zullen getroost worden.' (Mat. 5:4)

Niemand moet echter denken dat daarmee al mijn problemen waren opgelost. In tegendeel, de praktische uitvoering van al die nieuwe inzichten in het dagelijkse leven ontbrak duidelijk volkomen. Zoals je zult zien had alles dat beduidend was in mijn leven twee demonstraties nodig. Mijn moeilijkste les kwam meteen een dag nadat ik naar Freiburg was teruggekeerd.

De ochtend na mijn thuiskomst vond ik een oud document van een lokale garage in mijn auto. Het was een onaangename herinnering aan een trucje dat ik placht te doen. Het was een document dat normaliter aan het verzekeringskantoor werd gestuurd, waarin stond dat de deur van de auto beschadigd was geraakt en niet goed meer sloot en dat de reparatie ongeveer 600 Zwitserse Francs zou kosten. Dit was een overwaardering van een beschadiging aan de auto, die ik de garage-eigenaar maakte op mijn aanmoediging. Wat ik dan normaliter deed was de vergoeding van de verzekering casseren en de reparatie zelf uitvoeren. Aangezien ik in geldnood was, maakte de 'oude Klaus' zich er geen zorgen over dat dit bedrog gebaseerd was op een leugen. Dergelijke dingen kwamen nu eenmaal in mijn gevallen, gewiekste ego op. Toen ik dus die brief vond, leek het mij een goed moment om weer eens die procedure te doorlopen. En dus stapte ik de volgende dag naar het verzekeringskantoor.

'Goedemorgen, ik heb hier een schatting van een schade ten gevolge van een inbraak in mijn auto. De garage gaf me een offerte voor de reparatie.'

'Laat maar eens zien.'

Ik legde de offerte op de toonbank en de mevrouw keek ernaar. 'In orde, wij zullen de som overmaken.'

'Dank u wel, goedendag mevrouw!'

Ik draaide me al om naar de deur om het kantoor te verlaten, toen de bediende me terugriep.

'Hallo meneer, neemt u me niet kwalijk, komt u even terug?'

Ik begon hem een beetje te knijpen, al wist ik niet waarom.

'Ja, wat is er dan?'

'Ik moet weten wanneer de schade is aangericht.'

Ik was bang dat ik mijn geld niet zou krijgen als het al enige tijd geleden was gebeurd. Op dat moment kwam Satan als een flits en ik loog:
'Uhm. Dat was een paar dagen geleden.'
'Goed,' zei ze, en ze noteerde de datum van het ongeval.
'Oké, dag mevrouw.'
'Dag meneer.'
En nogmaals stond ik op het punt naar de deur te lopen en te verdwijnen, toen ik haar stem weer hoorde.
'Meneer.'
Ik versteende. Wat nu weer?
'Komt u alstublieft nog eens terug?'
Ze keek me recht in de ogen aan en vroeg:
'Kunt u mij verklaren waarom u mij zo'n recente datum gaf, terwijl ik hier op de factuur lees dat de schade enkele maanden geleden is ontstaan?'
Ik voelde me op heterdaad betrapt. Een bom explodeerde in mijn hoofd. Ik stond met een mond vol tanden. Ik werd zo rood als een tomaat en hoopte dat de grond zou opensplijten om me op te slokken. Ik kreeg het warm en benauwd en wist niet wat ik moest zeggen, ik kon ook niet bewegen. Ik was zichtbaar en diep beschaamd terwijl de bediende wachtte op mijn antwoord. Niemand had de leugen duidelijker kunnen tonen dan dat ik het zelf had gedaan.
De stilte werd uiteindelijk ook voor de secretaresse pijnlijk, dus zei ze: 'Ik zie dat u wat in de war bent, waarom neemt u het formulier niet mee naar huis om het goed in te vullen en stuurt u het per post naar ons op.'
Ik strompelde het kantoor uit en eenmaal thuisgekomen viel ik op mijn knieën neer voor Jezus en weende bitter.
'Jezus, ik ben onverbeterlijk. Ik ben vol van zonde. Ik verdien het om door U verdreven te worden.'
'Maar ik stuur je niet weg.'
Maar Jezus, u zag wat er gebeurde! Dat was pijnlijk. Hoe los ik dit op?'
'Je hoeft niets op te lossen. De waarheid kan niet gemanipuleerd worden.'
'Maar wat moet ik dan doen? Ik heb geen idee.'
'Vertel de waarheid.'
'Wat?! Dat kunt U niet van mij verlangen. Daar zal ik nooit in slagen, daar ben ik zeker van.'
Naar een pastoor gaan om te biechten, dat kon ik wel accepteren. Maar om mijn bedrog bij de secretaresse te op te biechten, dat was ondenkbaar.
'Hou je van de waarheid? Hou je van Mij?' 'Dat weet U.'
'Nou, dan weet je wat je moet doen.'

Ik had het gevoel dat er een steen op mijn hart drukte. Ik moest het met Jezus op een dealtje gooien, dus stelde ik hem voor:

'Oké, ik zal het doen, maar ik wil dat U met me meegaat.' 'Dat beloof ik.'

Gedurende een week brandde het in mijn hart en ik bleef maar uitwegen en smoesjes verzinnen om het niet te hoeven doen, maar het hielp niets. De waarheid blijft de waarheid. Ik stelde mijn 'veroordeling' uit tot het allerlaatste moment. Op vrijdag kon ik geen smoesjes meer bedenken en zat er niets anders op dan naar het verzekeringskantoor te gaan. Voordat ik er binnenging zei ik wederom: 'Alstublieft Heer, gaat U eerst—ik volg.'

De secretaresse zat aan haar bureau en kwam naar de balie toe waarna haar blik de mijne trof.

'Goedemiddag. Ah, bent u weer in eigen persoon gekomen.'

Ik was ervan overtuigd dat ze uit ervaring wist dat er zat mensen zijn die geregeld proberen hun verzekering te bedriegen. Misschien dat die gedachte me stimuleerde om me 'anders' te gedragen dan zij, en me te gedragen als een christen. Meteen met de deur in huis vallend, overhandigde ik haar de offerte en zei:

'U kunt van me denken wat u wilt, maar deze claim was een leugen. Ik heb geen recht op wat dan ook. Het spijt me en ik vraag u oprecht om vergiffenis. U kunt de offerte vernietigen.'

Ik had het gezegd en voelde me kilo's lichter. Bij het horen van deze woorden was zij, naar ik kon zien, zo perplex, dat ze nauwelijks haar verbazing kon verbergen. Dit was haar wellicht nog nooit eerder overkomen. Maar dat was niet mijn probleem. Ik kon weer opgelucht ademhalen na deze ongebruikelijke biecht. Letterlijk alles is mogelijk met Jezus. Al die jaren was ik in beslag genomen door trots, egoïsme, vooroordeel, woede en leed: de een na de ander had macht over mij gekregen en me tot slaaf gemaakt. De worsteling met die verleidingen zal tot het einde van mijn leven voortduren.

De Heilige Geest komt onverwacht en werpt een licht op de 'gewezen persoon' in ons, onze vroegere levens, die nog gereinigd dienen te worden. Op de momenten waarop ik verblind was door oude herinneringen en slechte gewoontes, liet Hij me duidelijk zien dat ik van Gods weg was afgedwaald. Toen Ursula en ik ooit van Camargue in Frankrijk terugreden naar Zwitserland, gebeurde weer iets heel speciaals. We hadden haast want we werden die avond verwacht door Maurice Ray. We waren pas op de helft van onze reis, toen de kabel van het gaspedaal brak en de auto met veel geratel tot stilstand kwam. We werden naar een garage in het eerstvolgende dorpje gesleept, waar maar één automonteur aanwezig was. Omgeven door een aantal kapotte voertuigen en wachtende klanten, die allemaal als eerste geholpen wilden worden, wierp hij ons een boze blik toe alsof hij wilde zeggen, 'Dit is net wat ik nodig heb.' Met ingetogen stem legde ik hem onze situatie uit en sprak mijn hoop uit dat hij ons snel zou kunnen helpen en ons voorrang zou verlenen. Vergezeld van een woede-uitbarsting, schold hij ons uit. 'Moge de duivel je halen', zei hij.

'Loop naar de hel!' dacht ik, 'daar hoor je thuis, brutale ellendeling.' Natuurlijk was ik er verbolgen over dat ik niet kreeg wat ik wilde, en omdat ik bang was dat we niet op tijd in Lausanne zouden arriveren. Toen daalde plotseling de Heilige Geest op mij neer en gaf mij inzicht in wat ik precies had gedacht. Mijn houding kon wat dan ook genoemd worden, maar het was zeker niet christelijk en ik corrigeerde mezelf: deze man was al in de hel, met zoveel werk op zijn bord en klanten die als eerste geholpen wilden worden. Toen ik dit inzag, veranderde ik mijn houding. 'Moge je leven in het paradijs zijn.' bad ik voor hem, 'Moge de vrede en kalmte van het paradijs op je weg komen.' En toen gebeurde het wonder.

Even later kwam hij naar onze auto en vroeg me om de motorkap te openen. We werkten mopperend en briesend van irritatie. We waren boos op de autofabrikant, die zulke complexe verbindingen voor de kabels had gemaakt dat er twee personen voor nodig waren om één kabeltje te vervangen. Met onze handen en gezichten onder de olie brachten we het tot een eind, zwetend en lachend kwamen we onder de motorkap vandaan, blij dat het ons was gelukt.

Het humeur van de monteur was compleet omgeslagen en tot onze verbazing hoorden we hem zeggen: 'Zelden heb ik zo'n ingewikkeld karwei gehad. Het was een ware uitdaging voor me, maar ik heb zoveel tijd met jou doorgebracht, dat het me niet meer kon schelen. Mijn tijd is een geschenk voor jou. Ik heb het gratis gedaan.' .

En dat was nog niet alles. 'Wacht even' zei hij.

Hij verdween in een ruimte achter de werkplaats en haalde een plastic tas tevoorschijn, die hij ons overhandigde. Heerlijke rode kersen lachten ons van daaruit tegemoet.

'Neem deze mee voor op je reis naar Zwitserland,' zei hij met een stralend gezicht, 'deze zijn van mijn vrouw uit onze tuin.'

Heer, hoe groots bent U *'Vraag en het zal u gegeven worden'*... De Bijbel is een levend boek. Hoe lang zal het nog duren voordat ik stop zo weinig geloof te hebben en zonder vrees zal kunnen leven! Ons afscheid had niet hartelijker kunnen zijn en natuurlijk kwamen we op tijd aan bij Maurice Ray.

# HOOFDSTUK XII
# GESCHENKEN

Een pasgeboren baby krijgt veel cadeautjes. In mijn geval ging de fase van kindheid—en dus het feit dat men veel geschenken krijgt—nog heel wat langer door, in feite zeven jaren nadat ik in Christus herboren werd. Ik durf zelfs te beweren dat ik besprenkeld werd met Goddelijke geschenken, juist omdat de duivel mij gedurende de eerste helft van mijn leven zo stevig in de hel had vastgehouden. Ik had een dringende behoefte aan Gods Gratie en die kreeg ik ook. Ik hoop en bid dat ik die gratie ook waardig ben.

Het was overduidelijk dat ik meer kreeg dan wat ik verdiende, maar ik kan de gebeurtenissen alleen zo beschrijven zoals ze waren. In een later stadium kon ik dan begrijpen wat de reden was van Gods voorzorg en beschikking. Om 'de oude Adam' te veranderen, leidt God elk van ons met zijn hemelse Wijsheid, ervan uitgaand dat we bereid zijn Zijn leiding te aanvaarden. Zelfs als Hij Zijn Gratie tijdelijk terugneemt, dan doet Hij dat omdat Hij wil dat we die terugverdienen met ascetische pijn, gehoorzaamheid en geduld. Hoe kan het, vroeg ik mezelf af, dat zoveel christenen bij me kwamen klagen en zeiden hoeveel leed zij hadden zonder dat Gods Gratie zich aan hen manifesteerde? Misschien was het, suggereerde ik, omdat zij zich nog niet helemaal aan God hadden overgegeven; een deel van hen gaf zich nog niet over. In mijn geval had mijn overgave aan de duivel zulke catastrofale gevolgen, dat ik geen andere keuze had dan mijn hele wezen over te geven aan Christus. Of ik het elke dag van mijn leven waardig was om deze verandering te ondergaan is een ander punt.

Weldra realiseerde ik me, dat het niet genoeg was om 'één keer bekeerd te worden', en dan twee keer per jaar naar de kerk te gaan met kerst en Pasen en dan te zeggen dat ik een Christen was. Elke dag van ons leven moeten we een nieuwe les ervaren: 'vraag en u zult ont- vangen.' Dat heb ik al zo vaak zien gebeuren in mijn eigen leven, dat als die woorden niet in de Bijbel hadden gestaan, ik ze zelf had geschreven.

Gods aanwezigheid werd evident zowel in de kleine als in de grote dingen. Hij was er elke dag en elk moment, dus het ligt voor de hand dat je die onverklaarbare vreugde wilt delen met anderen. Ik had het sterke gevoel, dat het niet genoeg was om God uitsluitend voor mezelf te kennen: ik wilde actief zijn en getuigenis afleggen over alles wat Hij voor me gedaan had. Omdat ik een zanger was, wilde ik voor Hem zingen en een album maken. Maar goed, mijn gitaar was daar niet goed genoeg voor, dus ik vroeg God om me te helpen. Een tijdje later belde iemand bij me aan, ik was verbaasd.

'Hé, Diane, waar kom jij ineens vandaan?'

Ik was dolblij. Diane was een levendige jonge vrouw uit Hawaï met wie ik bevriend was geraakt op reis door het oerwoud in het noorden van Thailand. Nog lang daarna droomde ik ervan om in Hawaï te gaan wonen totdat mijn bekering al die plannen veranderde. En nu stond ze ineens voor de deur!

Nadat ze mijn huiskamer was binnengekomen en het zich gerieflijk had gemaakt, begon ze haar uitleg:

'Ik heb vaak aan je gedacht en ik wilde je gewoon echt eens gaan bezoeken.'

Het klopte dat we elkaar vanaf onze eerste ontmoeting al erg mochten.

'En ik herinner me ook dat je graag zingt en gitaar speelt, dus heb ik deze voor je meegenomen. Je zei me ooit dat je een goede gitaar nodig had. Neem deze alsjeblieft als geschenk aan.'

Daar viel mijn mond van open. Vervolgens overhandigde ze mij een bruine gitaarkist, waar de gitaar in zat.

'Maak het open.'

Dat hoefde ze geen tweede keer te zeggen. Met een kloppend hart nam ik de gitaar uit de kist; het was een echt *Ovation Classic*, een heel duur instrument, wat ik me nooit had kunnen permitteren. Plotseling had ik het gevoel dat het paradijs geenszins ontoegankelijk is; hier hield ik in mijn handen het 'antwoord op mijn gebed', uit Diane's handen, 'Halleluja'. Zo werd mijn eerste weg naar een opnamestudio mogelijk gemaakt. Ik vroeg de beste muzikanten van verschillende achtergronden of zij hun tijd wilden offeren voor God. Niemand weigerde. Beetje bij beetje en maand na maand, werd mijn droom werkelijkheid: de droom om mijn stem en muzikale talent aan Jezus te geven. De cassettes die we toen maakten werden met name in Zwitserland erg goed ontvangen. Onze concerten werden door vele radiozenders uitgezonden en het publiek was veruit meer dan alleen maar een christelijk publiek.

De kosten voor de studio, die normaliter erg hoog zijn in Zwitserland, waren lager dan verwacht en ook de toontechnicus rekende een schappelijke prijs; meestal bracht hij maar een derde van de tijd die we daadwerkelijk nodig hadden gehad in rekening.

Dit was één van de vele mysterieuze en verzorgende manieren, waarop onze activiteiten werden geholpen.

Om een ander voorbeeld te noemen, een dame die Maria B. heette nam me op een dag mee voor een wandeling in een boslandschap dat haar eigendom was in Zurich. Terwijl we ons diepzinnige gesprek voerden, haalde ze een pakje sigaretten uit haar zak.

'Help jezelf Klaus,' ze tipte met één vinger licht op het pakje om er een sigaret uit te laten glijden. Ik besteedde er weinig aandacht aan en stopte het in mijn zak. Al pratend en biddend we vervolgden onze wandeling. Pas toen ik in de trein terug naar Freiburg zat en mijn hand in mijn zak stopte, vond ik weer die sigaret welke 4 biljetten van 500 Zwitserse Francs bleek te bevatten, zorgvuldig opgerold tot een sigaret met een elastiekje eromheen. Ook trof ik andere bedragen in anonieme enveloppen aan in mijn postbus. Zo was ik in staat om alle opnamekosten te dekken zonder een cent uit eigen zak te hoeven betalen. Met deze enorme hulp van God kwam mijn eerste album bestaande uit twaalf nummers uit. Van begin af aan was de titel duidelijk: 'Van Hoofd tot Hart' in dichtvorm verteld en vertoond in muziek.

'Van Hoofd tot Hart' vertelt over het moeilijke proces om uit de hel te komen, om je van de duisternis van het leed en de haat naar het licht van hoop, vrede en liefde te begeven. Na de lancering van het album duurde het ook niet lang voordat ik werd uitgenodigd om een aantal van de nummers her en der op podia uit te voeren. Een medestudent van de universiteit had een groot muziekfestival georganiseerd in Sion in het zuiden van Zwitserland en hij nodigde me uit daar te komen spelen. Daar speelden om de beurt honderden musici, componisten, dansers, en een balletgroep. Dit evenement werd live uitgezonden op de Zwitserse radio op nieuwjaarsavond 1982.

Er waren meer dan duizend toeschouwers in de zaal. Eén van mijn com- posities is een lied over mijn lange weg naar Jezus en ik wilde mijn boodschap richten tot een voornamelijk niet-christelijk publiek zonder medelijden te hoeven ontvangen voor het feit dat ik naïef genoeg ben om Christus te volgen. We hadden dat lied met het radiosymfonieorkest van Genève gerepeteerd. Op de generale repetitie ging er het een en ander mis: mijn gitaar was niet afgestemd en een deel van de geluidsapparatuur was defect. Ik was zenuwachtig en ongeduldig en de repetitie werd onderbroken. Ik raakte zichtbaar gestrester en in de avond steeg mijn temperatuur. Net toen ik een moment had gevonden om te bidden, vlak voordat ons liveoptreden zou beginnen, drukte de hoofdorganisator me een camera in de handen met de vraag of ik tijdens het optreden ook wilde fotograferen. Dat was net wat ik nodig had! Deze extra last kon ik niet dragen en een half uur voor mijn optreden voelde ik me al helemaal gesloopt.

Met een korte uitleg overhandigde ik de camera aan Diane en rende snel naar de kleedkamers. Ik wilde nog eens een oogje op de teksten werpen en stelde vast dat ik me geen woord meer kon herinneren, ik had een black-out. Ik werd misselijk, mijn handen trilden en ik kon geen fatsoenlijk akkoord meer aanslaan. In mijn paniek vluchtte ik een donkere, lege kamer in en bad tot Jezus met de woorden:

'Jezus, ik kan zo niet optreden. U ziet hoe zenuwachtig en gesloten ik ben.'

En ineens gebeurde een wonder. Jezus was daar in de kamer en antwoordde met kalme stem:

'Ja, dat weet ik.'

Er was iets geruststellends in Zijn aanwezigheid en Zijn stem. Diep in mijn ziel voelde ik dat Hij alles begreep en dat Hij me niet aan mijn lot zou overlaten. Toch ging ik door met klagen:

'Jezus, het heeft geen zin. Ik kan niet zingen, ik heb de moed niet om voor duizend mensen op het podium te staan.'

'Voor wie zing je dan?'

Die korte vraag ontketende een lawine van gevoelens in me en de schelpen vielen van mijn ogen: weer was ik het die de ster van de show wilde zijn en alle eer wilde vangen. Ik—Klaus Kenneth!

'Je hebt je leven aan mij gegeven. Of heb je wat anders besloten?'

O, mijn Heer en God! Was alle eer voor mij? Dat moest ik me afvragen. Zou ik dan een leugenaar zijn als ik 'halleluja' zong? Natuurlijk wilde God niet dat ik een leugenaar zou worden. Maar er was nog een probleem.

'Maar Jezus, ik kan me de woorden niet meer herinneren.'

Hoe moet ik dat nu beschrijven? Jezus leek pal voor me te staan en vroeg me de tekst op te zeggen. Met knikkende knieën reciteerde ik elk woord onder het aangezicht van de Koning der Koningen om de tekst tegenover Hem te rechtvaardigen. Toen ik eenmaal begonnen was, leek het alsof elk woord was genageld in de vezels van mijn brein, net als een naald die glijdt over de groeven van een grammofoonplaat. Na afloop hiervan stond ik op, klom het trappetje op in het verblindende licht van de spotlichten met mijn gitaar onder mijn arm. Ik moet eruit gezien hebben als iemand die slaapwandelde.

De meisjes van het ballet waren net klaar met hun optreden en riepen me terwijl ze van het podium aftraden:

'Hé Klaus, wakker worden, het is jouw beurt, je bent al aangekondigd!' Ik zag er wellicht slaperig uit, maar in mijn hoofd en hart was ik klaarwakker. Die man op het podium, was 'ik' niet langer. Degene die daar stond te zingen, verblind door de spotlichten voor een gigantische donkere muur van mensen, was volkomen rustig en zong 'Zijn boodschap' zonder het applaus te horen. Toen trok hij zich van het podium terug, ervan overtuigd dat deze 'boodschap van liefde' niet slechts openbaar vermaak was, maar iets dat het publiek mee naar huis kon nemen—een portie hoop. Hier zijn de woorden:

*Ik probeerde het;*
*Ik probeerde het met whisky en ik probeerde het met rum;*
*Ik was verward en ik had vertier;*
*Ik probeerde het met muziek en ik probeerde het met speed;*
*De algehele opwinding vergrootte mijn haat.*

*Ik probeerde revolutie en ik probeerde te stelen;*
*Ik probeerde 'moraliteit' en toch was ik niet 'echt';*
*Ik probeerde het met meisjes, ik probeerde al wat ik kon;*
*Ik vond alleen vreemdelingen en werd verkracht door mannen.*

*Nu probeer ik het met geld en voelde me arm;*
*Daarna probeerde ik 'verzekering' om me zekerder te voelen;*
*Ik verliet mijn land om een thuis te vinden;*
*Ik leefde op de straat en was nog steeds alleen;*
*Ik leefde met de duivel en gaf hem mijn ziel;*
*De hel ontdekken zag ik als mijn taak;*
*Ik probeerde het met Mohammed, ik probeerde het met 'Shiring';*
*Ik verloor al mijn geld in yoga en yang-yin;*
*Ik probeerde met Krishna, met Buddha en 'groenen';*
*Maar hun miljoenen regels maakten me tot een dwaas.*

*Zoekend naar liefde provoceerde ik als een punker;*
*Zoekend naar liefde mediteerde ik als monnik;*
*Ik kroonde mezelf tot koning, maar moest toch nog vluchten; Tot ik die zeven rovers leerde kennen;*
*En door hun wapens werd herboren.*

*Toen ontmoette ik Jezus en Hij maakte alles duidelijk;*
*Hij omhulde me met Zijn liefde en zei dat Hij van me hield;*

*Hij zegende me met vreugde, tevredenheid en verrassing;*
*Hij brak mijn ketens en Zijn Geest maakte me wijs.*

*O, dank U, mijn Heer, ik zeg 'Dank U' tot U;*
*Ik zeg 'Halleluja', want U hebt me bevrijd;*
*Vader, o Vader U kunt niet verslagen worden;*
*U geeft ons alles in vrijheid als wij slechts geloven.*

Op deze manier en door andere manifestaties wilde God mij tonen, dat ik niets verloren had nadat ik door mijn bekering van spiritueel kamp veranderd was. In mijn nieuwe toestand had ik veel beter gezelschap en het culturele niveau was veel hoger. Nu werkten de engelen in plaats van de demonen en God was degene die bepaalde wat er te gebeuren stond en wanneer. Als dit werkelijk allemaal Zijn bedoeling was, dan waren alle paden en deuren voor mij geopend, zelfs grenzen van landen, in die zin dat Hij me onzichtbaar maakte. Dat is in feite twee keer gebeurd.

Hij legde getuigenis af van mijn bekering in Porrentruy, een stadje vlakbij de Franse grens, toen een groep mensen uit Frankrijk van het naburige Belfort en Montéillard naar me toe kwamen. Ze hadden over mij gelezen en wilden dat ik de volgende dag bij hun bijeenkomst in Frankrijk zou spreken. Aangezien ik mijn paspoort niet bij me had, kon ik niet op het voorstel ingaan, want—zo vertelde ik ze—ik kon de grens niet over. Ze bleven aanhouden met het argument dat dit een heel belangrijk evenement was en dat een heleboel mensen mij verwachtten.

'Wel, we kunnen het op zijn minst proberen,' opperde een van mijn nieuwe Franse vrienden, 'Laten we die vijftien kilometer tot de grens afleggen. Dat is toch niet zo'n omweg?'

Het was wel de moeite waard om het te proberen. Zo gezegd, zo gedaan. Mijn vrienden namen me in hun auto mee met mijn gitaar en ongeveer rond middernacht kwamen we bij de grens aan. We stapten uit de auto en ik stapte naar de grenswacht toe.

'Goedenavond, ik heb een vraag en een verzoek.' 'Wat bedoelt u?'

'Heeft u morgenmiddag hier weer dienst?' 'Ja, waarom?'

'Luister, dit is mijn situatie. Deze mensen willen graag dat ik morgenochtend een lezing geef in hun parochie in Belfort, maar ik heb mijn paspoort niet bij me. En aangezien u me nu gezien heeft, zou u mij morgen als ik terug de grens over wil kunnen herkennen en mij Zwitserland weer binnen kunnen laten? U kunt zien dat ik niets onwettelijks doe.'

'Het spijt me, maar dat kan ik niet doen. Zonder een paspoort kan ik u Zwitserland niet binnenlaten.'

Zijn gezicht werd heel streng.

'Alstublieft, is dat nou zo'n groot probleem?'

Het had duidelijk geen zin er nog verder over te discussiëren. Dit was een gewetensvolle ambtenaar.

'Ik wil met u een weddenschap aangaan,' vervolgde ik. 'Ik zal Zwitserland verlaten en met Gods hulp zal ik terugkeren.' Ik voelde dat God het toestond om op deze grove manier te spreken. Ik was noch brutaal, noch arrogant. Het was slechts een test voor mij.

'Tja, ik kan u niet tegenhouden Zwitserland te verlaten, maar wees er zeker van dat als ik u morgen weer zie, ik u niet binnenlaat. En bovendien kan het zo zijn dat de Franse grenswacht u Frankrijk niet eens binnenlaat zonder paspoort.'

'Ik wens u een fijne avond en tot ziens!'

Ik schrok wel een beetje van mijn eigen directheid en vroeg me af waar al die kracht en overtuiging zo plotseling vandaan kwamen. Na een minuutje gaf de grenswacht van de Franse kant ons een seintje om door te rijden. We hoefden niet eens te stoppen.

Die zondag was een dag vol van zegen. Er waren zo'n zeshonderd mensen in de zaal. Gods werken kwamen in alles naar voren en veel mensen waren gezegend. Vele harten werden die ochtend geopend om de boodschap van het Evangelie te ontvangen. Naderhand werd ik voor de lunch uitgenodigd en mijn vrienden brachten me daarna weer terug naar Zwitserland. Ik kreeg hartkloppingen toen we de Zwitserse grens naderden. Daar was hij, de grenswacht van gisteravond. Hij hield ons aan en ging naar de chauffeur.

'Uw paspoorten, alstublieft.'

Zwijgend keek hij ons aan. Ik zat achterin tussen twee kameraden. Toen gaf hij bevel dat ze moesten uitstappen. Ik bleef alleen op de achterbank achter en een kenmerkende stem in me zei:

'Blijf zitten!' dus dat deed ik.

Wat er vervolgens gebeurde was echt ongelooflijk. De grenswacht checkte de paspoorten van de anderen, kwam terug naar de auto en keek door het raam naar binnen—hij zag niets! Er was geen damp op de ramen, noch was het beeld verdoezeld door weerkaatsing van licht. Ik was voor hem gewoon onzichtbaar geworden. Het was alsof ik achter een spiegel zat, vanwaar ik zijn hoofd heen en weer kon zien bewegen.

Even later stapten mijn vrienden weer in en reden we door naar Porrentruy, waar mijn auto stond geparkeerd. Alles wordt een stuk makkelijker als

God besluit tot actie over te gaan. Mijn enige bijdrage tot deze missie was mijn vertrouwen in Hem. En Hij *wist* dat ik Hem vertrouwde. En terwijl Hij mij onzichtbaar maakte voor anderen, maakte Hij Zichzelf 'zichtbaar' voor mij.

Toen ik later Moeder Theresa weer ontmoette, was het al niet veel anders. Ze was gekomen om een lezing te geven in de kathedraal van Lausanne. Het behoeft geen verdere uitleg waarom ik van die gelegenheid gebruik wilde maken om haar nogmaals te ontmoeten. Om te beginnen was de kathedraal een 'thuis' voor mij en voorts had ik een speciale band met haar. In Calcutta hadden we het uitgebreid over Maria, de Moeder van Christus gehad en hoe ze ons beschermt door haar communicatie met haar Zoon. Toentertijd was mij nog niet zo duidelijk wat ze me probeerde duidelijk te maken, maar ging ik ervan uit dat het op zijn plaats was om daar nog wat vragen over te stellen; bovendien was het voor mij een grote vreugde om haar te tonen dat ik inmiddels christen was geworden.

Aangekomen in Lausanne vond ik Moeder Theresa, naar alle verwachting, omringd door bewakers; ze zat in de ruimte waar een paar jaar geleden Maurice een exorcisme bij mij had uitgevoerd. Mijn behoefte om haar te zien was wel iets meer dan enkel journalistieke nieuwsgierigheid; ik had een aantal hele specifieke vragen voor haar. Ik had namelijk een intense wens om mijn 'moeder' weer te zien en daar had ik twee speciale redenen voor. Allereerst was zij natuurlijk de eerste echte moederfiguur geweest in mijn leven, en ten tweede was zij de enige persoon die mij kon helpen uitvinden of ik werkelijk een Moeder had die voor mij bemiddelde in de Hemel. Ze had me immers in Calcutta gezegd dat de Moeder van Jezus mijn bemiddelaar zou zijn. Gezien de positionering van de bewakers, dacht ik dat het vrijwel onmogelijk zou zijn om dichtbij haar te komen. Maar alweer opende God de deur voor me.

'Ga gewoon naar haar toe.'

Meer hoorde ik niet en ik gehoorzaamde. De bewakers leken geen oog voor mij te hebben, heel gewoontjes liep ik recht op haar af. Er was geen enkele beweging in mijn richting, niemand die me vroeg wie ik was, geen enkel obstakel onderweg, alsof ik onzichtbaar was. Ik was door drie of vier verboden zones heen gelopen en bevond me ineens voor haar. Ze stopte haar gesprek met de persoon die bij haar was en draaide zich naar mij om.

'Goedendag, moeder.'

'Goedendag, ik ben blij dat je gekomen bent. Wat kan ik voor je doen?'

'Herinnert u zich mij?'

'Ja, natuurlijk.'

Ik was verbaasd. En dat na zóveel jaren!

'Kijk, ik heb dit voor u op papier gezet.'

Ik gaf haar mijn getuigenis en ze keek er aandachtig naar.

'Ik zal het later lezen. Nu heb ik er geen tijd voor, ik moet zo voor het publiek verschijnen.'

'Dank u, ik ben zó blij dat ik u weer heb kunnen ontmoeten. God zegene uw toespraak.'

Ik verliet die ruimte en ging naar de kathedraal, die tot de nok gevuld was met mensen die Moeder Theresa wilden horen spreken. Plotseling herinnerde ik me dat ik vergeten was haar de belangrijkste vraag te stellen. Ik verliet de kathedraal weer en—klaarblijkelijk onzichtbaar—passeerde de bewakingszones voor de tweede keer, langs bewakers die net stomme beelden leken, en weer sprak ik met haar en stelde mijn vraag.

'Weet u nog dat u mij in Calcutta over Maria vertelde en zei dat zij de Moeder van mij en elke christen is? Kunt u mij dat alstublieft nog iets gedetailleerder uitleggen? Ik heb dat nooit goed begrepen.'

'O, Klaus, dit is niet iets dat te begrijpen is, het is een mysterie. Dit is niet te bevatten met het brein. Je moet het gewoon doen. Bid met je hart.'

'Wat bedoelt u daarmee?' 'Wel, gewoon, bid tot haar.'

'Maar hoe dan, wat moet ik zeggen? En...' aarzelde ik, 'is het niet gevaarlijk? De Bijbel stelt zulke dingen niet voor.'

Ze lachte weer. Ze moet wel gedacht hebben, 'wat is die Klaus toch nog een kind'.

'Natuurlijk staat het wel in de Bijbel, maar het is een mysterie en dus staat het niet letterlijk beschreven. Trouwens, in de Heilige Schrift kun je over haar lezen: *'Alle generaties zullen u loven...'* Loven de protestanten haar? Je moet de Bijbel lezen door de Heilige Geest en niet door een mentale studie, dan zul je zien. Doe gewoon wat ik doe. Ik zal je zeggen wat ik elke dag bid. Je zult veel liefde en kracht ervaren als gevolg van haar bemiddeling. Mijn persoonlijke gebed is heel kort en gaat als volgt: *'Maria, Moeder van God, wees mijn Moeder en leid me tot Uw Zoon.'* Denk er niet te rationeel over na—zeg het gewoon.'

'En wat nou als het niet lukt? Is het niet genoeg om alleen Jezus in mijn hart te hebben? Veel Protestanten zeggen dat Maria niet belangrijk is en we niet tot haar moeten bidden. Dat zou verafgoding zijn.'

Daar moest ze om wat voor reden dan ook hartelijk om lachen.

'Maak je geen zorgen, ik neem het op me om elke dag voor je te bidden.'

Mijn hart was vol vreugde over de hoeveelheid hulp die ik ontving. Ik had het gevoel dat ik een 'rekening in de Hemel' had geopend waarop we regelmatig onze bijdragen storten—zelfs als ik het rationeel gezien niet begrijp. Wederom zag ik hoe God ons Zijn kracht geeft als wij onze weg naar Hem proberen te vinden—zelfs de kracht om voor anderen onzichtbaar te worden.

Hoe dan ook leek die kathedraal een grote rol in mijn leven te spelen. Het is geen toeval dat God me naar alle personen leidde die een grote rol vervulden op het pad dat mij naar Hem leidde. In die kathedraal in Lausanne leerde ik iemand kennen op mijn verjaardag die grote invloed had gehad op mijn ontvankelijkheid voor het christendom. Voordat ik naar Zuid-America vertrok, gaf Ursula me een boek, *The Cross and the Switchblade* om onderweg te lezen.

Terwijl ik het boek las was ik verbaasd dat die stoere binken christenen waren geworden. De held in dat verbazingwekkende verhaal was een gangleider en hij was allesbehalve een 'babyface'. En nu zat ik hier in de kathedraal met Nicky naast me, om ervaringen die we doorleefd hadden uit te wisselen. Onze missies stemden overeen, zoals we dat beiden vanaf het begin al vermoeden. Als broeders in het geloof baden we voor ons werk.

Het was een tijd van missie, niet alleen in woorden maar ook door middel van muziek. Een andere keer was ik weer in Lausanne uitgenodigd om een weekend met Eon Patillo, keyboardspeler en begeleider van de bekende gitarist Carlos Santana, door te brengen. Leon was ook christen geworden en behoorde zeker niet tot de 'babyfaces'. In Leon vond ik een broeder, die op opmerkelijke wijze zijn talenten wijdde aan de werken van God. Ik was erg blij dat ik in mijn nieuwe familie broeders en zusters had die samenwerkten naar hetzelfde doel, hoop gevend en de weg tonend aan hen die een specifieke doel in hun bestaan mistten. Ik zag het als een grote eer, als een resultaat van mijn muziekalbums, dat ik gevraagd werd om deel te nemen aan het legendarische *Jazzfestival* in een stadje aan het meer, Montreux. Ze vroegen me om in de 'Gospelboot' te spelen, wat een belangrijke trekpleister van het festival was.

Ik zocht geen rationele verklaringen hiervoor, enkel de aanwezigheid van God in mijn ziel zocht ik elk uur van elke dag. Ik wilde aan Zijn aanwezigheid worden herinnerd als aan 'kiespijn': wanneer je loopt, praat, eet, leest; je voelt 'het' de hele tijd, je voelt Hem. Dit deel ik ook nu nog steeds met mijn broeders en zusters, zodat ook zij elke dag een nieuw begin hebben met Hem. Dit is mijn antwoord op hun vraag. De laatste jaren vertelde men mij zo vaak, 'God heeft je gezonden,' of 'je komt precies op het juiste moment'; ook al leek ik soms stom toevallig ergens te arriveren. Op deze wijze voelden veel mensen de aanwezigheid van God via mij, een zondaar en geenszins een 'goede christen', terwijl ik op mijn beurt vaak de aanwezigheid van God voel via anderen. Het was altijd een uitwisseling van ervaringen en gedachten. Hoe meer deemoed ik toonde, des te meer God mij gebruikte. Ik was in de positie om Gods boodschap te delen met mensen van alle sociale klassen en achtergronden.

Op een dag in Bern ontmoette ik Grete B. Zij nodigde me bij haar thuis uit voor een gezamenlijk gebed. Tijdens onze discussies vertelde ze me dat haar man het hoofd van de regeringsafdeling was in Bern. Hij was trots op de diplomatische onderscheidingen die hij had behaald en de kranten stonden vol van zijn activiteiten. Maar in de ogen van zijn vrouw zag het plaatje er heel anders uit:

'Elke keer als E. weg gaat op dienstreis, weet ik van tevoren al zeker dat hij zich met andere vrouwen vermaakt. Zijn houding is walgelijk en hij vergeet helemaal dat hij thuis een vrouw en kinderen heeft! Vaak zijn zijn dienstreizen alleen maar schijn om een vriendin in een bepaald land te kunnen bezoeken.'

Wat een beschuldiging! Zijn werk misbruiken! Het gevolg was dat we wat vaker en langer tot God baden voor helderheid in die vernederende situatie. Een paar maanden later vermeldden de kranten, dat deze ooit geprezen persoon was ontslagen. Disciplinaire acties volgden zijn afzetting. Gods wielen draaien langzaam.

In een ander geval had ik een boek gelezen van een hooggeplaatste en invloedrijke Zwitserse diplomaat, de ambassadeur Dr. S. Ik kon de indruk die het boek me gaf niet loslaten, namelijk dat het ging om een incompleet, maar tegelijkertijd bijzonder serieuze en persoonlijke kwestie die zijn oorsprong vond in Tibet. ik begreep dat er wat cruciale elementen van de waarheid ontbraken en welke de auteur klaarblijkelijk niet had kunnen achterhalen. Zijn zoektocht had hem geen antwoorden kunnen geven, maar, zoals ik wist, konden de antwoorden waarnaar hij zocht in tegenwoordigheid van Jezus gemakkelijk worden waargenomen.

Vol ongeduld wachtte ik tot ik deze kwestie met hem kon bespreken, en de gelegenheid daartoe kwam nadat ik door een aantal vrienden die diplomaten waren was uitgenodigd voor wat festiviteiten in de Zwitserse ambassade in China op 1 augustus, een Zwitserse nationale feestdag. Binnen de kortste keren zat ik naast Dr. S. aan tafel en al gauw hadden we een verhitte conversatie. Zo intens, zelfs, dat hij in die twintig minuten al zijn gasten was vergeten, zelfs de eregasten. Tot mijn verbazing raakten we zo verwikkeld in onze discussie, dat hij op het moment dat zijn gasten vertrokken slechts half opstond, ze een blik toewierp en ten afscheid knikte.

Ons spirituele gesprek onder vier ogen duurde nog tot één uur 's nachts, waarna ik hem woord voor woord hoorde zeggen:

'De hemel heeft u gezonden.' Het was fijn om dat te horen.

'Lange tijd zocht ik naar een antwoord op dit specifieke probleem en vond het maar niet.'

Door onze discussie had God hem een antwoord gegeven. Om zeer persoonlijke reden was hij begonnen aan een spirituele missie en ik was in staat geweest hem op zijn minst de goede richting te wijzen. God is waarlijk geweldig!

God bracht op een prachtige manier het antwoord op nog een ander onoplosbaar probleem uit mijn verleden. Ooit in mijn jeugd, tijdens een reis door Zuid-Frankrijk, in Camargue, had ik een uiterst onaangename ervaring. Tijdens een zeer turbulente periode, gedurende welke ik in een afgelegen en waterrijk gebied, bekend als Etang de Vaccarès, vertoefde, had ik de trailer van mijn vriendin volledig verwoest. Dit was het gevolg van een sterke windvlaag op het moment dat ik ook nog eens onder invloed was van Satan en zeer roekeloos gedrag vertoonde. Het was zo'n oud model dat er geen reservewielen meer van verkrijgbaar waren, en bovendien was een van de wielen en de trommelrem gebroken en blokkeerde het grote vehikel nu het smalle weggetje in het midden van de wildernis. Alle auto's in het gebied moesten vanwege de blokkade een omweg van vijftig kilometer maken. Al een hele dag was niemand in staat geweest dat gigantische ding van de weg te halen, en het werd langzamerhand nacht. Daar zat ik dan, alleen op die ronde weg naast die grote trailer. Het was een benarde situatie, ten eerste omdat ik andere weggebruikers in gevaar bracht en ten tweede omdat er geen plek was waar ik de nacht zou kunnen doorbrengen. Om me heen kijkend kon ik aan de andere kant van het moeras een lichtje ontwaren. Een dor pad leidde me een aantal kilometer door moerasland en bosjes naar een instituut voor vogelkunde. Godzijdank kon ik door een klein licht voor het huis de ingang vinden. Er was geen bel, dus ik ging er naar binnen en bevond me in de keuken. Er waren stemmen te horen. En toen gebeurde het ongelooflijke!

'Hoi Klaus, waar kom jij ineens vandaan?' hoorde ik.

Het was niet te bevatten. Aan tafel zat Aude, een oud vriendinnetje van me uit Freiburg en ze was juist het avondeten aan het serveren. Naderhand bleek dat ze al een jaar voor dit instituut werkte! Een zware last viel van mijn schouders, maar het tweede wonder gebeurde na het eten. Ik had alle autokerkhoven en -garages tussen Nimes en Arles afgezocht om een vervanging voor het wiel van die trailer te vinden, maar het was zo'n oud model, dat niemand me kon helpen.

Maar hier in dit verlaten oord, waar vossen en konijnen bijna de enige inwoners zijn, hier in de achtertuin van het instituut, stond een oud vehikel uit 1949—en wat denk je!—de wielen ervan pasten op de caravan! Ik voelde me werkelijk een ton lichter en kon mijn odyssee door de donkere nacht voortzetten dankzij de hulp van mijn vogelkundige vriendin. Maar waar moest ik nu de wrakstukken van het vehikel achterlaten? Na kilometers vond ik een boerderij, volkomen in niemandsland, waar de lichten nog brandden.

'Goedenavond. Sorry dat ik u op dit late uur stoor.'

En ik legde mijn pech van die dag uit. De jonge vrouw heette me welkom en was misschien zelfs wel een beetje te vriendelijk, toen ze voorstelde om de caravan in een grote schuur vlakbij de boerderij neer te zetten en die daar te laten zolang het nodig was. Wat ze daarna allemaal zei, klonk nogal provocatief en veel te lief, naar mijn idee:

'Je kunt hier de nacht met mij doorbrengen, als je dat wilt.'

Wat afschuwelijk! Ik trok me acuut terug, geen moment langer wilde ik daar blijven. Mijn vermoeden, dat er hier in dit verlaten landschap een huis was waar 's werelds oudste beroep werd uitgeoefend, was juist. Ik liet het wrak er achter en verliet zo snel mogelijk die sinistere plek.

En toch, tien jaar later, toen ik een tijdje in Ars (vlakbij Lyon) was, ervaarde ik het miraculeuze vervolg op dat rare verhaal. Ik nam deel aan een rooms katholieke bijeenkomst met vijfduizend mensen die bijeenkwamen om de 'Heilige Vader van Ars' (Le cure d'Ars), een heilige katholieke prediker uit de negentiende eeuw, te vereren. Daar was ik getuige van de genezing van zeven mensen die in de naam van de Heer Jezus Christus uit hun rolstoel opstonden en ineens konden lopen. Het is heel indrukwekkend wanneer je dat met eigen ogen waarneemt. Maar dit was niet het verbazingwekkendste wonder voor mij. Ik had er altijd al van gedroomd om muziek te maken met zigeuners, wiens status als outcast me aansprak. Nu had ik het genoegen om in een zigeunercaravan te worden uitgenodigd om gitaar met hen te spelen. Mijn gastheren waren een van de grootste en meest uiteenlopende menigte die het evenement in Lyon had aangetrokken. Het wonder gebeurde toen een zigeunervrouw de caravan binnenstapte om naar mijn gezang en getokkel te luisteren. Ze had een heel expressief gezicht. Ik vond haar wel aardig en toen ik even pauze hield, raakten we aan de praat.

'Hallo.'

'Bonjour—Ik hoorde goede muziek, dus ik ging naar binnen om te luisteren, hopelijk vind je het niet erg.'

'Geen probleem. Hoe heet je?'

'Nerthe.'

'Dat is een ongebruikelijke naam, waar komt dat vandaan?'

'Het is niet zo zeldzaam voor zigeuners. Waar kom jij vandaan?' 'Oorspronkelijk uit Hamburg, maar ik woon in Zwitserland.'

'O, uit Hamburg? Jaren geleden heb ik ooit een man leren kennen die uit Hamburg kwam.'

'O ja? Maar jij, Nerthe, waar woon jij?' 'In het zuiden.'

Ik kende Zuid-Frankrijk goed, dus ik vroeg wat details.

'In de Camargue,' vervolgde ze, 'Daar runde ik een boerderij als "herberg". Nu woon ik in Nîmes.'

'Waar was jouw boerderij?'

'Dat is niet zo makkelijk uit te leggen, ergens in the middle of nowhere. Zelfs mensen die er in de buurt wonen kunnen het niet uitleggen.'

'Kun je het toch proberen? Ik ben vrij goed bekend met dat gebied van Camargue.'

Ik drong aan omdat mijn herinneringen aan Camargue mij nog vers in het geheugen stonden. Was dit een gewone conversatie, vroeg ik me af? Het was niet bepaald iets wat ik gewoonlijk doe, van die indringende vragen stellen.

Ze begon het te beschrijven:

'Ik woonde lange tijd in een natuurpark van de moerassen van Vaccarès, tussen Gacholles en Le Paradis ten zuiden van de Tour de Valat. Hier zijn geen dorpen, steden of andere vestigingen, enkel losstaande boerderijen. Het is onmogelijk ze te vinden—ze staan op geen enkele landkaart.'

Ineens werd ik heel aandachtig en had ik een voorgevoel:

'Tour de Valat is waar dat ornithologisch instituut is, toch?'

'Ja, hoe weet u dat?'

Ik vertelde haar over de pech die ik toentertijd daar met de caravan had gehad en hoe, als door een wonder, iemand een reservewiel had gevonden zodat ik mijn reis kon voortzetten; en hoe ik toen een tijd in het pikdonker doorreed, totdat ik...'

'Op een boerderij stootte,' onderbrak ze mij, 'waar een jonge vrouw u binnenliet en ten minste plaats bood voor de oude caravan.'

Spontaan vielen we elkaar in de armen en loofden God: we waren beiden intussen christen geworden en God bracht ons hier in Ars weer samen, te midden van vijfduizend mensen in een zigeunercaravan, als broer en zus. Halleluja! Toen we elkaar de eerste keer zagen was ik een roekeloze, egoïstische hippie en zij een prostitué. Maar nu wilde Jezus dat elk detail van dat verleden opgelost werd, zodat het niet langer storend door ons hoofd bleef spoken. Wat Hij ooit begonnen is, dat brengt Hij tot een goed einde.

*Nirthe, zigeunervrouw, links achter mij*

# HOOFDSTUK XIII
# GELD EN ANDERE ZAKEN

ALS DOCENT verdiende ik voor het eerst in mijn leven een normaal salaris. Op tweeënveertigjarige leeftijd was het nog niet te laat om te beginnen met werken en van mijn inkomen kon ik goed rondkomen. Maar nu was het moment voor God gekomen om mij over geld te onderwijzen. Jezus begon in te grijpen op een gebied van mijn leven waarvan ik dacht dat ik het goed onder controle had; dat had tot gevolg dat ik een noodzakelijke les in gehoorzaamheid kreeg. Ik kende Jezus goed genoeg om Hem te herkennen wanneer Hij, en niet voor de eerste keer, ingreep bij een situatie waarin ik niet direct Zijn onmiddellijke aanwezigheid had verwacht. Misschien leidde Hij me expres af. Ja, het werd duidelijk dat elke aspect van het leven voor Hem opgeofferd moest worden en Zijn lesmethode een verwoestende was. Hij opende mijn ogen voor een aantal nieuwe feiten in mijn eerstvolgende vakantie in augustus.

Ik besloot al mijn gebruikelijke activiteiten te laten voor wat zij waren en op vakantie te gaan naar Mallorca. In Spanje is alcohol goedkoop en van tijd tot tijd dronk ik een glas gin tonic of whisky met soda; natuurlijk niet om me te bezuipen, want van dat soort overmatig gebruik was ik inmiddels genezen. Stel je voor, het was 's morgens vroeg, ik had net mijn hotelkamer verlaten en een lege limonadefles in mijn hand. Ik liep over de promenade langs de zee naar de dichtstbijzijnde supermarkt om een fles met gin te kopen. Ik genoot van de zeewind en het uitzicht, denkend aan het glas met gin waarvan ik die avond zou gaan genieten. Volledig onverwacht kruiste Hij mijn pad en hield me tegen.

Heel duidelijk hoorde ik Zijn stem in mijn hoofd:
'Waar ga je heen?'
Het was typisch voor Hem om kortaf en direct te zijn. Nooit een woord te veel. Dat betekende dat je echt goed moest nadenken en je geen enkele dubbelzinnigheid kon toelaten. Ikzelf was meer geneigd om af te dingen en te overleggen.

'Wel, dat ziet U toch, ik was op weg naar de supermarkt om wat gin te kopen.'

'Klaaaaus!'

Dit keer klonk zijn stem sterker en expressiever. Ik stopte om me op deze discussie te kunnen concentreren.

'Doe ik iets verkeerd?' vroeg ik ietwat beschaamd. 'Neen'.

Toch klonk het alsof Hij niet wilde dat ik verderging.

'Jezus,' vervolgde ik, 'Zou U geen gin drinken?'

'Dat is niet wat de bedoeling is.'

'Maar wat dan wel? Vertel het mij alstublieft?'

Hij zweeg in alle talen. Hij zei geen woord. Ik rees mijn blik naar boven om te zien of Hij me daarboven volgde. Mensen keken nieuwsgierig mijn kant op en ik wist dat ze het een 'vreemd gezicht' vonden om iemand daar midden op de stoep te zien staan, in gedachten verzonken en naar de hemel starend met een lege fles in zijn hand. Eén ding was duidelijk: ik kon niet verder gaan op deze weg. Ik gaf daarom gehoorzaamheid voorrang boven mijn verlangen en ging terug. Op een gegeven moment zou Hij me wel laten zien wat Zijn doel was. Ik moest mijn geloof aan Hem tonen, want dat was blijkbaar wat Hij wilde en dus gehoorzaamde ik. Die 'ontmoeting' op straat duurde slechts een paar minuten en ik keerde terug naar het hotel—zonder te weten wat er zou gebeuren—alsof ik Zijn nieuwe plan volbracht, wat dat ook zijn mocht.

Eenmaal teruggekomen in mijn kamer zette ik het flesje op het nachtkastje en ging naar beneden om daarna weer naar de promenade te gaan. Maar de situatie veranderde.

In het hotel zag ik twee mooie vrouwen die een drankje aan het nuttigen waren. Ze bleken moeder en dochter te zijn. We keken elkaar aan en begonnen een gesprek—waarbij ik de intentie had om over Jezus te vertellen. Nadat ik verteld had hoe ik Jezus in mijn leven had geaccepteerd, volgde een diep en lang gesprek met Mady, de moeder. Aangezien we niet uitgepraat raakten, besloten we samen uit eten te gaan in een restaurant in het dorp.

Tijdens het eten vroeg Mady me:

'Klaus, waarom haal je niet even je gitaar en zing je niet wat voor ons?'

'O, joh, we zijn in een restaurant, dat kan ik niet zomaar zonder toestemming doen.'

'Vraag wel aan de eigenaar of hij er iets op tegen heeft.'

Ze stond op en deed mijn voorstel aan de eigenaar. Hij was verrukt van het idee en rende meteen naar de jukebox om die uit te schakelen.

*Mady en Nathalie—in Mallorca*

'Nee, nee,' riep ik uit, 'niet nu meteen, als we klaar zijn met eten, dan haal ik mijn gitaar.'

Een half uur later haalde ik het instrument uit zijn kist en begon te spelen en te zingen. Het was overduidelijk dat het de eigenaar beviel. Ik zong wat Spaanse en Italiaanse liedjes; even later kwam hij aan met een dienblad met glazen en zette het op tafel.

'Dit is voor jullie allemaal en natuurlijk gratis. Op *kosten van het huis*,' zei hij glimlachend.

Daar stonden drie grote glazen vol met. Gin! Ik had helemaal niets gezegd, hoe wist hij dat? Ik zong weer en de mensen aan de andere tafeltjes vonden het zichtbaar leuk. Sommigen kwamen zelfs bij ons aan tafel zitten.

'We zouden graag bij jullie zijn, mogen we onze tafel aanschuiven?' Zo gezegd, zo gedaan.

Hun blij gemoed was aanstekelijk en al gauw zong ik lied na lied, allemaal verzoeknummertjes, welke ze ook maar vroegen, als een heuse jukebox. Een tijd later stond een wat oudere man op—hij was Hans V., een advocaat uit Essen (een stad in Duitsland) en liep naar de bar. Hij kwam een fles naar onze tafel brengen en wat zat erin? Gin! Ik wilde niet dronken worden, dus ik schonk alle glazen vol met gin. Intussen groeide de vrolijke sfeer in de bar zo zeer, dat er steeds meer mensen binnenkwamen.

De verdiensten namen flink toe voor de eigenaar en dat maakte hem reuze tevreden. Even later kwam zijn buurman kijken waarom het er zo'n jolige boel was en er steeds meer mensen naartoe trokken. Hij benaderde me en vroeg of ik als ik klaar was in de bar, ik naar zijn restaurant kon komen om daar te zingen. Ik beloofde om over te komen en even later wisselde ik inderdaad van plaats. Dezelfde verbazingwekkende gebeurtenissen herhaalden zich daar. Ik zong en er werd vrijelijk in grote hoeveelheden gin geschonken. Ik moest wel heel goed oppassen dat niemand dronken werd, anders zouden de festiviteiten die Hij georganiseerd had aftakelen. God is niet alleen vriendelijk, maar Hij geeft overvloedig. Daar kwam ik later op die avond achter toen twee Schotse meisjes naar me toekwamen te midden van de feeststemming en me vroegen of ik naar hun Schotse bar kon komen als ik klaar waar was in het restaurant. En ook al begonnen mijn vingertoppen pijn te doen, toch ging ik door met zingen tot twee uur 's nachts, continu omgeven door "vrijgevige donors" die ervoor zorgden dat hun klant werd voorzien van... gin! Ik had tegen niemand een woord over gin losgelaten! De Enige die het wist was Hij Die boven ons is.

In al die gelegenheden was zijn boodschap duidelijk geweest. Natuurlijk heeft Jezus niks tegen gin. Echter, Hij maakte me duidelijk dat mijn geld aan Hem behoort. Ik was niet de eigenaar, ik was slechts de administrator van het geld dat binnenkwam door Zijn genade. Nu heb ik geleerd om voor elke gespendeerde cent te rekenen—dit is me tot op de dag van vandaag bijgebleven. Dit was een hele belangrijke les voor later, toen God me nodig had om de 'Koning Solomon Academie' in Kenya op poten te zetten. In dat land hebben we vijf nieuwe gebouwen gemaakt voor een school.

De academie is een vereniging die ervoor bedoeld is hen, die geen of weinig kansen in het leven hebben, te onderwijzen over hygiëne en over hoe AIDS te vermijden. Toen ik de enorme armoede in het naoorlogse Servië en Montenegro zag, 'brak' wederom mijn hart en richtte ik een tweede milddadige organisatie op, H. Sava geheten, waar we met mijn financiële hulp proberen te helpen bij de restauratie van verwoestte kerken, het voeden van noodlijdende families en het bieden van medische hulp; kortom, het helpen van mensen die onder erbarmelijke omstandigheden leven. Het geld ging ook naar christenen in Palestina, met name in Bethlehem, en vele andere plekken waar hulp nodig was en is. Aangezien dit een zware last is op alleen mijn schouders, zijn alle donaties welkom. Voor details, zie het eind van het boek.

Alleen als je eerlijk kunt zijn in de kleine dingen, geeft God je verantwoordelijkheid over grotere projecten. Naar ik waarnam geldt dit ook voor het inkomen van de verkoop van mijn boeken, cassettes, CD's, DVD's, etc. God heeft altijd een plan: want de armen zijn altijd zijn vrienden geweest.

*Koning Solomon Academie—vrucht van mijn stichting*

Elke samenwerking met de demon die mammon heet, betekent afstand doen van de plaats die God in ons hart zou moeten hebben. Ik zou mezelf destructie op de hals gehaald hebben als ik het had toegelaten dat het geld op mijn bankrekening zou toenemen en vervolgens zou glunderen omdat het bedrag steeds groter werd, terwijl ik wist dat er mensen in vreselijke armoede leven en zelfs sterven van de honger. Ik ben nooit rijk geweest en ook heb ik nooit met grote sommen geld gehandeld. Ik was zeker niet beschermd tegen het verspillen van geld zonder reden, zoals veel mensen doen als ze de loterij hebben gewonnen, maar ook hierop had God me goed voorbereid. Op verschillende wijzen leerde Hij me dat er belangrijkere dingen zijn dan geld winnen en uitgeven. Dat grappige voorval met de gin was daar een voorbeeld van. Ik begreep dat Hij me *rijk* zou maken als ik van harte gaf en me *arm* zou laten blijven als ik geld voor mezelf zou houden of als ik het uit zou geven aan kleren of aan andere ijdele dingen. Hoe vaak zou ik Hem daar nog voor danken! Was ik niet zelf een bedelaar voor God, die voortdurend om Zijn medelijden smeekte? De royale geschenken van God waren niet iets wat ik voor mezelf kon houden. Zij die ontvangen en zij de gelegenheid krijgen om te hebben, staan beiden in de schulden bij God. Of we nu ontvangen of geven, het komt allemaal van God. Feit is dat we naakt ter wereld komen en naakt de wereld verlaten. Alles wat we verkrijgen in het leven wordt ons door God gegeven. Als we rijkdommen ontvangen is het alleen om ons te testen—en die proef kan behoorlijk moeilijk zijn, zelfs als we ons ervan bewust zijn dat we op de proef gesteld worden. Gezegend zij degenen die ondanks al zijn tests en beproevingen de armen tot 'familie' rekent.

Veel mensen zeggen: Als ik rijk was, dan zou ik zo veel voor anderen kunnen doen met dat geld. Maar zij misleiden zichzelf. Een heilige van de Kerk, Johannes van de Ladder, zei ooit: 'Liefde voor geld begint als je denkt er goed mee te kunnen doen, maar het eindigt in haat jegens de armen.' Ik raad de mensen aan de rijken te observeren en te zien hoe zij zich gedragen; in de meeste gevallen zijn zij nogal gierig met hun geld. Hun welstand maakt ze onverschillig, niet royaal. Ondertussen hoeven we niet veel geld te verdienen om liefdadig te zijn, want het Koninkrijk Gods is te koop voor een kleinigheid. Elke daad van medelijden die we doen, helpt om onze schuld van zonden te betalen. Ik heb monniken gekend die grote donaties aan hun klooster weigerden te ontvangen, meestal met wat gevolgen eraan verbonden. Eén monnik reageerde als volgt op zo'n aanbod:

'Ik wil niet te veel van die doornen, die steken zo vreselijk.'

De banken bieden geweldige beloningen als we maar ons geld in hun waardepapieren en aandelen steken. Maar we moeten bedenken dat hoe hoog de winst ook is, we er niets van kunnen meenemen aan het eind van ons leven.

Maar nee, dat klopt ook niet helemaal: elke pond, dollar, euro of franc die we geven aan de armen, is een investering in ons eeuwige leven. Dit is het beste inkomen dat iemand kan verdienen. En wie dit geheim in zijn leven doorziet, heeft voor een groot deel al gewonnen: hij heeft namelijk begrepen dat ten minste één soort geld wel kan worden meegenomen naar de eeuwigheid.

De volgende les die ik leerde was over Pasen. Op Goede Vrijdag gaf Jezus Zijn leven voor mijn zonden aan het kruis, zodat ik weer vrij zou kunnen zijn. Vrij van wat? Vrij van zonden, vrij van passies en vrij van ongezonde afhankelijkheden. Vrij van de drie vijanden van de mens: de demonen, onze gevallen natuur en onze slechte gewoontes—kortom, van de ongelijkheid en de gevolgen daarvan. Dit heeft niks te maken met een reeks morele regels. Zonde houdt eenvoudig zelfdestructie in, verraad van de Liefde van God. Om ons geloof te vernieuwen, moeten we vechten tegen bepaalde vormen van zelfdestructie en verraad waartoe wij van nature geneigd zijn. Eén van mijn grootste verleidingen was eten. Zonder twijfel was mijn eetlust mijn grootste heer en meester, en ik vrees dat het zelfs voorrang had boven Jezus.

Ik hoefde maar lekker eten te zien en ik begon al te watertanden. Ik had als excuus dat ik in mijn jeugd honger geleden had en een paar keer zelfs bijna van de honger was omgekomen, maar dat was niet langer acceptabel. Jezus wilde niet dat ik in het *verleden* bleef hangen. Hij wilde me bekend maken met de realiteit van de *tegenwoordigheid*. (1 Kor. 9:27) Ik moest mijn eetgewoontes veranderen voordat deze gewoontes mij zouden veranderen. Als vraatzucht zou zijn opgenomen in de 'Tien Geboden', dan zou de bevolking van de Westerse wereld misschien wat minder dik zijn geweest qua lichaam en verstand! Mensen met overgewicht betalen elke prijs om wat af te vallen, maar ze zullen niet het meest logische doen, namelijk het aan banden leggen van hun eetlust.

Een oude gewoonte veranderen—het schransen van eten—is meer dan wat ze bereid zijn te betalen.

Hoewel ik in die tijd niet tot een bepaalde kerkgemeente behoorde, die zijn leden verplichtte om te vasten als spirituele discipline, liep ik wel al met dat idee in mijn hoofd. Het was één dag voor Goede Vrijdag. Diezelfde avond was ik bij een oude vriendin te eten uitgenodigd, die me een heerlijke maaltijd aanbood. Naderhand voelde ik dat ik bijna te veel had gegeten, alsof ik moest bufferen voor iets. Wat het ook was dat me daartoe aanzette, het zat ergens diep in mijn onderbewustzijn verworteld. In mijn bewuste denken had ik het nooit overwogen om ooit eens te vasten, misschien omdat ik nog steeds onder invloed was van jeugdherinneringen aan een tekort aan voedsel. Maar op Goede Vrijdag besloot ik spontaan en ter Zijner ere de koelkast gesloten te houden en het op zijn minst zonder ontbijt te doen; die gedachte zette zich vast in mijn brein en uiteindelijk besloot ik die hele dag te vasten. Ik wilde zeker weten dat het niet om egoïstische redenen was, met andere woorden, niet om gewicht te verliezen of om er beter uit te zien. Voor het eerst in mijn leven nam ik me voor om vierentwintig uur niet te eten; dit was voor mij onbekend gebied en het riep angst in me op. Ook stak er nog een dilemma de kop op: ik was uitgenodigd voor een Paaskamp van Goede Vrijdag tot en met Paaszondag door een jeugdgroep bij het stadje Biel, wat een half uur rijden van mijn huis vandaan was. Mijn gastheren vastten meestal niet. Ik hoopte dat ik de verleiding zou kunnen weerstaan.

Bij aankomst bij de bijbelgroep van het kamp had ik hoofdpijn, was ik erg moe en beleefde momenten van angst. Hoe hongeriger ik werd, hoe intenser mijn gebed werd. Ik wist dat ik niet aan het diner zou deelnemen, dus ik trok me discreet terug toen de groep zijn maaltijd nuttigde. Toen kwam de verrassing: bij de bijeenkomst die volgde hoorde ik dat op Goede Zaterdag, de volgende dag, er een vastendag voor de hele groep was gepland, die officieel na het ontbijt van start zou gaan. Er ging even een schok door me heen en ik vroeg me af of dat ook voor mij zou moeten gelden. Tot dan zou ik succesvol mijn vastentijd hebben afgelegd. Of na een stevig ontbijt, in ieder geval. Zou ik erin slagen? De hele nacht was ik bang voor Goede Zaterdag en voelde een gigantische honger. Ik werd gebombardeerd met gedachten dat het me niet zou lukken en weldra zou flauwvallen van de honger. Ik bleef sterk en bad veel.

'O, mijn Heer, uw wil geschiede, laat mij alstublieft weten of ik nog een dag eraan moet toevoegen.' Het was tijd voor het ontbijt en ik had nog geen antwoord. Ik ging dus maar aan tafel zitten, ondanks dat ik honger had als een paard. Heerlijk. De geur van chocolademelk penetreerde mijn neusgaten. Ik smeerde boter op een boterham en legde het op een bord. Na 36 uren zonder eten zou deze lichte maaltijd verrukkelijk smaken.

Net op dat moment vroeg Denise, een van de organisatoren, of we nog één keer voor de maaltijd met het koor konden repeteren. We zouden een uur later tijdens de dienst gaan zingen. Nou, goed dan, niet al te enthousiast stond ik op en ging naar de repetitie. Toen we klaar waren liep ik snel terug naar de tafel om eindelijk mijn boterham te kunnen opslokken. Maar Walle, een gehandicapte deelnemer, vroeg me of ik aan zijn bed wou komen om iets te bespreken. Omdat ik hem graag mocht, leek het mij vanzelfsprekend om voor hem wederom mijn plaats aan de tafel te verlaten. Walle verzocht me om mijn lied over mijn bekering, 'Ik probeerde het', voor de hele menigte te zingen. Dit verzoek verraste me enigszins maar ik willigde het in om hem een plezier te doen. Nu wilde ik niets liever dan terugkeren naar de eettafel, waar alle anderen al aan hun ontbijt waren begonnen. Maar wat een schrik! Iemand zat daar op *mijn* plaats, bij *mijn* bord en at van *mijn* boterham—wat een streek! Hoe durfde hij? Degene die daar had plaatsgenomen, had nooit kunnen zien dat iemand daar gezeten had. Plotseling zag ik dat de persoon die mijn boterham vasthield, en deze helemaal met zijn vingers aan het aftasten was, een vriend van me was die Ruedi heette en blind was. Hij was later gearriveerd dan de rest omdat hij langzamer loopt. Langzaam begon ik het te begrijpen... Daarna bevestigde Lisi, die die dag corvee had, dat het aantal eetplaatsen niet goed berekend was en er één plaats te weinig was. Er waren vijfentwintig mensen in het kamp en ze had per ongeluk de tafel voor maar vierentwintig gedekt. Daarom was Ruedi daar neergezet. Ze dacht niet dat ze iets fout had gedaan.

In mijn gedachten speelde wat anders: 'Dank U Jezus, voor de tekenen die U mij gaf.' Het was allemaal heel duidelijk. 'Met Uw hulp zal ik erin slagen, Jezus.' Hoe dan ook, het was wel even slikken voor mij. Lichamelijke zwakte en angst overvielen me plotseling, zoals gedachten dat ik zou sterven van de honger gemengd met de zenuwen voor het zingen. Dat maakte dat mijn stembanden volkomen geblokkeerd waren. De duivel viel me aan en zei dat ik te slap was om te zingen, dat ik nooit zou overleven, dat ik wat moest eten, want niemand zou het merken—ik zou op zijn minst een lekkere kop chocolademelk kunnen drinken, en ga zo maar door. Hoe meer hij me aanviel, hoe meer ik me vasthield aan de Heilige Geest. Hoe meer mijn maag knorde, hoe dieper werd mijn gebed tot Jezus. Ik had vertrouwen in Hem, want Hij had me wijsheid geschonken en Hij zou me de nodige kracht geven om deze missie te volbrengen.

Wat een verleiding na het ontbijt! Iedereen was inmiddels al van tafel en nu staarden al de kannen met chocomelk en broodresten die nog op tafel stonden me aan en er was niemand die me zou zien zondigen... Ik wachtte nog steeds op een teken 'van boven': mocht ik wat eten? Maar er kwam niks. Angst, stress en honger nagelden me aan de grond. Ik nam mijn gitaar om wat te oefenen. Twee dingen stonden me te wachten. In het komende halfuur moesten we in een grote kerk zingen. Vanwege mijn belofte aan Walle, voelde ik me verplicht eraan mee te doen en dat mijn solo optreden onderdeel van het repertoire moest zijn. Ik raakte ontmoedigd door de zwakte van mijn spieren en voelde me te broos om akkoorden aan te slaan, toen Lisi aan kwam met een dikke boterham met jam en zich verontschuldigde dat ze mijn plaats 'gestolen ' had. Terwijl het water me in de mond stond, bedankte ik haar hartelijk en zei lachend:

'Misschien later.'

Mijn glimlach moet net zo vriendelijk geleken hebben als die van de grootse waakhonden van Chinese tempels. Ze vertrok weer, inclusief boterham. Mijn hoop ging nu uit naar de toegestane vruchtensap tussen de middag. Ik denk niet dat God er iets op tegen zou hebben, aangezien ik sinds de dag ervoor helemaal niets meer had gedronken. Wat zouden we toch moeten beginnen zonder hoop? In ieder geval hadden we eerst Bijbelstudie en daarna zouden we naar de kerkdienst gaan om op te treden.

Ik begon ineens onrustig te worden. Mijn maag voelde loodzwaar en ik kreeg plankenkoorts. Ik verliet de bijeenkomst even om gitaar te spelen. Oei! Wat deden mijn spieren pijn! Daar klonk de vijand weer: 'Klaus, je bent te zwak! Geef het maar op! Dit wordt niks!' Maar ik ging weer terug en tijdens de dienst probeerde ik de aanvallen van de tegenstander te overwinnen. Maar Satan dreef mij door zijn volharding in het nauw: 'Klaus, je bent te onrein, geef het op. Dit kun je niet, je bent te verlegen! Die mensen hier zijn niet goed voor jou, ze zijn te oud voor jouw soort muziek. Ze zullen jouw muziek niet in hun gemeente accepteren. Je bent te zwak om voor ze te zingen. Je bent te onwaardig. Dit is een sekte en ze willen je in beslag nemen.' Deze helse aanval hield een goede drie kwartier aan, totdat ik me helemaal klein en fragiel voelde. Ik knielde neer in de hoek en riep in mezelf: 'Jezus, red mij!' Ik hoopte dat de pastoor me zou vergeten of dat er iets anders zou gebeuren om ervan af te komen. Maar Jezus, en dat wist ik wel, liet me niet alleen, ook al kon ik Hem niet voelen of zien. Ik zei tegen Hem, 'Ja, ik weet dat ik onwaardig ben en zelf nergens toe in staat ben, maar ik wil te Uwer ere zingen en ik ben daarvoor bereid uit lichamelijke zwakte flauw te vallen voor de ogen van de hele gemeente. Ja, zelfs om te sterven voor U, Jezus. Dan heb ik het ten minste geprobeerd.' Op dat moment was de overwinning aan mij.

Als verlicht voelde ik me op mijn gemak en het hongergevoel was verdwenen. Ik kon het bijna niet geloven en ik hield nauwlettend mijn hele lichaam in de gaten om te zien of het leed en die kwelling niet toch zouden terugkeren. Niets wat daarop leek gebeurde; alles was vredig. De episode van 'blinde paniek' en de daarop volgende kalmte werd de bevestiging dat ik in Gods handen was en dat gaf me moed. Een paar seconden later werd mijn naam aangekondigd. Halleluja! Alles ging van een leien dakje! Ik wist dat ik kon zingen over Gods liefde.

De dag was nog niet voorbij en de slag nog niet helemaal geslagen. Feitelijk werd ik gevraagd om 's middags Biele te verlaten en naar Bern te rijden om daar iemand op te halen. Onderweg probeerde Satan het weer: 'Klaus, je bent te zwak om te rijden.' Juist! Reclames voor voedsel, groentewinkels, banketbakkers, supermarkten en bakkerijen die me verleidden om er binnen te stappen, het was inderdaad niet eenvoudig.

'Koop snel wat te eten. Al is het maar om te zorgen dat je niet sterft van de honger! Nu kan toch niemand het zien. Speciale missies geven je het recht op speciale uitzonderingen! Klaus, er zal morgen niets lekkers te eten zijn en bovendien heb je niet eens je 'beloofde' sap gedronken tussen de middag. In plaats daarvan sturen ze jou naar Bern om Fritz naar het kamp te brengen. Ze gebruiken je alleen maar. Stop de auto, je hebt evenveel recht op sapjes als de anderen!' Ik snap nu waarom de duivel het *beest* wordt genoemd.

Maar ik stond onder de bescherming van Hij die groter was dan Satan. In de naam van de Almachtige wees ik alle verleidingen van de hand. Met als resultaat dat ik de supermarkt in kon gaan om wat dingen voor Fritz te kopen. Later maakte ik thee voor hem en entertainde ik een hele groep met mijn gitaar, want honger was niet langer een belemmering. Het leed en de vernedering die ik had ondergaan, waren duidelijk doorstaan; nu kon ik met een blij gemoed mijn avonturen vergelijken met de reizen van Odysseus: de supermarkten waren mijn Sirenen geweest. Gehoorzaamheid had mij gesterkt. Na vijftig uren voelde mijn lichaam rustig aan—wat had ik een vreugdevol hart! Maar Gods waardevolste geschenk moest nog komen. Ondertussen at of dronk ik niets.

Omdat ik mezelf in deze strijd had geworpen, hoopte ik dat God me met Pasen zou verrassen, misschien met een lekker ontbijt op paaszondag, of zoiets. Ik zat alweer te watertanden. Jezus zou uit de dood zijn opgestaan en Klaus zou zeker een behoorlijke maaltijd krijgen. Uiteindelijk brak de betreffende paasochtend aan en werd het ontbijt geserveerd, maar.... wat een frustratie! Ik had helemaal geen trek. Het eten was niets bijzonders en ik voelde ook geen bepaalde vreugde of sterke emotie. Ik at wel, ook al was van eetlust geen sprake, en hoopte dat er nog iets speciaals zou worden geserveerd. Dat moest zo zijn! Maar er gebeurde niets. Volkomen radeloos beëindigde ik mijn maaltijd. Wat jammer, dacht ik.

Na dit frustrerende ontbijt vertrok onze groep naar het nabijgelegen dorp Twann om de dienst van pastoor David McKee bij te wonen, met wie ik bevriend was. Ik was een beetje zenuwachtig, want in mijn enthousiasme had ik voorgesteld dat onze groep het 'Hallelujakoor' zou zingen, dat we kort daarvoor gerepeteerd hadden. David wilde dat de Heilige Geest hem hierop een antwoord zou geven. Tijdens zijn ceremonie achter het katheder verkondigde hij aan zijn gemeente dat hij inderdaad graag wilde dat wij, zijn gasten, het 'Hallelujakoor' zouden zingen. Ik had een verfrist gevoel en was blij; maar dit was niet 'het moment', niet het moment waarop ik had gewacht, nog niet. Net toen we op het punt stonden de Communie te ontvangen, moest het 'verlangde' plaatsvinden. Mijn gedachten gingen terug naar mijn bekering in Lausanne en ik vroeg me af—zoals ik sindsdien altijd deed—of ik nog steeds was uitgenodigd als gast van de Heer. Op dat moment kwam het goede nieuws. Plotseling was Jezus weer aanwezig en zei Hij: 'Ik ken je en hou van je. Nu zal je het *ware voedsel* ontvangen, dat ik voor je heb bereid.'

Toen pas begreep ik dat mijn verwachtingen van materiële in plaats van spirituele aard waren geweest. Ik had al mijn hoop gevestigd op vergankelijke dingen, terwijl Jezus me het voedsel der eeuwigheid bood. De tranen rolden over mijn wangen, zo sterk was ik innerlijk geraakt door de vreugde en de liefde waarmee Jezus me altijd leidde, mij toestaand dat ik Zijn liefde steeds duidelijker zou kunnen waarnemen. De tranen stroomden net zoals toen in de kathedraal in Lausanne. Ik stond als eerste op en ging naar voren om het Bloed en Lichaam van de Heer Jezus Christus te ontvangen.

Ik kon bijna niet ademen van geluk! Ik kan me niet herinneren dat ik ooit zo'n speciale maaltijd heb genuttigd als met die paascommunie. Ik heb me nooit zo verzadigd, vreugdevol en vredig gevoeld als toen. En daar kwam de overvloedige aanwezigheid van de Heilige Geest nog bij. O, Jezus, U bent geweldig! Terwijl ik maar een blinde, konkelende man ben met heel weinig geloof, die Uw aanwezigheid niet waardig is. Vergeef me, maar ik hou van U ondanks mijzelf en al mijn inwendige troep.

Maar Satan liet het daar niet bij. Hij probeerde onmiddellijk de ontvangen gratie teniet te doen. Dit is een gebruikelijke truc zoals ik het nu na vele jaren kan herkennen. Een gewaarschuwd mens telt voor twee: als Jezus Zijn gratie over ons uitgiet, dan moeten we erop rekenen dat Satan om de hoek staat te wachten om het weer weg te nemen. Kennelijk groeien wij hierdoor spiritueel.

Teruggekomen in het kamp was ik omgeven door een hoop lawaai, ratelende discussies, stom gelach en geroddel. Ik hoorde gebeden die van tevoren ingestudeerd waren, alsof ze geen betekenis hadden, koud en helemaal niet alsof ze het werk waren van de Heilige Geest. En dat allemaal in een sfeer die nauwelijks spiritueel was, noch iets met Pasen van doen had—terwijl ik nog steeds onder invloed van de gratie was en op een dieper niveau gewend was om met iets beters te leven. Zo voelde ik me 'beter' dan de anderen en dat was voor Satan genoeg om me te grazen te nemen.

'Klaus, je zou hier eigenlijk niet moeten blijven, met al die onreine mensen, en gewoon doorwandelen.' De stem werd nog resoluter.

'Kom, *ga weg* van hier! Je hebt thuis wel betere dingen te doen. Verspil je tijd niet aan deze onreinen.'

Ik geloofde die stem en was plotseling helemaal kapot. Ik was niet meer zeker van mezelf. Ik leed en was ervan overtuigd, dat deze groep tot dat leed had bijgedragen. Ik begreep er helemaal niets meer van en begon dus maar mijn biezen te pakken. In tegenstelling tot de vrede die ik in de ochtend had gekregen, was ik nu totaal overstuur! Ik voelde me alleen, verloren. Ik liep om het huis heen in de hoop een stil plekje voor het gebed te vinden, in de kelder, op zolder.

Toen de groep verzameld was voor het gebed, stond ik net op het punt te vertrekken. Ik kon geen enkel 'geïmiteerd gebed' meer aanhoren. Ik voelde me zielsalleen.

Uiteindelijk zag ik wat vrienden die corvee hadden in de keuken: Kongo, Patrizia, Fraenzi en tussen hen was een vredige sfeer. Ik vertelde over mijn 'leed' en Kongo (die tegenwoordig pastoor Markus Flueckiger heet) reageerde op de juiste manier en zei:

'Hé, laten we bidden.'

Ik verloor geen tijd. Stil bad ik tot Jezus: 'Alstublieft, verlicht mij over wat er aan de hand is.'

Hij toonde het mij. Zonder twijfel schrok ik van wat ik nu waarnam: *trots!* Jezus toonde me mijn verwaandheid. Ik was 'te goed' voor andere mensen. Ik was 'iets heel bijzonders'. Als ik geïrriteerd raakte, omdat anderen niet waren zoals ik wilde dat ze waren, was ik dan wel een echte christen, een dienaar van God? Wilde ik werkelijk mijn naasten dienen, of hen in plaats daarvan veroordelen? Had diezelfde houding door de geschiedenis heen niet geleid tot scheidingen en schisma's binnen de Kerk? Mijn hart werd erg angstig bij zo'n lelijke ontdekking in mezelf. Ik was geschokt! Moge de Heer dit schaamtevolle moment vergeven en mijn perceptie van dergelijke streken van de vijand verbeteren.

De Heer vergaf mij en gaf me vele oprechte broeders en zusters om mij op mijn weg te begeleiden. Halleluja!

'Wat voor prostitué heb je nou weer meegebracht?' De dominee zei dat met een uitgesproken luide stem, die weergalmde in de ruimte, zodat Eliane, degene om wie ik me een jaar lang bekommerd had met telefoongesprekken en vele discussies, het ook hoorde. Het meisje dat ik had meegebracht naar deze dominee voor haar redding en haar overgave aan Jezus trilde van de schok. Zelfs voordat ze de kerk van Jezus leerde kennen, werd ze beschuldigd en was ze een buitenbeentje. Maar ook ik had een gevoel van diepe teleurstelling. Het klopt dat een 'hot pants' nou niet bepaald het meest geschikte kledingstuk is voor een religieus centrum, maar dat zou ze later wel kunnen begrijpen. De beschuldiging van de dominee bevestigde haar antipathie jegens alle soorten geestelijken. Het duurde nóg een heel jaar voordat Eliane, die—evenals haar vier zussen—seksueel misbruik van haar vader had moeten doormaken, zover was dat ze vertrouwen kon hebben in 'religieuze types'. Ik legde haar uit dat alle mensen—of het nou dominees of gewone mensen zijn—zwak zijn en van tijd tot tijd zondigen. Maar dit incident met die dominees scherpe tong was een duidelijke stap terug. Het kleine beetje geloof en vertrouwen dat ik in haar had weten op te wekken, waren in een mum van tijd verdwenen door deze 'dienaar van God'. Zelfs mijn eigen ideeën over geestelijken werden erdoor beïnvloed. *'Niet iedereen die tot mij zegt: Heer, Heer! zal binnengaan in het rijk der hemelen.'* (Matt. 7:21). Het is duidelijk dat we het Koninkrijk der Hemelen niet kunnen winnen door enkel mooie woorden met onze mond uit te spreken, maar wel met het hart. Onze woorden en acties worden gestuurd door het hart. Alles hangt van het hart af, want dat is waar Jezus woont als we ons voor Hem openstellen. En een gezond hart kan niet vals, hypocriet of veroordelend zijn.

Mensen die zich met een half hart tot God wenden, vragen veelal: 'Waarom gebeurt er niks voor mij als ik bid?' Dat komt omdat de meesten alleen maar geleerd hebben om met hun lippen te bidden zonder daarbij in hun hart ontzag te hebben voor God. Ze hebben geen gevoel voor zijn Heiligheid.

Ze bidden niet vanuit het hart, en als ze bidden gaan hun gedachten uit naar andere dingen. Dergelijke geestelijken zou je kunnen vergelijken met de Farizeeërs, die 'uitzonderlijk goed' waren in het openbaar en opzichtig bidden, maar zodra ze thuis binnen hun eigen muren waren viel hun masker af en zondigden ze; erger nog, ze beschuldigden de zwakken. Op die manier zal er natuurlijk niets gebeuren wanneer God wordt aangeroepen. Maar dat kan de Farizeeër niets schelen. Het is veel makkelijker je achter de wet te verbergen en de ander met de vinger terecht te wijzen omdat hij zich niet aan de regels heeft gehouden, dan om eerlijk en deemoedig in de spiegel te kijken.

Kort na dit incident met Eliane, en vijf jaar na mijn bekering in Lausanne, voelde ik dat er weer verzoekingen op de loer lagen en dat de gratie Gods andere vormen aan zou nemen, misschien wel moeilijkere. 'Gezegend zijn zij die niet zien en toch geloven.' Gods gratie voor de foetus is min of meer 'onverdiend', bijna 'gestolen' van God of anders een soortement van 'lening' van Onze Hemelse Vader. Maar Hij staat ons niet toe om het voor altijd te behouden. Hij wil dat Zijn kinderen groeien door geduld en worsteling tegen de 'vorige man' en tegen zijn passies. Hij wil dat we worstelen uit liefde voor Hem. Met als gevolg dat Hij in een bepaald stadium de hand van zijn kind loslaat. Ik besefte dat het tijd was voor Klaus om te leren fietsen zonder zijwieltjes. Als deel van dit leerproces moet ik het voorbeeld van Jezus zelf volgen en anderen dienen in plaats van te verwachten van anderen dat zij mijn superieure kwaliteiten bewonderen. Hij waste de voeten van Zijn discipelen! Dat lesje moest ik ook leren. Mijn oude vriendin Ursula maakte mij dat op een dag duidelijk, toen ik klaagde over een groep lawaaierige roddelende christenen die een lekkere maaltijd hadden verorberd en anderen het lieten opruimen. 'Klaus,' zei ze, 'veel mensen komen hier om te keuvelen, wat spiritueel niet zoveel zin heeft. Maar jij, aan de andere kant, wast af. Zij worden bediend en dragen dus niets bij, terwijl jij van dienst bent. Dat is een zegen.' Ze slaagde erin me te overtuigen en ik vervolgde zonder mopperen mijn werkzaamheden. We worden beoordeeld op hoe nuttig we zijn geweest bij het dienen van onze medemensen met onze liefde, niet op hoe goed we de Heilige Schrift uit ons hoofd kennen.

Een ander probleem waar ik mee te stellen had: in de tijd van mijn bekering, leefde ik in zo'n euforie dat ik me nauwelijks kon voorstellen dat er christenen waren die hoge posities vervulden of bekende theologen waren, maar tegelijkertijd geen sterk geloof hadden.

Zo incasseerde ik op een reis naar Jerusalem de volgende 'spirituele klap' van een paar zogenaamde christenen. Samen vormden we een groep pelgrims die met El-Al naar Tel Aviv vlogen voor een pinksterbijeenkomst.

'Opgepast Claudine!' riep ik lachend, terwijl ik aan het lipje van een frisdrankblikje trok dat op haar gericht was. Claudine en Nathalie, die achter me zaten, bogen hun hoofd vlug naar één kant. Ik schudde het blikje volhardend en de drank spoot onder hoge druk over Claudines plaats heen en kwam precies in de gezichten van de twee dames die achter Nathalie zaten terecht. Zij vonden mijn grap minder leuk en onze uitbarsting van lachen veranderde al gauw in schaamte. Het was duidelijk dat ik iets verschrikkelijks had gedaan, maar de reactie van de twee dames verblufte mij.

'Echte christenen doen zoiets niet!' schreeuwden ze verontwaardigd. Ik dacht even dat ik het niet goed gehoord had. Wat had dit nou met het christendom te maken? Moeten christenen dan altijd een somber gezicht opzetten en over het leed en de ellende in de wereld praten? Was het christenen niet toegestaan om pret te hebben en te lachen?

De volgende dag werd het nog ietsjes erger. Onder begeleiding van twee 'belangrijke' christelijke dames, liep ik door de oude stad van Jerusalem op weg naar een ontmoetingspunt. In het halfdonker van een bazaar stond een oude blinde man, vel over been, zijn lichaam gehavend, zwetend en ongeschoren. In de tijd van Jezus zal dat een gebruikelijk beeld geweest zijn. Achter hem stond een ezel met een baal stro van een meter hoog op zijn rug. Aangedaan door die aanblik, riepen mijn metgezellen:

'Kijk hem nou, wat zielig!'

'O ja, wat erg, hè! Wat vreselijk! Hoe kunnen ze hem daar laten staan, die arme man!' vervolgde de ander.

Ik wilde het bevestigen:

'Inderdaad. Het is toch erg dat er tegenwoordig nog zulke arme mensen als hij rondlopen.'

'Over wie heb je het?' vroeg de eerste dame. Ik wees naar de blinde man.

'Wij hadden het over die arme ezel die zo'n enorme lading moet dragen.' Ik was als door de bliksem getroffen. Wie was er nou blinder, zij of die blinde man? Sommige mensen houden meer van dieren dan van mensen! Op een dag kreeg ik bezoek van Todd Burke, auteur van het boek *Anointed for Burial*. Todd was iemand die door God geroepen was, die een ongelooflijke ervaring had opgedaan toen hij in Cambodja werkte als pionier. Vanaf het eerste moment klikte het tussen ons en we hadden het gevoel een soortgelijke missie te hebben. Hij vroeg me of ik er wat voor voelde om in Freiburg de dominee van een 'dochter'-kerk te worden, verbonden met een grotere moederkerk in Amerika. Ik voelde me vereerd, maar wilde daar wel eerst over bidden om een antwoord te vinden.

Maar hoe kon ik nou een kerk leiden, terwijl ikzelf nog maar net een christen was geworden en nauwelijks enige ervaring had? Toch was het een verleidelijk aanbod, maar het kon ook een verzoeking zijn die in een groot spiritueel falen zou eindigen. Het feit dat hij mij dat voorstel deed, duidde erop dat hij zelf ook niet erg veel ervaring had. Ik had het gevoel dat ik in een soort tv-programma zou belanden met hoofdrolspelers en een duidelijk commerciële agenda. Het zat me niet lekker en ik verbrak het contact. Daar bleef het echter niet bij, er stonden mij nog meer tests te wachten.

Ik werd gelasterd door mensen die beweerden dat ik een meisje zwanger had gemaakt en haar gedwongen had abortus te plegen. Het leek me alsof ze me levend konden vellen. Er deden roddels over mij de ronde die, nog erger, werden verspreid door christenen! Op de Katholieke Universiteit Freiburg werd ik voor een heel auditorium ten schande gezet, toen ik Raymon Abrezol, de hoofdorganisator en voorstander van een zelfontwikkelingsmethode genaamd 'Sofrologie', confronteerde. Toen hij de 'bevrijdende actie' van 'Sofrologie' aanprees, stond ik op en volhardde dat de enige 'bevrijdende manifestatie' de aanwezigheid van God in het hart van de mens is. Het resultaat was dat ik uitgejoeld werd. Wat een naïeve indruk maakte ik bij die paar honderd studenten! Maar in die zelfde katholieke universiteit (een van de meest prestigieuze instanties van de wereld), werden ook zen- en yogacursussen aangeboden, met het argument dat dat een snelle weg was om een goede christen te worden. Hoon, laster, pesterij en ellende waren altijd mijn oogst op de momenten waarop ik protesteerde tegen zulke onwaarheden.

Van gelijke pijnlijkheid was mijn ervaring die mij stond te wachten met de 'katholieke politie', zoals ik ze noemde. Ik was eeuwig in conflict met bewakers van de katholieke puurheid wanneer ik deelnam aan christelijke bijeenkomsten. Voor dat soort christenen leek de essentie van hun geloof minder belangrijk dan hun externe kader. Ze vonden het belangrijker zich aan de regels te houden dan levendig geloof te hebben. Met sommigen kon men slechts oppervlakkig omgaan. Een poging tot een dieper gesprek was als een conversatie met een machine.

De kleinzieligheid van de organisatoren van dit soort evenementen uitte zich in de kleine dingen. Tijdens de maaltijden kreeg ik een kinderportie en als vroeg of het niet wat meer kon zijn, dan werd dat geweigerd. Een andere keer in een gigantische tent had ik de ingang met de uitgang verwisseld. Ik deed één stap over de drempel van de uitgang en had er niets op tegen als men mij dan verzocht om weer naar buiten te gaan. In plaats daarvan bevielen de bewakers me om me door de menigte heen te worstelen en bij de ingang weer naar buiten te gaan.

Ik was erg geraakt door dit soort stupiditeit. Toen ik eens mijn dierbare, goede vrienden onder de zigeuners wilde bezoeken, die hun eigen gedeelte bij het evenement hadden, verbood men mij om hen te benaderen, omdat ik zelf geen zigeuner was. Dat was belangrijker dan al het andere. De dag daarvoor had één van de organisatoren me meegenomen naar de zigeuners om daar over mijn ervaringen een getuigenis af te leggen. Met enkele zigeuners was ik dik bevriend, zoals Madoun, Nina en hun zoons en dochters. Bijna alle zigeuners kenden me persoonlijk vanwege mijn getuigenis of omdat we samen gitaar hadden gespeeld in hun trailers.

Een andere kenmerk van dat soort katholieke bijeenkomsten, waar ik niet zo blij mee was, waren hun koorpraktijken. De koordirigent hield eindeloze repetities met ons, maar wanneer we een voorstelling hadden zong hij in een microfoon boven alles uit en was het koor niet meer te horen. Op de momenten aarop ik even wat rust nodig had en alleen wilde zijn, dan verschenen er plotseling 'katholieke spionnen' die me mee wilden nemen naar één of andere bijeenkomst, soms onder dwang. Die methode van het domineren in plaats van dienen, die onhartelijke domheid in plaats van liefde, waren de dingen die me afstootten van deze strebers en deden mij bescherming zoeken in de armen van God. Ik vertelde Hem over mijn teleurstelling, zoals ik dat destijds ook in Biel gedaan had:

'Heer, wat heeft dit allemaal te betekenen? Ik weet dat Uw Heilige Geest soms iets in mij vernietigd om een goede reden. Maar ik heb het niet over mijn vernedering, toch? Jezus, die katholieken vernietigen, botsen en vertrappen alles dat van Uw Geest komt. Moet ik hier wel blijven?'

Maar dan herinnerde ik me wat Moeder Theresa ooit tegen me zei: 'Niet verspannen, maar winnen.' Deze woorden hielpen mij mijn frustratie te doorstaan. Toch bleef ik tegen Jezus klagen:

'Heer, waarom staat U het toe dat deze monsters de mensen verslinden? Ziet U dan niet hoe ze ons kleineren en vernietigen, niet alleen mij maar ook U en alle anderen, en dat nog wel in de naam van het christendom?'

Omdat mijn hart waarlijk brandde van leed, kwam er direct een antwoord:

'Ja, dat zie ik wel.'

'Daarom is de hel hun plek, omdat ze al wat leeft vernietigen! We moeten van ze af, want ze veroorzaken zo veel leed en verstikken alle liefde met hun regeltjes!'

'Klaus, zou jij ze in de hel willen zien?'

'Ja.'

'Ze hebben Mij niet alleen leed berokkend. Ze hebben Me zelfs vermoord. En toch houd Ik van ze.'

Er was geen behoefte meer aan woorden—Jezus had me de mond gesnoerd. Ik had kippenvel en de tranen rolden over mijn wangen, want ik begreep dat mijn reactie onredelijk was geweest. In plaats van vergeven en liefhebben wilde ik ze vernietigen. De inhoud van de les die ik net had ontvangen, was onuitputtelijk. Ik besefte dat ik nog een lange, lange weg te gaan had.

Christus' boodschap van vergeving was nog een harde dobber voor me in de praktijk. Dat hield bijvoorbeeld in dat ik pater R., die mij jarenlang seksueel misbruikt en gekweld had, moest vergeven. Dat was geen makkelijke opgave en toch bevond ik me op een dag voor zijn huisdeur met uitgestrekte hand als teken van verzoening. Hij nam mijn hand en keek me ongeïnteresseerd aan. Ik kon niet begrijpen wat voor effect het op hem had gehad. Maar ik had op zijn minst een bevrijd gevoel.

Ongeveer net zo moeilijk was het in die dagen om me weer met mijn ouders te verzoenen. Ik sprak met mijn broer Lothar over Jezus en het geloof. Elke keer als we elkaar zagen herhaalde hij dezelfde zin:

'Moeders aanwezigheid in mijn gedachten, verstikt me.'

En inderdaad, hij is een verstikkingsdood gestorven terwijl hij in Griekenland aan het duiken was. Hij was een arts aan een universiteitskliniek. Moge God zijn ziel genadig zijn. Was het de macht van mijn moeder? Zou ze dat gewild hebben? Zeker niet bewust. Zijn dood was voor mij een waarschuwing. Ik werd zo doodziek van het feit dat mijn moeder nog steeds onder de invloed was van het occultisme, dat ik elke gelegenheid waarnam om haar in Duitsland te bezoeken. Ze was oud geworden en niet alleen wilde ik haar vergeven, maar ook wilde ik haar helpen de poort naar het paradijs te openen. Op een dag drukte ik op haar deurbel.

'Wie is daar?' riep een argwanende stem van binnen. 'Je zoon, Klaus.'

Toen ik eenmaal binnen was, was er geen tijd te verliezen en deed ik de zware last die ik op mijn ziel droeg uit de doeken.

'Moeder, je wordt er niet jonger op en er komt een dag dat je voor Jezus zult staan en verantwoording af zult moeten leggen voor je leven. Hoe denk je daarover?'

'Ach, laat me alsjeblieft met rust over die dingen. Ik ben niet bang. Ik ben allang uit die parochie weg, maar ik ben nog steeds een katholiek en ik geloof in de paus.'

'Maar de paus kan jou niet redden zodra je in de andere wereld terechtkomt.'

'Ga je er toch weer over door! Laat me toch geloven wat ik wil. Denk je soms dat jouw geloof beter is?'

Ik kende haar (en Satans) tactieken goed genoeg. Ik wist dat het geen zin had om door de tegenstander een theoretische discussie in te worden getrokken. En dus zei ik slechts:

'Kom, laten we samen bidden.'

'Doe jij het maar, ik weet niet wat ik moet zeggen.'

Ik riep de naam van Jezus aan en verzocht Hem haar hart te openen, zodat Hij haar kon bevrijden. Dit deed ik gedurende een periode van drie jaren, bidden voor en met haar, voor de redding van haar ziel. Wanneer ik bij haar langskwam, werd ik eerst door een stortvloed aan vreselijke verbale aanvallen. Ze beledigde me op alle mogelijke manieren. Maar als ze dan niet meer wist wat ze verder nog moest zeggen, schreeuwde ze:

'Ga weg, laat me met rust! Laat me nou eindelijk eens met rust!'

Ze gedroeg zich alsof ze werd gekweld door kwade geesten en ik herinnerde me hoe ik ooit eens een man, die bezeten was door zulke geesten, in de naam van Jezus bevrijd had. Hij had schuim op zijn mond en grommend kroop hij in een hoek. Ik sprak hem niet direct aan, maar sprak met de geesten die hem bezaten—en Jezus schoot te hulp. Die ervaring hielp mij in de omgang met mijn moeder. Het viel me op dat ze telkens wanneer ze er nog meer beledigende woorden uitgooide, ze haar evenwicht verloor en voorover viel, direct en letterlijk in mijn armen, dichtbij mijn *hart*. Langzaam maar zeker begon ze te voelen dat er iets in mij klopte. Ik liet haar Jezus liefde voelen door middel van mijn hart.

Vele jaren later haalde ik haar over om een exorcisme te ondergaan, uitgevoerd door Maurice Ray. Ik nodigde haar uit om bij mij in Freiburg te komen logeren en belde Maurice om af te spreken. Hij zei dat hij graag mijn moeder wilde leren kennen. Op de afgesproken dag reden mijn moeder en ik met de auto naar Lausanne; ze zat zwijgend naast me. Ze was me iets te stil, ik voelde een zware stilte. Ze leek zich met een verharde blik in haar ogen op iets te concentreren. Ineens klonk er een knal, de motor begon rare geluiden te maken en verloor aan kracht. We reden midden op de snelweg net buiten Bulle, op een afstand van 35 kilometers van Lausanne.

Mijn moeder zat als versteend naast me, net een standbeeld, en zei geen woord. Als Jezus niet bij me was geweest, was ik in paniek geraakt bij de aanblik van haar gezicht. Ik belde Maurice van een nabijgelegen boerderij op om onze afspraak af te zeggen. Aan het gezicht van mijn moeder te zien wist ik precies waarmee—of beter: met wie—ik te maken had. Langzaam rijdend en heen en weer slingerend op landweggetjes keerden we terug naar Freiburg. Ik huurde een auto van een garage en we maakten een nieuwe afspraak met Maurice voor de volgende dag.

Het was niet nodig om met mijn moeder te praten over welke krachten er in haar werkten. Zelfs vandaag de dag ben ik nog niet zeker of zij zich bewust was van die krachten of van haar fysieke transformatie toen ze naderhand weer normaal deed.

Het duurde natuurlijk niet lang voordat er een volgende aanval kwam. Het was na tien uur 's avonds, net op het moment dat ik naar bed wilde gaan, toen de telefoon ging. Wat raar!

'Klaus Kenneth, kunt u alstublieft *snel* bij me komen?'
'Met wie spreek ik?'

Ik had geen idee wie ik aan de lijn had. Hij legde uit dat hij een Colombiaan was, Hernan, de ex-man van mijn vriendin Renaude, met wie we samen gebeden hadden voor zijn redding. Ze had me verteld over zijn interesse in transcendentale meditatie en de negatieve consequenties daarvan. Ik had hem eigenlijk nooit ontmoet, hij was psycholoog en ik vond het eigenlijk tamelijk onbeschoft van hem om zo laat nog te bellen. Aan de andere kant was het misschien een gelegenheid om eens met hem in discussie te gaan. Dus ik vroeg hem:

'Hoe bedoel je? Is het echt zo dringend?'
'Ik kan dat aan de telefoon niet beantwoorden, maar het is heel belangrijk. Kom alsjeblieft snel.'

Dat klonk alsof het huis in brand stond. Nadat hij me uitgelegd had waar ik moest zijn en hoe ik daar moest komen, ging ik snel de deur uit. Wat een geheimzinnig gedoe. Wie schetst mijn verbazing toen ik bij hem thuis aankwam in het centrum van Freiburg en mij op simpele en kalme wijze werd medegedeeld:

'Ik heb hier wat technische teksten die ik moet vertalen van het Spaans naar het Duits. Help me alsjeblieft, het moet over zes weken klaar zijn.'

Het ging allemaal over tractors en agrarische machines en het was verre van urgent. Ik was ontdaan en boos om het feit dat het niets spiritueels betrof en hij me had misleid. Nu begreep ik wat Renaude had bedoeld met dat hij de gewoonte had om mensen op een cynische manier te gebruiken.

Hoe dan ook, ik wilde deze kans om te helpen bij het vertalen van die teksten niet voorbij laten gaan, hopend dat het 'dienen van mijn naaste' een teken van liefde voor hem zou zijn en later wellicht een deur zou openen. Ik bleef dus en hielp hem tot na middernacht met de teksten, waarna ik totaal uitgeput weer huiswaarts ging. Terwijl ik naar huis reed, klonk er weer een enorme knal van onder de auto vandaan. Een onverklaarbare kracht duwde de auto, die ik nog die dag had gehuurd, tegen de grond. Met een verpletterend lawaai braken de suspensies van de wielen los, alle vier tegelijkertijd! De bodem van de auto plofte neer op het asfalt, een spoor van vonken achterlatend. Dat was nu de tweede auto die kapot was! Het was te gek om waar te zijn! Zonder enige twijfel was dit het werk van mijn moeder. Toen ik uiteindelijk thuiskwam, volkomen uitgeput, was de deur op slot. Ik klopte op de deur.

'Wie is daar?'

Alsof ze dat niet wist!

'Wat is er met je? Waarom heb je de deur op slot gedaan?'

Hoewel het mijn moeder was die sprak, was het niet haar stem. Deze stem was hoger dan normaal.

'Mij is gezegd, dat ik niemand binnen mag laten.'

'Wie zei dat tegen je?' hield ik vol, dat wilde ik wel te weten komen.

'Dat mag ik niet zeggen,' antwoordde ze fluisterend.

Mijn moeder verdween toen en liet me voor de vergrendelde deur staan. Ik sloeg er met mijn vuisten op. Niets hielp. Ik voelde me omgeven door geestelijke krachten en er zat niets anders op dan op het dak te klimmen om via het open keukenraam mijn eigen appartement binnen te komen. Echt ongelooflijk! Toen ik haar erop aan probeerde te spreken, deed ze alsof haar neus bloedde. Ze deed afstand van alle verantwoordelijkheid.

'Waarom deed je de deur niet open?' 'Ik mocht het niet.'

'Van wie niet?'

'Dat heb ik je al gezegd, ik mag dat niet zeggen.' 'Was hier iemand toen ik weg was?'

'Ja. Maar ik mag er niet over praten.'

Dat was het, zoals altijd. De volgende dag kocht ik twee treinkaartjes naar Lausanne en was terecht een beetje bang dat de trein zou ontsporen. Toch was ik mij maar al te goed bewust van de noodzaak dat de boze krachten in mijn moeder uitgedreven moesten worden. We reisden uiteindelijk per trein en kwamen veilig bij Maurice aan, die verklaarde wat er stond te gebeuren. Zonder enige blijk van participatie ging mijn moeder akkoord met het ritueel.

Maurice verjoeg de duistere en vernietigende krachten in de naam van Jezus, terwijl zij ongeroerd bleef. Een uur later, nadat alles voorbij was en we samen zaten te lunchen, vertrokken we met een goed humeur met de trein naar Freiburg. Opeens was er weer een verstikkende aanwezigheid van iemand. Het werd fris en ik kon mijn moeders gezicht zien veranderen in een giftig masker—verschrikkelijk!

'Ha, ha, ha,' grinnikte ze, 'Dacht je nou werkelijk dat je mij kon overwinnen?'

Het was echt schrikbarend wat ik zag. De koude rillingen liepen over mijn rug. De persoon die dit zei was niet mijn moeder. Ze was een beroemde actrice geweest en vanwege haar ervaring en met de hulp van geesten was ze 'erg goed' in acteren. Maurice en ik waren er allebei ingetrapt. Ik had het niet meer! Kon ze dan in de naam van Jezus niet geholpen worden?

'Wat is er met je? Wil je dan nooit bevrijd worden? Snap je dan niet waar we het over hebben?'

'Zeker wel, heel goed,' de druk ging er een beetje af, 'maar meneer Ray is een protestant. Katholicisme is de enige juiste religie. Jouw Ray kan mij niet helpen, want hij heeft niet het juiste geloof.'

Het was adembenemend om te zien hoeveel destructieve invloed het obsessieve 'Vaticanisme' op mensen kon hebben.

'Zou je een exorcisme van een katholieke priester wel accepteren?' vroeg ik haar. Ze knikte. Wie weet wat voor andere spelletjes ze nog met mij zou spelen.

Een jaar later, na een hoop pleidooi en gebed van mij en Maurice's vrienden, zei ze dat ze er klaar voor was om het nog eens te proberen. Maurice had het adres van een Katholieke collega gevonden in Feldkirch, Oostenrijk. In Duitsland pikte ik mijn moeder op met de auto. Geen opoffering was te groot om de ziel van mijn moeder te redden. Tijdens de reis praatten we veel en ik voelde me goed. Misschien een beetje te goed.

Omdat ik me zo goed voelde, vergat ik de duivel, terwijl mijn moeder weer een spelletje met me speelde. Onwaarschijnlijk als het mag zijn, vijf kilometer voor Feldkirch, op het midden van de snelweg, hoorde ik wederom onrustwekkende geluiden en een geratel van één van de wielen, wat de auto al gauw tot stilstand bracht. Ik bevroor! Volgens mij, als Jezus niet bij me was geweest, was ik gek geworden. Ik stapte uit de auto en begon het stuursysteem, de remschijven en pijpen te repareren—en dat alles aan de kant van de snelweg—totdat we eindelijk onze weg konden vervolgen naar onze bestemming.

We kwamen heelhuids aan en de katholieke pater opende de deur voor ons. Hij keek ons in eerste instantie ongelovig aan, maar na een tijdje was hij overtuigd van onze serieuze intenties en zodra ik hem de groeten van Maurice deed, ontspande hij zich.

Hij haalde een aantal voorwerpen tevoorschijn: iconen, geheiligd water, wierrook, een stola, priestergewaden en begon vervolgens mijn moeder uit te leggen hoe een katholiek exorcisme in zijn werk gaat. Dit keer observeerde ik haar nauwlettend. Ze leek minder gespannen, opener en aandachtig: dat kon ik zien. Ze leek de priester te vertrouwen en gaf zich over aan zijn wil. Ze herhaalde zelfs de gebeden van het 'uitdrijven', zoals hij haar verzocht te doen. Uiteindelijk was een grote last van mijn schouders weggenomen en nam die enorm lange saga een andere wending. Het klopt wel, als men zegt dat wanneer een boom in een bepaalde richting gegroeid is voor meer dan zeventig jaar, dan kan die niet zo simpelweg weer recht getrokken worden. Zo was het ook met mijn moeder. Haar oude gedrag kwam van tijd tot tijd weer terug, maar was dat met mij niet net zo geweest? Tegelijkertijd zag ik langzaam maar zeker hoe haar innerlijk veranderde. We konden nu samen bidden en de rest in de handen van God leggen.

Toch kwamen we in onze relatie niet veel dichter bij elkaar; misschien was het niet toevallig, dat ik altijd ver uit haar buurt was gebleven—ik bevond mij zelfs aan de andere kant van de wereld, in de Outback van Australië, toen ik vernam dat ze was gestorven. Deze ook beroemde en gevierde film- en operaster, die vroeger meer dan 1500 Reichsmark (ca. $2.500 per avond) verdiende, beëindigde haar leven alleen en werd alleen begraven. Buiten mij was er niemand anders om haar op haar laatste reis te begeleiden. Zelfs niet mijn oudste broer. Wat een leven vol leed! Mijn liefde is met haar ziel. Moge God haar genadig zijn.

Mijn vader had zijn hele leven niets met de kerk te maken. Nu ging ik naar Stuttgart om hem te bezoeken en sprak over Jezus en Zijn genade. Hij zei me kort en bondig dat het voor hem genoeg was geweest om in de katholieke kerk gedoopt te zijn en dat hij het verder niet nodig had. Niets kon hem op andere gedachten brengen dan dat na de dood alles voorbij zou zijn. Ik bad intens dat hij zijn zonden zou inzien voordat hij stierf. Hoe groot was mijn vreugde toen, op paaszondag, hij zijn eigenwijze houding verruilde voor een vrolijke omdat zijn zonden hem waren vergeven. Dat ging als volgt. Met alle diepe liefde en overtuigingskracht die ik kon verzamelen, vroeg ik hem mee te gaan naar de katholieke paasdienst. Hij stribbelde erg tegen en uiteindelijk bleef hij thuis, terwijl ik naar de kerk ging. Toen ik 's middags terugkwam, stond de televisie aan en ging mijn vader de kamer binnen op exact het moment waarop de paus zijn heilige paaszegen gaf, *Urbi et Orbi*. Mijn vader vond dat dit op tv dezelfde waarde had als in Rome, en dat werd door de commentator op tv bevestigd. Wat het ook moge betekenen, mijn vader accepteerde de verklaring van vergeving der zonden van de paus: alleen God kan de juistheid daarvan beoordelen.

Uit mijn hart kwam een 'Halleluja'. Maar mijn vader hield vol:

'Zie je! Ik heb de kerk niet nodig! Zo gaat het ook!'

In de jaren voor zijn dood was het voor mij onmogelijk om een echte vriendschap met hem op te bouwen. Hij was te zeer in zichzelf en in zijn egocentrisme gevangen. Ik vergaf hem en hield van hem, maar die arme ziel was nooit in staat geweest om lief te hebben. Na een tijd stierf hij. Moge zijn ziel rusten in eeuwigheid.

# HOOFDSTUK XIV
## DE HEUVEL VAN MOEILIJKHEID

MIJN LEVEN IN DE 'WILDERNIS'—mijn beproevingen als herboren christen bereikten hun hoogtepunt in een andere pinkstervakantie. Samen met twee lieve zusters, Mady en Priska, reisden we in Mady´s grote Peugeot zo´n duizend kilometer naar Lisieux en Bayeux in Normandië (Frankrijk). Onze bestemming was 'Pentecote des Pauvres', dat wil zeggen, we wilden Pinksteren doorbrengen onder de armen en zwervers uit heel Frankrijk. Er kwamen vijfduizend vagebonden, drugsverslaafden en mensen die aan de rand van de maatschappij leefden, allemaal om een glimp van hoop van Jezus Christus te ontvangen, of een stuk cake en een bord soep. Het was geregeld dat ik een toespraak zou houden, en toen ik arriveerde werd mij medegedeeld dat ze me zouden waarschuwen zodra het mijn beurt was om te spreken. Wandelend door de campus kwam ik Daniel Ange tegen (een auteur van vele boeken), wiens persoonlijkheid reeds in Strassburg indruk op me had gemaakt toen ik hem daar had horen spreken.

'Hallo Daniel!' begroette ik hem terwijl ik naderde, 'wat leuk om jou hier weer te zien. Ik denk dat ik veel van je kan leren. Deemoed, bijvoorbeeld.'

'Nee Klaus, als er iemand iets kan leren, dan ben ik het die leert van jou!'

Zijn deemoed was ontwapenend. We praatten nog een tijdje totdat het tijd werd om onze tenten op te zetten. De hemel was blauw en de zon scheen. Ik was blij dat ik daar was en de kans kreeg om de 'minderbedeelden' toe te spreken. Echter veranderde dat gevoel al snel. God is geen God van de theorie—ten minste niet voor mij. Mijn hele leven lang draaide alles om beleven, het leven en ervaring, nooit om theoretische kennis. God zorgde er dit keer goed voor dat dit 'pinksterfeest voor de armen' geen eervolle gebeurtenis voor mij zou worden. Amper hadden we onze tenten opgezet, of Mady hoorde het verpletterende nieuws dat haar vader was overleden.

In haar toestand was ze niet in staat die duizend kilometer naar Zwitserland terug te rijden, dus besloot Priska te rijden. Nadat zij waren vertrokken voelde ik me alleen, erg alleen. Er kwamen donker wolken aan de hemel en er viel een stortregen. Het duurde niet lang of het hele veld was in een modderpoel veranderd. Ik was volkomen geïsoleerd van de anderen en die paar woorden die ik met Daniel Ange had gewisseld vormden de enige conversatie die ik daar had tot ik weer vertrok!

*Daniel Ange—beroemde Katholieke jeugdleider*

Mijn terugkeer was ook een probleem aangezien ik op de heenweg met Mady was meegereden. Nu zat ik zenuwachtig te wachten tot ik het podium op werd geroepen en hoopte op die manier wat contacten te leggen. Ik zat onder de modder, had het ijskoud in mijn natte kleren en sjokte hier en daar voort in een poging contact met christenen te leggen met als resultaat dat ze me alleen maar uit de weg gingen alsof ik een besmettelijke ziekte had. Ik nam de daarop volgende vier dagen aan geen enkele discussie deel, niet één. Verbittering overviel me. Ik voelde me genegeerd en alleen.

Tot overmaat van ramp leken ook de organisatoren me compleet te zijn vergeten. Niemand vroeg naar me, laat staan dat ze me oproepen om het publiek toe te spreken! Met alle liefde zou ik mezelf bevrijden uit deze isolatie, maar wanneer God je in een bepaalde situatie plaatst, kom je daar niet zomaar op eigen kracht weer uit. Die dag was ik zelfs te laat voor de maaltijd, waardoor ik ook met een flinke honger kampte. In mijn natte tent had ik nog een beetje melk en terwijl ik ervan dronk voelde ik iets hards op mijn tong. Honger als ik had bijtte ik erop. Het was vrij hard en had een rare smaak... Ik had zojuist op drie grote slijmige slakken zitten kauwen die in de melk waren verdronken en inmiddels opgezwollen waren. Ik spuugde alles uit. Hoe dan ook, later realiseerde ik me dat dit allemaal perfect binnen het plaatje van 'Pinksteren voor de armen' paste... nu had ik aan den lijve ondervonden wat het betekent om alleen, arm en afgewezen te zijn, net zoals Jezus Christus dat was.

Zodra ik de betekenis van deze pinksterles had begrepen, eerde ik de Heer met heel mijn hart. God wilde niet een geprezen theoloog van me maken. Nee, Hij leidde me bij de hand door het leven, door de wildernis, en door tijden van leed. Hij is er altijd voor zij die afgewezen en alleen zijn. Hij vraagt nooit naar de redenen waarom ze zich in die situatie bevinden, maar houdt onvoorwaardelijk van ze. Pas op het laatste moment, kort voor mijn vertrek, toonde de Heer mij de betekenis van Zijn les en bevrijdde Hij me van het isolement waartoe ik veroordeeld was geweest. Pas toen kon ik samen met vijfduizend andere daklozen en arme zielen mijn armen opheffen en mijn vaarwel aanbieden met een explosief 'Halleluja' dat uit het diepst van mijn hart kwam. Tienduizend armen weefden in de lucht als een korenveld in de zomerwind, God erend: er waren golven van liefde... hippies, nonnen, monniken, punkers, academici, hooggeplaatste dames, gehandicapten, lammen, verkapte misvormden, zieken... in één woord: Jezus, Jouw volk! En op dat moment was ik één van hen en de gelukkigste van allemaal.

Altijd als dingen me onderdrukten en ik me min of meer 'verloren' voelde, dan gaf Hij me tekens dat Hij vlakbij was. Je zou het kleine wondertjes kunnen noemen, want ze waren zo onverklaarbaar dat het met je hoofd niet te vatten was. Bijvoorbeeld mijn onvoorstelbare ontmoeting met Graeme.

Graeme kwam uit Nieuw-Zeeland en had vlak na mij voor enige tijd in het Thaise klooster Wat Bung Wai verbleven. Vanaf het begin had hij problemen gehad met de andere monniken en in de loop der tijd werd ik zijn goeroe en de man op wie hij kon vertrouwen. Wanneer hij vragen had of bedroefd was, kwam hij me opzoeken. We waren als broeders in een boeddistisch klooster, beiden op zoek naar God en de zin van het leven. Op een dag kwam hij helemaal uit Nieuw-Zeeland naar Zwitserland gereisd om me te bezoeken. Daarna vernam ik lange tijd niets meer van hem; waarschijnlijk had hij mijn adres niet meer. Bij die overval in Colombia was ook mijn adresboek verdwenen, waardoor ook ik geen contact meer met hem onderhouden.

Zestien jaar later maakte ik een wereldreis en was net op de Fiji-eilanden gearriveerd. Ik zou de volgende ochtend per boot vertrekken van Waya-eiland naar een naburig eiland. Door donkere wolken en regen waren we genoodzaakt op het hoofdeiland te blijven, want geen enkele boot kon met zulk weer vertrekken. Ik kan beter aanhalen wat ik die dag in mijn dagboek heb geschreven, dat zegt namelijk genoeg:

*Vrijdag, 2-8-96 - Lantoka - Waya-eiland, Fiji*

'De regen is gestopt en we zijn blij dat we de zonsondergang op zee kunnen zien en langs het strand kunnen wandelen. Afgezien van een jongeman met een baard, die lijkt te mediteren onder een rieten parasol, zijn mijn metgezel en ik helemaal alleen. Hier is echt niets te beleven. We gingen naar het strandhotel om een 'Fiji bitter' te drinken aan de kust. Verder was er behalve de bebaarde man nog de schaduw van iemand anders voor zover we konden zien. We kwamen op het idee om maar een kamer in dat hotel te huren, aangezien dat wat comfortabeler was dan waar we nu verbleven. Als de prijs redelijk zou zijn, zouden we zelfs een paar dagen blijven. Nadat we ons biertje op hadden vroeg ik aan de eigenaar naar de kamerprijs en of hij ons er eentje kon laten zien. De kamers waren groter, er zat een keukentje in, inclusief servies, en de badkamer was beter dan die van het hotel waar we nu zaten en bovendien was deze kamer ook nog goedkoper!

Toen we de trap af liepen, kwam één van de gasten—de bebaarde man — naar de eigenaar om te klagen dat de ventilator aan het plafond niet meer werkte. Het ging mij niet aan en dus luisterde ik niet, maar toen de eigenaar zei, "Oké, ik zal ernaar kijken," en de bebaarde man bedankte, begon ik te peinzen... Ja, ik wist het zeker en in het halfdonker riep ik: "Graeme!" In een mum van tijd omhelsden we elkaar. Wat een vreugde om elkaar weer te zien na zestien jaar! Hoe vaak ik niet aan hem gedacht had! Elke keer als ik een Nieuwzeelander leerde kennen (en dat gebeurde best vaak), herinnerde ik me Graeme en wilde ik graag weer eens van hem horen.

Het was ongelooflijk dat we elkaar daar, in het donker aan het andere eind van de wereld, tegen het lijf liepen kort voordat hij weer naar Nieuw-Zeeland zou terugkeren. Niemand kan zeggen dat dit toeval was. We zaten samen op het strand onder die rieten parasol en haalden herinneringen van zestien jaar geleden op. Ik wilde graag zijn nieuws horen.

Van wat Graeme me vertelde over zijn zoektocht naar het licht, begreep ik waarom we hier bij elkaar waren gebracht. Hij had zichzelf de naam

'*Schijnen*' gegeven en zocht meedogenloos naar het 'licht' sinds hij het klooster had verlaten. Hij maakte geen gelukkige indruk en gaf ook toe dat hij steeds minder in staat was te leven of zelfs te werken. Hij had vijfendertig hectare land gekocht in Nieuw-Zeeland, maar wist het niet te cultiveren. Hij vertelde dat hij niet langer dan een uur per dag kon werken op zijn kiwiplantage. Hij voelde zich verlamd. De afgelopen drie weken had hij doorgebracht op een eiland dicht bij Fiji, waar hij bij een oude christen had gelogeerd die—tot zijn ergernis—maar niet ophield over Jezus. Toen ik hem ook nog eens over Jezus begon te vertellen en over hoeveel dingen Hij in mijn leven had veranderd vanaf het moment dat ik het klooster had verlaten, lachte Graeme luid. Hij was diep geraakt.

Na drie uur beëindigden we ons gesprek, want Graeme moest vroeg uit bed en ik gaf hem wat geld (hij bezat geen rode cent) voor de terugreis. Toen begreep ik waarom we zulk slecht weer hadden gehad. Want als dat niet was geweest, dan waren we naar Waya vertrokken zonder Graeme te zien. De mens wikt en God beschikt. 'Vaarwel!'

Ik zou een hele reeks van dergelijke ontmoetingen kunnen opnoemen die ik heb gehad in Bulgarije, Griekenland, de Canarische Eilanden, Rome, etc. Echter zal ik dit hoofdstuk met nog één ander geval beëindigen. Als God zijn plan heeft, dan is het met grote precisie.

Een jonge Zwitserse christen, Beat Liesch uit Zizers vlakbij Chur, had een tv-uitzending gezien over mij. Per brief stelde hij voor een conferentie te organiseren in de Graubünden canton. Daar ik van tijd tot tijd in die regio moest zijn, stelde ik voor hem de volgende keer te komen opzoeken om het te bespreken. Pas negen maanden later was ik voor zaken in het oosten van Zwitserland en mijn vrouw Nikica en ik realiseerden ons dat we nog veel tijd over hadden. In de ochtend besloten we wat bezienswaardigheden te bekijken in Chur. Toen we een afslag van de snelweg naar Chur namen, kwam ik er verrassend genoeg achter dat ik nog dertien kilometer te gaan had. Wat bezielde die wegenbouwers?

'O nee,' zei Nikica die naast me zat, 'je hebt de verkeerde afslag genomen: deze gaat naar Davos.' Dat is me nog nooit gebeurd.

We passeerden een aantal dorpjes en plotseling herinnerde ik me dat hier in de buurt een dorp was waar iemand woonde die me ooit voor een conferentie had uitgenodigd, maar ik kon het niet helemaal meer plaatsen. Wat jammer dat ik zijn adres niet bij me had. En ik had die persoon nog wel zo beloofd om langs te komen als ik in de buurt was. Wat stom van me.

Een paar kilometer verder zag ik een bord met de naam van het dorp 'Zizers'. Het klonk raar en ik zei:

'Ik denk dat dit het zou kunnen zijn. Wat jammer dat ik zowel de naam als het adres van die persoon compleet vergeten ben. Maar volgens mij was dit de naam van het dorp.'

Ik zat te piekeren, maar vond geen antwoord. Toen we het dorp binnenreden zagen we een bord met daarop 'Stichting God helpt'. Wat als dat het was? Nee, zo'n soort naam stond vast niet op de kop van de brief die ik negen maanden geleden had ontvangen. Laat maar zitten! Ik gaf gas om door te rijden.

Toch voelde ik plotseling in mijn hart een bevel: 'Keer terug!' We waren al een paar honderd meter het dorp uit. Bij de eerstvolgende gelegenheid draaide ik om en keerde terug naar waar dat bord stond. De 'organisatie' *God Helpt* bestond uit verschillende gebouwen, waarvan sommige kantoren en andere huizen. Ik leunde uit de auto en bestudeerde de plattegrond van het gebied, dat met zijn verschillende structuren groter was dan ik me de organisatie van mijn jonge correspondent had voorgesteld. Terwijl ik las wat er op het bord stond, realiseerde ik me dat ik met mijn auto de uitrit van de parkeerplaats had geblokkeerd. De chauffeur leek te begrijpen dat ik naar iets op zoek was en stapte uit.

'Waar bent u naar op zoek?'

Ik wist niet goed hoe ik dat moest uitleggen. Op een rare manier legde ik uit: 'Ik zoek iemand wiens naam en adres ik mij niet meer herinner. Ook zijn woonplaats weet ik niet. Meer kan ik er eigenlijk niet over zeggen.'

De jongeman keek me een moment aan. Hij dacht zeker dat ik gek was, net als ik. Toen zei hij:

'Bent u Klaus Kenneth?'

Ik dacht dat ik door de bliksem getroffen werd.

'U bent waarschijnlijk naar mij op zoek.'

Het was Beat Liesch! Het affiche op de weg zei het al, 'God helpt!'

Had ik een betere gids in het centrum van Chur kunnen vinden? Alles wat daarop volgde was gezegend door de gratie van de Heilige Geest. Uiteindelijk nam ik deel aan drie bijeenkomsten die Beat organiseerde met elke keer iets van duizend aanwezigen.

Ik ben geneigd het hierbij te laten, want de lijst van incidenten van deze aard is nog veel langer. Hat kan zijn dat sommige minder goed gezinde mensen niet in dit soort dingen geloven, en dat kan tot misverstanden leiden. Wanneer zullen we toch leren om minder naar ons verstand en meer naar ons hart te luisteren? Want dan is God overal aanwezig, wonderbaarlijk zichtbaar en ontvangen tekenen die we niet zouden herkennen als we alleen ons hoofd zouden gebruiken. Er is moed voor nodig om van het hoofd over te stappen naar het hart.

Lange tijd droeg Hij me door zijn huis, waardoor ik een glimp kon op- vangen van Zijn Koninkrijk, maar ik had nu maar één vurige wens en dat was om voor altijd in Zijn nabijheid te zijn. Toch waren er momenten waarop mijn oude zelf zich weer van mij meester maakte. Dan voelde ik me ver van het paradijs verwijderd. Dat bracht groot leed met zich mee, en de pijn van het van God verwijderd zijn dreef mij dan weer terug in Zijn armen. Zonder Hem is er geen leven, geen liefde, geen vreugde, niets.

Maar in de eerste jaren in mijn dialoog met de kathedraal in Lausanne, hielp het feit dat ik een soort veiligheidsgordel had die me meestal voortdreef. Als ik dan terugviel in mijn oude ik, de 'oude Adam', dan voelde dat alsof ik achterstevoren in de veiligheidsgordel zat. Mijn beweging voelde onnatuurlijk aan en gelukkig waren de gevolgen nooit zo desastreus. Vanaf het moment dat ik serieus moeite deed om me niet meer achteruit te bewegen—door de stilte te zoeken, te bidden en berouw te hebben—bracht de veiligheidsriem me weer terug in Zijn armen.

Echter kwam er ook een tijd waarin ik niet meer simpelweg gedragen wilde worden, maar ernaar verlangde om anderen te dragen die om de een of andere reden niet verder kwamen. Dit vereiste een volledige overgave van lichaam en ziel. Eén manier om dat te doen was de regelmatige actieve deelname aan kerkelijke conferenties, concerten en evenementen. Dat was echter wel een erg uitputtende manier van leven. Zelfs al werden 95% van mijn activiteiten succesvol volbracht in de Naam van Jezus, toch waren er felle aanvallen van Satan. Mijn bestaan als prediker en leraar was doorspekt met belemmeringen, ziektes, misverstanden en verleidingen. Er waren spirituele storingen, praktische problemen, momenten van intense fysieke pijn en woede. Eén ding vond ik vooral slopend: de discussies die ontstonden na mijn lezingen. Mensen bleven tot in de kleine uurtjes vragen stellen en naderhand had ik het gevoel dat ik mijn laatste druppeltje energie had opgebruikt. Het leek alsof ik mijn levensbloed had weggegeven; kortom, ik begreep wat het voor Jezus had betekend om zijn bloed te geven voor het leven van de wereld.

In de Christelijke gemeenschappen waar ik kwam, kon ik niet vermijden bepaalde kwalijke zaken vast te stellen die een schaduw over het leven van de ziel werpen. Op sommige plekken waren er ambitieuze individuen die het belangrijker vonden om hun eigen naam of 'merk' te promoten. In andere gevallen was er niet echt belangstelling voor intellectuele studie en het lezen van boeken, wat ten koste ging van een ware beweging in de richting van het hart.

Ik herinner me dat ik ooit een Ierse vriend had die na negen trimesters stopte met zijn theologiestudie in Zwitserland. Ik vroeg hem waarom, en één van de redenen was volgens hem het volgende:

'Toen ik al die geleerde, maar naïeve medestudenten en toekomstige paters zag, die totaal geen levenservaring hadden en gefixeerd waren op hun intellectuele schoolkennis in plaats van op de ziel, begon ik bang te worden. Ik zou niet eens mijn kat aan hun pastorale zorg overlaten!'

Een buitensporige intellectuele benadering van het 'denken over de Bijbel' leidde tot een cerebrale soort van theologie en tenslotte tot sektes. Mijn vriend realiseerde zich dat zijn medestudenten als kinderen waren, maar niet in de goede zin van het woord. De uitnodiging van Onze Heer om 'als kleine kinderen' Zijn Koninkrijk binnen te gaan is geen excuus voor dwaze naïviteit, maar een oproep om onszelf met kinderlijk vertrouwen over te geven en Onze Vader ons te laten dragen naar de plek waar Hij denkt dat wij Hem het best kunnen dienen. Dat hoeft niet persé de meest comfortabele plek te zijn. Het was de plek waar ik semibewust naar verlangde, maar nog niet gevonden had.

Wanhopig geworden van de mensen die formeel vroom waren, begon ik veroordeelden te bezoeken. Ik ging regelmatig naar gevangenissen en vertelde de gevangenen over mijn ervaringen om ze hoop te geven. Een paar keer ontmoette ik moordenaars; sommigen van hen mochten zelfs (uiteraard onder bewaking) mijn lezingen bijwonen. Ik voelde me met hen verbonden, daar ik zelf ook gevangen heb gezeten. Op een dag zei ik tegen een groep gevangenen die naar mijn lezing hadden geluisterd:

'Er is geen garantie dat ik niet ooit jullie medegevangene zal zijn.'

Ik bedoelde te zeggen, dat zelfs de ogenschijnlijk vroomste persoon door verleiding in zonde kan vervallen. Een slang, die lijkt niet te zullen bijten, draagt desondanks gif met zich mee dat potentieel in gebruik kan worden genomen, mocht er een te grote dreiging ontstaan. Gek genoeg kwam mijn minder serieuze zinspeling nog bijna uit ook. De Zwitserse politie arresteerde mij vanwege de Franse kentekenplaten op mijn auto, die in Zwitserland geregistreerd was, en ik werd aangeklaagd. De politie zei dat het een ernstig misdrijf was, waar gevangenisstraf op stond; gelukkig kwam ik er dankzij de rechter met een boete vanaf.

In die fase van mijn leven had ik er niets op tegen om duizenden kilometers te reizen om mijn verhaal te delen. Het was de moeite waard, zelfs als er maar één iemand een sprankje hoop kreeg door Jezus. Ik ontving tal van bezoekers bij me thuis in Zwitserland; en er kwamen ook veel telefoontjes van spirituele zoekers, die uren konden duren. Een aantal keren werd ik in Oost-Duitsland uitgenodigd in de tijd dat het communistische regime nog onomstotelijk leek. Mijn gastheren waren protestante dominees die me waarschuwden voor de Stasi, die overal aanwezig was. Ik sloeg die waarschuwingen in de wind en werd op een keer geweigerd de communistisch staat binnen te treden, omdat ik op de zwarte lijst stond. Ik had medelijden met de mensen die onder het communisme leefden, een ideologie die me van één kant wel aantrok. Ten eerste waren die mensen verstoken van hoop op een paradijs op aarde, die nooit gerealiseerd zou worden, en ten tweede hadden ze ook geen toegang tot een paradijs in de hemel.

Maar ik kreeg steeds meer aanvragen. Satan bleef maar nieuwe trucs verzinnen, concludeerde ik. Als hij het niet voor elkaar kreeg om mijn activiteiten te blokkeren door ziekte of andere gekunstelde acties, dan probeerde hij me te bedotten met een overdosis aan werk. Ik merkte dat ik een steeds kleiner aantal uren en een beperkte energie kon besteden aan personen die mijn hulp behoeften; en toch gaf die langdurige uitputting me een verkeerd gevoel van deugdelijkheid. Er kwam een moment waarop ik niet eens aan mijn eigen behoeften kon voldoen en dus ook niet aan die van anderen. Het was tijd om een thuis te vinden, een parochie, een gemeenschap, waar ik advies en steun zou kunnen vinden en spiritueel zou kunnen groeien. Sinds mijn bekering, was mijn geloof maar in beperkte mate gegroeid en dat was hoofdzakelijk gebeurd door ontmoetingen met bekende christenen. Ik nuttigde de spirituele voeding van mijn relaties met grote levende christenen: dat waren onder meer Moeder Theresa, Thomas Roberts, Daniel Ange, Kim Collins, John Stott, Ulrich Schaffer, Nicky Cruz, John Grifftith, Edouerd Glottin, Dave Parson, Olivier Clement. Maar wat ik had ontvangen bracht me nooit een diep gewortelde en permanente spirituele groei.

Ik had wat nuttige lessen geleerd, maar ik had behoefte aan een spirituele leider of vader die al mijn dringende vragen zou kunnen beantwoorden als mijn hart erom vroeg. Ik had ontzettend veel vragen. Ik las de Bijbel van voor naar achteren en dat leverde meer vragen dan antwoorden op. Ik was me ervan bewust dat ik aan de ontvangende kant stond van een ongezonde persoonlijkheidscultus. Ik had het idee dat een hoop van die gemeenschappen die ik bezocht een soort doe-het-zelfkerken waren, zonder enige traditie waarop ze konden terugvallen, en waar ze mij als een soort 'ster' voor hun eigen doelen gebruikten.

Door mij te ontvangen en tentoon te stellen, maakten ze reclame voor hun eigen groepen. Een dergelijke behandeling was natuurlijk vleiend voor mijn ego, maar in mijn spirituele leven was het een hindernis. 'Dus, wie meent te staan, zie toe, dat hij niet valt!' (1 Kor. 10:12). Was ik net van de ene zonde gezuiverd dan stond de volgende alweer voor de deur: als gierigheid was overwonnen, nam ijdelheid mijn beste kant, tezamen met zelfverering. Op het moment dat ik genade toonde, zorgde trots voor mijn nederlaag. Als ik tot op zekere hoogte leerde te bidden, dan beschuldigde ik anderen ervan niet mijn 'hoge niveau' te hebben bereikt. Zodra ik voelde dat de Heilige Geest me leidde, had ik meteen het gevoel dat ik de 'meester van de wereld' was, terwijl ik op die manier de Heilige Geest sneller dan het licht weer verjoeg!

In loop van al mijn ontmoetingen met bekende christenen, was er niet één die me goed genoeg leerde kennen om te zeggen dat ik mezelf meer deemoed moest bijbrengen. In de vele christelijke gemeentes die ik bezocht, zag ik telkens weer hetzelfde machtsspelletje terugkeren. Dat spel werd gespeeld in commissies van de parochie, door bandleiders en zangers en tussen opstandige dominees. Dat resulteerde tot voortdurende onenigheden en afscheidingen. Dit, zo begreep ik duidelijk, kon toch niet de ware leer van christus geweest zijn?

Na diepe relaties gehad te hebben met een veelvoud van christelijke sektes, raakte ik ervan overtuigd dat alle schandalen en schisma's in de geschiedenis van de kerk dezelfde oorzaak hadden. Namelijk omdat niemand in staat is om 'ongerechtigheid' te accepteren door Christus te volgen langs het pad van zelfvernedering. Iedereen wil zijn eigen waardigheid en status behouden; niemand wil verwijten en een beetje ongerechtigheid incasseren. Terwijl Jezus ons leert 'ons niet te verzetten tegen het kwaad' en 'het kwaad te accepteren' (1 Kor. 6:7), in plaats van voortdurend ruzie maken en met elkaar naar de rechtbank te stappen.

In die eerste dagen verbaasde het me om te moeten opmerken dat elk van die sektes pogingen deed om mij voor hun kerk te winnen. Ze zagen mij als een mooie prooi of 'reclame'. In feite voelde ik me overal thuis waar er gebeden werd, maar ik had vaak het idee dat er in al die gemeenschappen altijd maar een fractie van de leer van Jezus Christus te vinden was. Er was geen overkoepelende instantie of verbindend hoofd boven al die zelfgemaakte kerkjes. Elk van hun gaf zijn eigen interpretatie aan de Bijbel. Voor de één was het mysterie van de doop belangrijk, voor anderen het verspreiden van het evangelie, een derde categorie concentreerde zich op de wederkomst van Jezus. Anderen waren weer beïnvloed door de bewering van het Vaticaan dat alleen de Katholieke Kerk redding zal brengen. Voor de Pinkstergemeente was de doop in de Heilige Geest 'als enige' van belang.

Op elke hoek van de straat werd weer een ander recept aangeboden. Freiburg, de stad waar ik woonde, was erg rooms-katholiek. De paters daar zochten plotseling mijn vriendschap en bleven me er maar aan herinneren dat ik als katholiek gedoopt was en dus tot *hen* behoorde. Ondertussen concludeerden de evangelisten dat ik door hun een echte christen was geworden. Verschillende groeperingen van protestanten bleven me maar uitnodigen om één van hun te worden: de mennonieten, de adventisten; ongeveer twintig verschillende kerken wilden me hebben, maar bij wie hoorde ik dan eigenlijk? Naar mijn smaak was te veel afkomstig van het brein van mijn vrienden en hun wereldlijke ambities, dan van hun hart. Op een dag bedacht ik daar een oplossing voor:

'Waarom niet bidden, dat God me daar plaatst waar *Hij* me wil hebben en niet waar ik zou willen zijn?

## HOOFDSTUK XV
## EEN NIEUWE DEUR OPENT ZICH

OP DE EEN OF ANDERE MANIER WERDEN DEZE GEBEDEN VERHOORD. Christus had me al een heel eind geleid en nu zou Hij nieuwe deuren voor me openen, die me directer in Zijn Aanwezigheid zouden brengen! En dat bedoel ik letterlijk. Op een dag reed ik met mijn oude vriendin Ursula door Lausanne. Ineens reden we bijna een raar uitziende figuur aan, die de straat overstak: een lange, maar licht gebochelde oude man, die een zwarte mantel om had. Naast hem stond een soortgelijke, maar iets jongere man in dezelfde kledij.

Ursula kende de oudere man; ze vroeg me om snel te stoppen zodat ze een praatje met hem kon maken. We stapten uit en de oude heer en ik begroetten elkaar. Hij nodigde ons uit naar een kamer in een nabijgelegen gebouw. Ursula fluisterde in mijn oor:

'Hij is een heel beroemde *staretz*.'

'Wat is dat?' fluisterde ik terug.

'Hij is een Jerondas, een spirituele vader en zijn geschriften hebben een enorme invloed op onze hele generatie—over de hele wereld.'

'Is hij een goeroe?'

'Nee, natuurlijk niet, hij is veel meer—hij is zoiets als de Apostel Paul of Peter!'

'Je meent het niet!' zei ik. Maar toen ik naar hem keek, voelde ik dat er een mysterieuze kracht van deze man uitging. We gingen zitten in een onbeduidende ruimte—naar het leek een kantoor of een soort werkruimte—en om de sfeer ter aarde te laten dalen, probeerde ik een gesprek op gang te brengen met een beetje humor.

'Het leven is zo mooi en kleurrijk—waarom in Gods naam draagt u zo'n lang zwart gewaad?'

In plaats van te antwoorden maakte hij een sein met zijn hand, om hem naar het raam te volgen. '

Kijk goed naar de weg beneden,' zei hij.

Ik zag allerlei auto's voorbij rijden. We stonden daar een tijdje naar beneden te kijken toen hij zei:

'welke auto vond je het mooist?'

'Nou,' zei ik, 'voor mij was dat de meest elegante de zwarte Mercedes.' 'Dat is waarom wij in het zwart gekleed zijn,' zei hij met een speelse glimlach en een zacht lachje. Daar kon ik wel om lachen.

Ursula zei dat ze wilde blijven om wat karweitjes met de mysterieuze man te doen en ik meldde dat ik naar het dichtbij gelegen stadje Neuchâtel moest om een lezing te geven.

Hij antwoordde op steeds speelsere wijze:

'Weet je,' ging hij voort, 'ik heb enige ervaring met het geven van lezingen. Mag ik je goede raad geven?'

'Ja, graag.'

'Als je een publieke lezing geeft is het altijd goed om met een grapje te beginnen. Als ze eenmaal lachen dan heb je ze in je zak en zullen ze je graag overal volgen. Je kan het meteen proberen. En laat me achteraf weten hoe het is gegaan.'

Ik kon aan hem zien dat hij zelf stond te lachen, zijn hele lichaam vibreerde en weer straalde er iets mysterieus vanaf. Hij maakte een hele lieflijke indruk en dat kwam van heel diep.

Na mijn terugkeer van Neuchâtel rapporteerde ik bij hem dat ik braaf zijn raad had opgevolgd en dat hij inderdaad volkomen gelijk had gehad. Vanaf het moment van onze ontmoeting gaven mijn hart en ziel over één ding een duidelijk signaal: ik had een heilige ontmoet. Net als bij Moeder Theresa voelde ik dat ik een modelchristen voor me had. In een fractie van een seconde maakte hij de diepste en krachtigste indruk op me—niet door theorieën of verheven theologie noch zijn hoge positie, maar door zijn humor, zijn ongelimiteerde warmte, totale eerlijkheid en bovenal zijn overweldigende liefde en respect voor mijn persoon. Mijn hele leven was ik op zoek geweest naar zo'n persoon. Het stond als een paal boven water: hij was Liefde geïncarneerd. Ik dacht dat zulke 'wijze mannen' alleen in films bestonden of in kinderfictie—zoals in de *The Lord of the Rings* of Narnia—maar nooit in de realiteit.

Ik was erg onder de indruk van die 87-jarige oude man, met zijn vriendelijke blik, die door je heen leek te kijken op zo'n liefdevolle wijze, door zijn geïnformeerde glimlach en lange witte baard. Meer dan wie dan ook die ik had leren kennen, vertegenwoordigde hij de perfectie, hij was een levende icoon van Christus zelf. Instinctief bestond er geen twijfel over: hij was de laatste *apostel* die voortkwam uit 2000 jaar traditie.

Wat hij representeerde was de christelijke traditie die geen steek van de leer van Christus veranderd was. Zijn vrijheid, zijn eenvoud, zijn deemoed en innerlijke vrede waren allen tastbaar en ik had het gevoel dat ik door het mysterie van het leven zelf werd omarmd. De deuren van mijn hart vlogen open vanaf het begin van deze onverwachte ontmoeting. Een ding wist ik zeker: hij was 'degene' waarnaar ik had verlangd. Ik vond iets wat ik dringend wilde. Ik realiseerde me dat ik delen van de legpuzzel vond in de verschillende kerken en gemeentes, die nu allen verenigd en gecombineerd werden in die heilige priestermonnik, wiens naam Vader Sophrony was.

Naar mijn gevoel was deze persoon de vertegenwoordiger van de Ware Kerk, precies zoals Jezus haar had gesticht. Een kerk die had weten te ontkomen aan de afwijkingen, schisma's, onderbrekingen, schandalen en de afgunst van concurrerende stromingen. Natuurlijk, zo hoorde ik later, waren dit soort dingen niet afwezig in de geschiedenis van Vader Sophrony's kerk; maar op de een of andere manier was deze kerk in zijn essentie puur en intact gebleven, dat is wat ik begreep. Deze man was een pure incarnatie van de Kerk van Christus met al haar heiligen, Jerondas en Vaders, reikend van het begin van het christelijk tijdperk tot aan onze moderne tijd. Vooral bij de tweede ontmoeting, toen ik berichtte over mijn lezing in Neuchâtel, sprong mijn hart op van vreugde en tranen vloeiden voort, puur omdat ik zo diep geraakt was. Ik moet toegeven dat deze kennismaking onbeschrijflijk veel rijker was dan die ik vijf jaar eerder met Moeder Theresa had. De non in Calcutta had me de hint gegeven dat er zoiets bestond als onvoorwaardelijke liefde. De kennismaking met deze monnik voelde als een direct geschenk van God. Mijn hemelse Vader had mij geleid naar mijn spirituele vader.

Voordat ik wegging, vroeg ik of ik een foto van hem mocht nemen. 'Nee!' zei hij met resolute stem. Daar schrok ik van. Wat was dat voor

toon? Gelukkig liet hij mij niet lang in verwarring.

'Weet je, beste Klaus, iedereen probeert foto's van me te maken, maar ze beelden allemaal af wie ik niet ben. Het is gewoon genoeg geweest. Misschien kun je het begrijpen.'

Ik was een beetje bedroefd, want ik mocht hem toen al erg graag.

Hij moet mijn bedroefdheid gemerkt hebben, want hij nam uiteindelijk een ander besluit.

'Nou vooruit dan maar, maak maar een paar foto's van me. Het probleem is dat ik nog niet deemoedig genoeg ben.'

Deemoed, ik was stomverbaasd. Waarom had een grote en gerespecteerde ziel het nodig om deemoed te voelen? Hoe dan ook, hij deed zijn bril af en poseerde voor me. Mijn hart liep over van vreugde. Op de een of andere manier had deze knip een duurzaam effect. Meer dan twintig jaar later bezocht mijn vrouw een klooster in de Balkan en had het over Vader Sophrony. De nonnen lieten haar een foto van hem zien en mijn vrouw herkende hem onmiddellijk. Ze vertelde de verbaasde abdis dat ik die foto van de heilige vader had genomen op de eerste dag van onze kennismaking. Een paar maanden later zag ik Vader Sophrony weer. Dit keer was ik geïnformeerd over wat feiten uit het leven van mijn nieuwe vriend. Hij was geboren in 1896 en groeide op in de aristocratie van het Rusland van de Tsar. Een getalenteerde kunstenaar met een diepe spirituele roeping die naar Parijs verhuisde na de Oktoberrevolutie en vervolgens naar Griekenland vertrok, waar hij vele jaren op de berg Athos verbleef, een schiereiland dat een fort van monastiek leven en gebed was. Hij werd gezien als een van de grote spirituele leraren van de Orthodoxe Christelijke Kerk.

*Jerondas Sophrony / de foto die ik van hem nam*

De orthodoxie was een vorm van het christendom waar ik mij in mijn kinderjaren maar heel vaag van bewust was. Ik had geen negatieve ervaringen ermee (zoals ik die met de Katholieke Kerk had), maar ik had ook geen reden om er positief tegenover te staan. Tijdens mijn reis naar Jerusalem stelde ik vast dat de orthodoxie slechts één van de vele vormen van het christendom was: het leek meer exotisch, maar het deed me niks.

En dus had ik een open houding toen ik op weg was naar het klooster ten oosten van Londen, waar Vader Sophrony in 1959 een kleine gemeenschap had opgericht, bestaand uit zowel monniken als nonnen. Het woord 'klooster' had voor mij een bittere nasmaak, omdat ik het associeerde met katholieke seminaries, waar achter gesloten deuren heel onchristelijke dingen gebeurden. Ik hoopte dat deze orthodoxe instantie anders zou zijn en mijn eerste indrukken waren gelukkig positief.

Ik verbleef op het mooie platteland in de provincie Essex op de grens met Suffolk, dicht bij de Noordzee. Vader Sophrony had zijn gemeenschap opgebouwd rondom een oude anglicaanse kerk en pastorie. De moderne gebouwen, inclusief de recent gebouwde kapel, waren simpel aan de buitenkant, maar toen ik binnenstapte zag ik dat ze van binnen prachtig waren gedecoreerd. Ook zag ik een steiger staan die tot aan het plafond reikte. Vader Sophrony was zelf aan het plafond bezig terwijl hij anderen aanwijzingen gaf. Zo te zien heerste er een prettige werksfeer. Tegenwoordig is de iconografie in Essex een prachtig voorbeeld van een frisse afbeelding van traditionele stijlen.

Een volgende verrassing volgde. Ze hadden me een mooie kamer in de pastorie gegeven met een groot Georgisch raam. Tijdens dit en de daarop volgende verblijven, besteedde Vader Sophrony uitzonderlijk veel tijd aan een diep en liefdevol dialoog met mij. Zoals wanneer hij uit zijn kleine witte kamertje over het pad kwam aangelopen en me buiten de pastorie, waar ik verbleef, tegenkwam en zijn armen voor me opende, dan voelde ik een tsunami van liefde over me heen rollen. Tot grote verbazing van de leefgemeenschap ging hij bij me op de kamer zitten om met me te praten alsof hij geen belangrijkere dingen te doen had.

Eén van zijn gaven was om mensen te ontmoeten op plekken ver van de formele structuren van de Orthodoxe Kerk. Eén van mijn voorliefdes destijds was gitaarspelen. Toen hij dat ontdekte, nodigde hij me uit om een paar rocknummers van me te spelen in de refter voor een publiek bestaande uit monniken en nonnen. Orthodoxie heeft een rijk muzikaal verleden, dat echter hoofdzakelijk is gericht op de menselijke stem, zonder al te veel plaats voor instrumenten.

Ik weet nog goed wat het publiek van mijn getokkel vond, maar dit gebaar maakte dat ik me welkom en gewaardeerd voelde. Ik had een diepgewortelde gewoonte om zelf voor spirituele leraar te spelen en in het begin had ik het dwaze idee dat ik Vader Sophrony ook iets kon bijbrengen in ruil voor zijn lessen. Ik deelde verschillende van mijn ideeën over de Bijbel alsmede een aantal van mijn levenservaringen die ik had opgedaan in Azië en Zuid-Amerika; ik moet vreselijk naïef geweest zijn, maar hij luisterde altijd aandachtig. In mijn leven werd ik formele religieuze structuren, regels en hiërarchieën gewaar, maar bij Vader Sophrony voelde ik een warmte die alle structuren overtrof.

Zo sterk was het effect als ik het klooster bezocht, dat ik onmiddellijk een overrompelend verlangen voelde om twee dingen te doen: lid worden van de Orthodoxe Kerk en om zelf ook een monnik te worden, bij voorkeur in dit klooster. Maar Vader Sophrony's reactie hierop kwam wederom als een verrassing.

De leiders van al die andere kerken hadden mij maar al te graag gewild. Maar deze man, ten minste voorlopig, wilde dat niet. Hij wist al best veel over mijn leven, deels via zijn intuïtie en deels door een klein boekje over mij te hebben gelezen dat kort daarvoor in het Frans was gepubliceerd. Toen ik over orthodoxie begon te praten en de mogelijkheid voor een monastiek leven, antwoordde hij krachtig:

'Jezus is met je Klaus. Dat is genoeg. Waarom wil je een etiket op je voorhoofd plakken? Waarom wil je tot onze kerk toetreden? Ga naar huis en vervolg je weg met Jezus.'

In eerste instantie was ik met stomheid geslagen. Ik stond met een mond vol tanden. Dit antwoord voelde als een uitdaging en een provocatie. Ik moesten zou de redenen voor zijn 'afwijzing' weten. Voorlopig zou ik naar huis terug gaan, maar mijn ziel was geraakt door een onvatbaar mysterie dat—naar ik hoopte—in de loop der tijd opgeklaard zou worden. Maar Vader Sophrony was onvermurwbaar dat mijn roeping geen monastieke was. Toen was ik nog niet getrouwd; er waren geen legale obstakels om me ervan te weerhouden een monnik te worden. Maar mijn nieuwe leraar bleef erbij:

'Klaus, het is niet de bedoeling dat je als monnik leeft. God heeft een ander plan voor jou. Ga terug naar huis en blijf Christus volgen.'

Hoe wist hij dat? Het was een feit dat hij het gewoon wist. Toen ik het klooster na dat eerste bezoek verliet, bonsde mijn hart in mijn keel en ik kon mijn tranen niet inhouden. Het was alsof mijn liefde was verschenen en me dan weer voorgoed verliet. Ik was er kapot van.

*Jerondas Sophrony—discipel van de Heilige Silouan*

Ik huilde urenlang... ik kon gewoon niet stoppen. Om zo´n liefde in persoon te leren kennen, het was onbeschrijflijk! Het was zo´n intense ervaring dat moment in de Kathedraal van Lausanne, dat Christus zelf tot mij sprak. Tranen, tranen, tranen...

    Terug in Zwitserland ging ik door met mijn bijeenkomsten, discussies, Bijbelstudies, diensten, missen en liturgieën. Ik las de Bijbel en tal van inspirerende boeken en sprak regelmatig tot Christelijk gemeenten over mijn weg naar Jezus. Maar in mijn hart voelde ik me steeds onbehaaglijker. Ergens in mijn onderbewustzijn begreep ik dat Gods werk zich hier volstrekte. Ongeveer een jaar later ging ik weer naar Vader Sophrony. In de voorafgaande maanden leek mijn relatie met hem zich verdiept te hebben, hetzij op afstand, door mijn nauwlettende bestudering van zijn geschriften. Om precies te zijn had ik me verdiept in wat Vader Sophrony had geleerd van zijn geestelijke leraar, een monnik die de naam Silouan droeg, die door de Orthodoxe Kerk tot heilig was verklaard. Ik vond in die boeken een diepte die volkomen afwezig was in de boeken van het christelijke Westen. Dat maakte me nog meer gemotiveerd om uit te vinden waarom ik niet tot de wereld van de orthodoxie zou worden toegelaten.

De tweede reis naar het klooster in Engeland was niet veel anders. De heilige Jerondas was vol liefde maar had ook waarschuwingen. Hij zei me: 'Klaus, het ware geloof betekent dat je Jezus volgt. Dat betekent dat je jezelf moet ontkennen, je moet jezelf zelfs haten. Dat is geen makkelijk eten om te verteren. Je hebt nog geen idee wat voor moeilijkheden een ware christen te wachten staan. Vroeg of laat keert de 'oude ik' weer in zijn volheid terug en je zou er spijt van kunnen krijgen ooit een voet op dit pad te hebben gezet. Dit is niet het soort spirituele voedsel waar je tot nu toe in Zwitserland van hebt geproefd. En ik zou dan echt spijt hebben, dat ik je geadviseerd had om zo'n moeilijke reis te maken. Voorlopig is het dus beter naar me te luisteren, je hart en Jezus te volgen—zoals je dat recentelijk nog deed. Dat zou genoeg moeten zijn. Ga naar huis en keer terug naar je geboorteland.'

Maar Vader Sophrony's advies was niet geheel negatief. Zelfs in dit stadium hielp hij me bepaalde fundamentele dingen in te zien, die ik voordien niet had begrepen. Boven alles hielp hij me te realiseren dat er twee totaal verschillende soorten van hiërarchie en machtsstructuur zijn. In wereldlijke instanties en helaas ook in sommige religieuze instanties is er een handjevol machtige en ambitieuze mensen die hun weg omhoog hebben beklommen en wiens gewicht nu rust op de schouders van allen die zich onder hen bevinden, in een lagere positie. De gebruikelijke piramidestructuur.

Maar het maken van een carrière in de spirituele wereld is niet het stap voor stap omhoog klimmen om betere posities en eer te bemachtigen met alle wereldse bevrediging die daarbij komt kijken. Integendeel, de spirituele weg houdt in dat je naar beneden klimt, naar beneden wandelt in vernedering, terwijl je anderen op je schouders draagt. Deze gang naar beneden betekent het delen in de pijn en angst van anderen; dat is iets wat niet enkel theoretisch of op afstand kan worden gedaan. De mensen van elke laag worden gedragen door de pechvogels die zich in een lagere positie bevinden.

In het Koninkrijk Gods, zo legde mijn leraar uit, is de piramidestructuur omgekeerd. Christus bevindt Zich op het uiterste punt, maar dat is omdat Hij zo laag bukte dat Hij de hele wereld op Zijn rug droeg. De christenen worden ertoe opgeroepen om met hem op de top van die piramide te staan, op het onderste punt van de omgekeerde piramide. Deze paradox wordt geïllustreerd door enige bekende passages in het Evangelie. 'Wie onder u het ooit behaagt om groot te worden, moet uw dienaar zijn...' (Matt. 20:26-27).

Natuurlijk, waar je ook maar kijkt in de Bijbel, daar zijn altijd oproepen tot paradoxale nederigheid. 'Doe goed aan hen, die jou haten,' 'hij die zichzelf onder de ander stelt, zal geëerd worden,' 'heb uw vijand lief,' 'de laatste zal de eerste zijn' in één woord: het Kruis.

Om dit punt uit te diepen, begon Vader Sophrony me te vertellen over zijn spirituele leraar, de Heilige Silouan. Waar mijn leraar een hoog opgeleid product was van de Russische intellectuele klasse, kwam de monnik Silouan van bescheiden boerenafkomst in het hart van Rusland. Maar die sociale verschillen maakten niet uit in het monastieke rijk van de Berg Athos, een plek van voortdurend gebed en spirituele gevechten. Het hele idee van spiritueel vechten is vrijwel geheel verdwenen in het christelijke Westen, maar ik realiseerde me dat het een fundament was van het oosterse christendom. Al naar gelang de oosterse christen voortschrijdt in zijn geloof, verwacht hij zowel met engelen als met demonen te maken te krijgen. Onzichtbare krachten leiden onze stappen, maar er zullen dan ook negatieve en destructieve krachten zijn die ons ervan willen weerhouden voortgang te boeken. De Heilige Silouan ervaarde enorme spirituele gevechten van uitzonderlijke intensiteit. Na een lang gevecht met demonen, werd hij gezegend met een schitterende verschijning van Christus. Hij begreep dat het grootste wapen van de demonen bestond uit het stoken in de trots van hun slachtoffers om zo de deemoed onmogelijk te maken. Het tegengif zou kunnen worden weergegeven in een groot maar paradoxaal spiritueel inzicht—een boodschap van God—dat de Heilige Silouan toekwam: 'Houdt uw geest in de hel en wanhoop niet.'

Het duurde enige tijd voordat ik begreep wat dit betekende. Langzaam maar zeker, onder de begeleiding van Vader Sophrony en zijn gebeden, werd ik me bewust van mijn eigen trots en realiseerde ik me dat trots, de eerste van alle zonden, ons naar de hel zal leiden. Hoe meer ik me gewaar werd van mijn eigen zondigheid, dat deel in me dat logischerwijze tot de hel leidt, des te meer ik het verlangen had om van die zonde en zijn consequenties bevrijd te worden. Dit eerlijke en pijnlijke inzicht—dat in zekere zin de hel onze geschikte plek is—zet een rouwproces in beweging en opent de deur voor verlossing. Exact daarom moeten we niet wanhopen. Hoe meer tranen van berouw we laten, des te meer we zullen worden gerechtvaardigd, geëxcuseerd door God. De wereld—het kader waarbinnen slechts de letterlijke logica overheerst—poogt doorgaans zichzelf te rechtvaardigen, beweert dat het zondeloos is, en is daardoor ten dode opgeschreven. Door duidelijk de contouren van onze eigen zonde te zien, openen we de hoop en de mogelijkheid op redding. Klinkt dit als masochisme? Nee, later bood een andere monnik—een leerling van Vader Sophrony—een belangrijk vervolg op het idee van zelfveroordeling en wanhoop. Hoe het ook zij, het heeft niets te maken met een neurotische psychologische staat; integendeel, het roept op tot een uiterst sober zelfbegrip.

Deze belangrijke spirituele les deed mij inzien waarom Vader Sophrony er geen haast mee had om mij tot de Orthodoxe Kerk toe te laten. Een nieuw etiket op mijn voorhoofd plakken leek een mooie oplossing, maar zou uiteindelijk geen magie of groot effect opleveren. En toch verlangde ik ernaar om in mijn leraars kerk opgenomen te worden. Altijd als ik daar was voelde ik iets onbeschrijflijks, een geheimzinnige wereld van liefde die schuilging achter zijn humor. Als hij lachte—en dat deed hij regelmatig als we samen waren—dan schudde zijn hele lichaam en leek het alsof hij door een wolk gedragen werd. Wie had gedacht dat hij jarenlang ernstig ziek was geweest?

Vóór mijn vertrek na mijn tweede verblijf in het klooster, gaf hij me een afscheidscadeau, ervan overtuigd dat het mijn leven zou verrijken.

In elke mens, zei hij me, schuilt de potentie om terug te keren naar het beeld en wezen van God, waarin we gecreëerd zijn. Er bestond een concrete manier waarop dit bereikbaar was, voegde hij eraan toe: het gebruik van het Jezusgebed, waarover ik tijdens mijn verblijf in het klooster reeds had gehoord. Dit gebed, één van de grootste schatten van de orthodox christelijke spiritualiteit, bestaat meestal uit een simpele formule: "Heer Jezus Christus, Zoon van God, ontferm U over mij, een zondaar." Zoals Vader Sophrony me zei: 'als je dit gebed regelmatig met heel je hart zegt, dan zal je zien hoe Zijn aanwezigheid je zal veranderen.'

'Is het niet gevaarlijk om het alleen te doen?' was mijn vraag. 'U weet dat ik ervaring heb met oosterse meditatie, maar dat was een ander soort oefening.'

'Nee, maak je maar geen zorgen,' antwoordde hij geruststellend, 'doe het gewoon op een simpele manier en vergeet alle ademhalingstechnieken maar—die inderdaad schadelijk kunnen zijn voor een onervarene. Zeg het gebed gewoon met je lippen en later zwijgend. Je hebt mijn zegen ervoor.'

*Heilige Silouan—leraar van Jerondas Sophrony*

# HOOFDSTUK XVI
## ONTFERM U OVER MIJ, EEN ZONDAAR

NADAT HIJ ME DIE SPIRITUELE SCHAT had toevertrouwd, waarvan ik op dat moment vrijwel niets begreep, liet hij mij mijn gang gaan. In dit stadium van het leven was ik onzeker over mijn spirituele staat. Er waren momenten waarop ik vertrouwen had in mezelf, maar ook momenten waarop ik de behoefte had aan hulp en begeleiding.

Ik realiseerde me nu dat het wereldbeeld van een aantal protestante dominees die ik kende te aards was. Ze leken meer aangetrokken te zijn tot aardse bezittingen en zwichtten doorgaans aan bepaalde menselijke verleidingen. Ik ging ervan uit dat Vader Sophrony probeerde mij langzaam van zulke verbindingen af te wenden.

In de protestante wereld had ik een paar spectaculaire voorbeelden van antwoorden op mijn gebeden gezien. Maar nu wist ik dat ik moest voortschrijden. Misschien was het voorbestemd dat ik een grote beproeving van mijn geloof moest ondergaan. In sommige opzichten waren bepaalde dingen misschien te makkelijk gegaan. Het Evangelie zegt immers: 'Gezegend zijn zij die niet zien en toch geloven.'

Aan de andere kant had ik bepaalde giften gekregen ten tijde van mijn bekering in Lausanne, en die werden niet weggenomen. Natuurlijk leed ik nog steeds onder nare dromen, maar zelfs na de ergste nachtmerrie zou ik gewoon lachend wakker worden. Ik wist dat Christus de dood overwonnen had en dus had ik niets te vrezen. Dit was een zekerheid die ik van Christus zelf had gekregen: 'In Mijn naam zal je sterker zijn.'

In een van mijn nachtmerries zag ik een hoog, lelijk monster dat een enorme knots heen en weer zwaaide waarmee hij mensen doodde en huizen vernietigde; iedereen vluchtte in paniek. Toen hij mij naderde, bleef ik kalm en beval hem te stoppen met zijn kwaaddoenerij. Ik rees mijn hand in een haltgebaar en hij spatte uiteen tot stof.

Ik ontving nog een andere gift en een mogelijke wegwijzer naar de toekomst in die tijd. Ondanks dat ik nog niet orthodox was, placht ik naar lezingen te gaan die georganiseerd waren door een orthodoxe priester in Genève. Ik ging om een spreker te horen die net als Vader Sophrony werd beschouwd als een van de grootste Russisch orthodoxe leraren die er in de westerse wereld leefde. Voor de bijeenkomst vertelde ik hem dat ik vreselijk leed aan een spit, waardoor ik me nauwelijks kon bewegen. Ik zat in een stoel, waarvan ik bijna niet kon opstaan en hij zat naast me op de grond. 'Laten we daarover bidden,' zei hij en raakte de betroffen plek van mijn lichaam aan. Een warme stroom vloeide in mij en de pijn was weg.

Inderdaad waren er vele zegens die ik ontving, maar toch waren er momenten waarop ik gefrustreerd was door Vader Sophrony's voorzichtigheid. Ten slotte, zo zei ik tegen mezelf, genoot ik min of meer innerlijke vrede. Ik had geleerd, zo dacht ik, om te vergeven, zoals ik door Christus vergeven was. Wat miste ik dan? Ik geloofde en waakte over de tien geboden. Ik deelde het Evangelie met anderen. Ik bad. Ik voelde me vrij. Maar wat was ik werkelijk? Waarom dus nam de Jerondas er zoveel tijd voor? Ik wist voor de helft het antwoord, maar ik kon het niet laten soms voor me uit te mopperen.

De hele situatie werd helderder toen ik eenmaal thuis in Freiburg begon met het Jezusgebed, zoals Vader Sophrony het me geadviseerd had.

Ik kreeg een duidelijker beeld van mijn positie in het universum en boven alles stopte ik naar dingen te kijken puur vanuit mijn eigen egoïstische oog- punt. Om maar een beeld van Heilige Paulus aan te halen, een kind zijn melk werd vast voedsel door constante pogingen en discipline, maar bovenal door de goddelijke gratie. Ik kreeg een andere kijk op de wereldse problemen die me omgaven, die ik van het nieuwsbericht hoorde. Eerst was slecht nieuws in de media bedoeld om ons te belasten of bang te maken. Nu was het meer vanzelfsprekend om voor de slachtoffers van welke ramp er ook had plaatsgevonden in de wereld, te bidden. Ik voelde me meer betrokken bij lijdende mensen; ze waren allemaal mijn broeders en zusters en ik maakte me oprechte zorgen over hun lot. Daarvóór, net zoals vele andere consumenten van nieuwsmedia, beschouwde ik de slachtoffers van oorlogen of rampen in verre landen meer als statistieken, die nooit een echt verandering in mijn leven zouden brengen. Dat is, neem ik aan, hoe de meeste mensen met een onordelijke wereld omgaan.

Om er een gewoonte van te maken om te bidden voor de lijdenden in de wereld was ten dele inspiratie door de geschriften van de Heilige Silouan, de leraar van Vader Sophrony. God assisteerde me altijd als er zich een grote verandering in mijn leven ontplooide. Hoe groter de uitdaging was, des te groter en tastbaarder was Zijn hulp.

Door de gebeden van Vader Sophrony begon ik mezelf te zien met de ogen van God en wat ik daar aanschouwde was niets rozigs. De 'goede Klaus' was in werkelijkheid een zondaar; inderdaad waren er momenten waarop ik me werkelijk afvroeg of ik mezelf wel een Christen mocht noemen. Vader Sophrony begon me uit te leggen op wat voor manier de 'passies' ons tot slaaf maken en ons ervan weerhouden de Heilige Geest in ons leven te ontvangen. Ik had me verbeeld dat ik verlost was van die verleidingen, maar niets was minder waar. Nu begreep ik waarom Vader Sophrony me zo dringend waarschuwde over de gevaren die op de loer lagen. Hij was een ware dienaar van Christus en dankzij zijn liefde en gebeden voor mij waren mijn ogen geopend. Ik kwam tot het besef dat ik allesbehalve vrij was.

Een worsteling tegen drie grote vijanden begon onmiddellijk: mijn eigen gevallen aard, mijn oude gewoontes en de demonen. Gedurende mijn tijd met de oosterse religies had ik een intense ervaring met demonen ondergaan. In de christelijke traditie, hoewel dit vaak in het Westen vergeten wordt, worden demonen beschouwd als gevallen geesten, die Satan volgen en proberen ons te verstikken door onze zwakheden te misbruiken. In mijn geval waren er zwakheden genoeg. Namelijk ijdelheid, woede, vraatzucht, verslaving aan televisie, wraakgedachten, gebrek aan geduld, haast, luiheid voor bepaalde taken. Dan was er nog het probleem waar waarschijnlijk negentig procent van de mannen mee kampt, de seksualiteit. Al deze zwakheden waren voor vele jaren mijn onaangename gezelschap geweest; ze waren vervelend te erkennen en moeilijk te ontwortelen.

Het was makkelijker gezegd dan gedaan om bescherming in Christus te vinden. Als je begint de zware last van je misdrijven tegen de God van Liefde te zien en te voelen, als je je zwakheid waarneemt en je herhaaldelijke terugval uit de gratie, dan heb je een vriend nodig. Die vond ik in Vader sophrony en dat was een dierbaar geschenk. Ik kon met hem op een veel dieper niveau praten dan toen we elkaar in het begin leerden kennen. Hij gaf me goede raad, omdat ik zover was dat ik het kon ontvangen. Ik was niet meer zo naïef om te denken dat ik die duistere bewoners van mijn innerlijke zelf kon overwinnen zonder bovenmenselijke hulp. Gewoontes worden gewoontes genoemd, omdat ze ingeburgerde gedragspatronen zijn en niet gemakkelijk zijn af te leren. Bepaalde ondeugdelijkheden zaten al meer dan 25 jaar diep in mij en voelden zich inmiddels reuze op hun gemak. Ze dachten waarschijnlijk dat ze er recht op hadden om daar voor de rest van mijn leven te blijven.

Om enige kans op verandering te hebben, was het nodig de dingen anders te gaan zien. Telkens wanneer ik toegaf aan een oude slechte gewoonte was het alsof een touw zich had verstrengeld met alle anderen, waardoor een stevig touw ontstond, dat ik niet zonder externe hulp kon breken. De Jerondas legde me uit dat die touwen alleen kunnen worden gebroken door een beter begrip te hebben van mijn denkproces. Hij legde uit hoe gedachten in ons bewustzijn komen. Dit begrip, naar hij zei, zou de basis zijn van elke poging om negatieve gedachten en de slechte handelingen die daaruit voortkomen aan te pakken. Hij beschreef vijf stadia. Om te beginnen zou de 'vijand' een suggestie planten in de gedachten, om vervolgens een soortement van innerlijk dialoog over die suggestie te starten. Voorts geven we toe aan die suggestie en dat is het punt waar zonden ontstaan. Het brein legt het vast en we herhalen wat zondige daden. Nadat de zondige daad herhaald is, wordt het een verleiding, waaraan we verslaafd raken. We ervaren dan een wederkerende wens om die zonde weer te begaan.

'Er zijn enkele manieren om slechte gedachten te bestrijden,' zei Vader Sophrony, 'of je zoekt bescherming in het Jezusgebed en concentreert je op Zijn Naam en aanwezigheid, of je reikt met je handen omhoog, strekt ze uit naar de hemel en vraagt Christus om je te redden.' Op dat moment ging hij naast me staan en liet me die beweging zien. Hij zag er toen ineens ongelooflijk jong en krachtig uit.

Nu begrijp ik dat er een plek in ons hart is waar de Geest van God getroond zou moeten worden. Maar als oude gewoontes overheersen, dan heeft het kwaad de plaats van God ingenomen en het tragische is dat dit naar onze eigen vrije wil is geschied. De consequentie was dat ik de oorlog moest verklaren aan oude gewoontes als ik niet hun slaaf wilde blijven. Gelukkig wist ik dat de demonen, zodra ik me waarlijk tot Christus wendde, automatisch onttroond werden en oplosten in onnozele zeepbellen. Als Onze Heer zegt, 'bied geen weerstand tegen het kwaad,' bedoelt Hij dat we ons niet moeten focussen op het slechte en ervan bezeten raken; we hoeven namelijk simpelweg een beroep op Christus te doen en ze lossen direct op. De manier om een beroep op Christus te doen, zo leerde ik, was het gebruik van het Jezusgebed—en ondertussen herinneren dat de Naam van Jezus Christus geen talisman is. We kunnen niet Zijn Naam gebruiken zonder te geloven.

Er is echter geen garantie dat dit gevecht makkelijk zal zijn. Nu begrijp ik Christus' uitspraak in het Evangelie veel beter, waar hij zegt: 'Wie het wenst bij mij te blijven, laat hem zichzelf opofferen en zijn kruis op zich nemen en mij volgen.' Hij zei niet: 'Volgt u mij alstublieft op een mooi en makkelijk pad en zing halleluja.'

Om het Koninkrijk Gods te bereiken is een grote inspanning nodig, soms zelfs verwant aan geweld zij het in een spirituele zin. We moeten niet alleen onze oude zelf kennen, maar er ook een hekel aan hebben. Dit was wel even wat anders dan de praktijk van yoga of Zen om de innerlijke 'balans' en ontspanning te vinden.

Christus was zichtbaar het tegenovergestelde. Het contact met God kan een overrompelende en zelfs beangstigende ervaring zijn. We lezen in het Oude Testament wat Isaiah (6:5) zei: 'Wee mij... mijn ogen hebben God gezien!' De inzichten die ik mocht zien met Vader Sophrony's hulp konden soms ook pijnlijk zijn—ook al waren ze tegelijkertijd vreugdevol. Ik begon in te zien waarom hij geaarzeld had alvorens me in te wijden in zulke bitterzoete ervaringen.

Hoe meer ik mezelf leerde kennen, hoe meer ik mezelf afvroeg: was het Satan die mij overtuigde tot zonde en me de bittere waarheid toonde over wie ik werkelijk ben, of was het het werk van de Heilige Geest? In zekere zin is Satan de aanklager; hij gniffelt over onze zonden en geeft ons het idee dat de situatie onoplosbaar is, onherstelbaar. De Heilige Geest werkt op de omgekeerde manier, door de waarheid te tonen maar tegelijkertijd ook de oplossing, een weg om onze vrijheid te herwinnen.

In de tragedie van Judas zien we een man die alleen het gegniffel van Satan kon horen en dus zichzelf ophing uit wanhoop. In tegenstelling tot het berouw van Petrus, die Christus tot driemaal toe verloochende, waardoor hij tranen en pijn had, wat onmiddellijk tot vergeving leidde. Dezelfde menging van tranen en hoop is te zien in Christus' bevel aan de Heilige Silouan: 'Houdt uw geest in de hel en wanhoop niet.'

De gratie van God en Zijn genade maakten mij bewust van een 'afgrond van het kwaad' binnenin me en vandaaruit leidde Hij me op het pad van deemoed. Hoe meer ik leerde een glimp van de realiteit vanuit Gods oogpunt te zien en hoe minder ik gaf om de meningen en oordelen van de wereld, des te dichter kwam ik bij Hem. Tegelijkertijd ervaarde ik mijn zonden en tekortkomingen met steeds grotere helderheid. 'Vader, vergeef ons, zoals wij anderen vergeven...'

Ik was de weg ingeslagen die zou leiden tot berouw, zelfontkenning en biecht. Ik kon zien dat aan het eind van deze weg mij de ware vrijheid en geluk te wachten stonden. In toenemende mate was mijn blik gericht op de eeuwigheid. Ik oordeelde niet langer wie slecht was, goed of dichtbij God, maar mijn enige vraag was: hoe ver ben ik van hem verwijderd? Dat wierp mij in Zijn armen en deed me lang profiteren van de Heilige Sacramenten van de kerk zoals de biecht en de communie.

Wat een verschil met de oosterse leer van karma en reïncarnatie! Slechts beetje bij beetje begon ik duidelijk het verschil te zien tussen de belofte van Christus dat *'in Mijn naam zal je altijd sterker zijn'* en de koele *techniek* die in meditatie gebruikt wordt, die in het gunstigste geval onze verkeerde kant verbergt in plaats van die tentoon te stellen.

'Door het Jezusgebed wordt de Heilige Naam van Jezus onthuld', zei Va- der Sophrony. En onze zonden worden op hun beurt door de Heilige Naam in vertrouwen geuit en zichtbaar gemaakt. Dit heeft geen enkele overeenkomst met de mantra, mandala of wat voor andere spirituele techniek dan ook, zoals hij uitlegde:

'Het grootste verschil zit hem in het feit dat het Jezusgebed is gebaseerd op de openbaring van de Ene Ware Levende God. Hij kan persoonlijk ervaren worden, zoals je dat zelf kunt bevestigen. Terwijl beoefenaars van oosterse meditatie proberen zichzelf te verhogen naar een anoniem en onpersoonlijk 'absoluut' door al het denken, dat vergankelijk en 'relatief' is, inclusief hun eigen bestaan, af te stoten. Vertrouwend op hun eigen wilskracht willen de beoefenaars een staat van niet-zijn bereiken door de eigen persoon op te lossen via vernietiging van de 'atman' (ziel). In Christus, aan de andere kant, vinden we onze ware zelf.

Eens vroeg ik de Jerondas: 'Vader Sophrony, bent u nog steeds een zondaar?' Waarop hij antwoordde: 'Natuurlijk ben ik dat, en geloof me, ik ben de ergste van allemaal.' Dit was voor mij echt ongelooflijk. Daarna begon hij me vragen te stellen over mijn leven, niet om me op het matje te roepen, maar op een manier alsof hij wat van me kon leren. Hij gaf me echt het gevoel dat ik degene was die hem wat kon bijbrengen van mijn rijke spirituele 'kennis'. Zijn onvatbare deemoed was geen spelletje—dat had ik wel door. Integendeel, hij was volkomen eerlijk. Het resultaat was dat ik steeds meer vertrouwen had en hem geloofde. Hij moet het gemerkt hebben dat ik door mijn ervaringen met goeroes, priesters en leraren nog steeds een hoop latent wantrouwen had. Door zijn wijze houding, liet ik het toe dat hij me bij de hand nam en mij naar het rijk van vertrouwen en liefde bracht. En deed Christus niet net zoiets? Hij daalde af tot ons 'menselijke' niveau en ontdeed Zichzelf van Zijn goddelijke Glorie met als doel ons vertrouwen en liefde te leren. Vader Sophrony toonde mij zijn versie van 'zelf-lediging', die—zo realiseer ik me nu—in het orthodoxe jargon bekendstaat als 'kenosis'.

Je had moeten zien hoe Vader Sophrony naar de kerk kwam om de Heilige Liturgie te vieren, als Eucharist zoals dat in het orthodoxe christendom wordt genoemd. Zodra hij de kerk binnenkwam had ik het gevoel dat zijn voeten de vloer van de kerk helemaal niet raakten; hij zweefde in de lucht.

De liturgie veranderde de kerk in de hemel en je merkte niet hoe de tijd voorbij ging. Want wat doet tijd er toe, wanneer je in de aanwezigheid van Christus bent? Dit was waarlijk heilige grond. Dit was mijn ware 'thuis'.

In de protestante kerken, waar ik mijn eerste contact had met Onze Heer, was wel echte liefde voor Christus en een goede kennis van de Bijbel. Maar er ontbrak iets aan de aanbidding. Het sprak bovennatuurlijke emoties aan. Ik had mensen gezien, die 'door de geest werden afgemaakt' tijdens de pinksterdiensten en kronkelend op de grond lagen met luide muziek die om hun heen bulderde. Ik concludeerde dat dit een oppervlakkig psychologisch fenomeen was. Naarmate ik meer leerde van Vader Sophrony, begon ik me te realiseren dat zijn soort van vernedering iets stils en sobers was. Dat leidde tot tranen in plaats van hysterie.

Met heel mijn wezen voelde ik dat het orthodoxe christendom simpelweg de 'juiste verering' was—verering waardig van Christus—en dat is inderdaad exact wat het woord 'orthodoxie' betekent (het combineert de Griekse woord 'Orthos'—recht of correct—met 'Doxa'—glorie). Vandaar dat ik ernaar verlangde om volledig aan het leven van de Orthodoxe Kerk deel te nemen. In zekere zin was het woord orthodox niet zo belangrijk voor me; het leek me gewoon dat ik de Kerk zoals Christus het bedoeld had, had gevonden. En dat was mijn motivatie om geheel deel te nemen aan de mysteriën van de Kerk.

Tegen de orthodoxe priester in Genève zei ik dat ik in zijn kerk gedoopt wilde worden. In het begin wilde hij geen volledige doop doen. In de westerse wereld, wanneer mensen bekeren van bijvoorbeeld het anglicaanse of katholieke geloof, dan ontvangen zij meestal slechts het ritueel van de 'chrisma' of de zalving met olie. Dit complementeert zogezegd de originele doop, door de Heilige Geest toe te voegen. Feit was dat ik op driejarige leeftijd katholiek was gedoopt en de priester wist dat.

Mijn hart zei me echter dat ik een geheel nieuw begin moest maken met mijn spirituele leven. 'Vader,' klaagde ik tegen de Jerondas, 'ze weigeren me te dopen! Ze geven er allerlei excuses voor—maar diep in mijn hart weet ik, dat ik geen chrisma nodig heb, ik wil volledig gedoopt worden. Wat moet ik doen?'

'Weet je dat echt heel zeker?' 'Honderd procent zeker!'

'Wil je dat ik ervoor bid?'

'Ja, graag, als u zo vriendelijk zou willen zijn om dat te doen.'

'Ik beloof het je. Maar let op dat je aan niemand verteld dat ik voor je bid! Afgesproken? En dan, de volgende keer dat je die priester ziet, zeg je hem weer dat je gedoopt wilt worden. Niets anders.'

Ik kan me niet meer precies herinneren wat ik tegen die priester in Genève zei, hoewel ik zeker niet Vader Sophrony vermeldde. Maar ik herinner me zijn antwoord: 'Ja, je kunt de volgende zaterdag gedoopt worden!'

O, mijn lieve en heilige Vader Sophrony....

Priester Jan leende een grote plastic ton, die normaal voor wijn wordt gebruikt, voor mijn onderdompeling. Op de afgesproken dag kwam er een groep van ongeveer 15 vrienden, sommige orthodox, andere niet, die helemaal van Freiburg naar Genève waren afgereisd. Een gerespecteerde lokale politicus en oprichter van Freiburgs kleine orthodoxe gemeente, Noel Ruffieux, ging ermee akkoord mijn peetvader te worden. Het was ook nog even de vraag of ik een andere naam moest krijgen. Uiteindelijk besloot Vader Jan dat ik de naam Nikolaas zou krijgen, wat in feite hetzelfde was als mijn oude naam Klaus. Ik heb twee hele sterke herinneringen aan de ceremonie. Eén is dat ik werd verzocht drie keer de duivel en duistere krachten weg te sturen. Dit vond buiten de kerk plaats, een modern gebouw in de buurt Chambesy. De doopkandidaat wordt geacht zijn verjaging te tonen door drie keer te spugen; het is een soort exorcisme. Veel mensen spugen niet echt en meer als geste, maar in mijn herinnering aan mijn verleden met demonische krachten, spuugde ik uit alle kracht, uit het diepste van mijn hart. Ik voelde dat ik de duivel in zijn gezicht spuugde. Het tweede onvergetelijke moment was nadat ik ten derde male onder was gedompeld en uit het vat stapte, gekleed in mijn witte shorts. Tranen rolden over mijn wangen. Het waren tranen van onvervalste vreugde. Ik had mijn zinnen op Christus gezet en dat was nu in alle opzichten officieel en permanent.

De problemen en dilemma's die ik Vader Sophrony voorlegde waren zowel praktisch als spiritueel. Eén daarvan was een vroege versie van het boek dat u nu voor u hebt. Een uitgever in London had mijn levensverhaal en was er enthousiast over en bood me een globaal uitgavecontract aan. Ik ging naar een van zijn werknemers toe en ondertekende een contract en kreeg meteen een aanzienlijk bedrag betaald. Blij rekende ik uit dat—als ik het goed gelezen had—ik over een à twee jaar miljonair zou zijn. Maar toen ik naar het klooster ging om het te bespreken, was Vader Sophrony allesbehalve blij. Hij was bezorgd over mijn ziel.

'Jij hebt dus een contract met een uitgever ondertekend?'

'Ja, Vader. Ik ondertekende het document in London.' Ik was er wel trots op dat ik een beroemde schrijver zou worden. Waarschijnlijk kon ik met het geld, dat binnenkort zou binnenstromen, een hoop goeds kunnen doen.

'Dit zal je waarschijnlijk in groot gevaar brengen. Je bent als een pasgeboren baby, zo onervaren, en kent de foefjes van de vijand nog niet,' ging hij verder. 'Ik heb diverse boeken in mijn leven geschreven en je kunt ervan op aan dat ik weet waar ik het over heb.'

'Maar, Vader, ik heb al ondertekend en ze hebben een hoop geld betaald. Dat is niet meer terug te draaien,' was mijn antwoord.

'Sta je mij toe om de zaak in de hand te nemen? Ik bedoel, dat ik erover bid?'

'Ja, natuurlijk, U weet het absoluut beter dan ik en ik heb het volste vertrouwen in u. Al geloof ik dat het nu te laat is.'

Zijn wil geschiede! Voordat er zelfs ook maar één enkele kopie was geprint, stuurde de uitgever me een brief waarin hij schreef dat ze het hele contract 'ingevroren' hadden tot nader orde. Bam! Dat was de kracht van het gebed, er was een wonder gebeurd. Meer dan 15 jaar later herschreef ik het hele verhaal en realiseerde ik me hoe mondain en misleidend mijn vorige script was geweest. Ik had mijn oude avonturen veel te spectaculair beschreven en bouwde daarmee een monument voor de ego van Klaus. Dank u, Vader, voor uw beschermende kracht. Momenteel heeft u de nieuwe versie in uw handen en kunt u zelf beoordelen of ik erin geslaagd ben alle eer en glorie aan Christus te geven. Ik bied de lezer mijn excuses aan, als dat niet is gelukt. Trouwens, de uitgever in Londen had gelukkig nooit zijn geld terug geëist en was gestopt met zijn handel. Sommige mensen suggereerden mij dat het idee om een boek te schrijven over mijn eigen leven niet gewoonlijk is voor de orthodoxe ziel. Ik kan alleen zeggen, dat de laatste voorbereidingen en de publicatie van het boek werden volbracht onder nauwe begeleiding van een spirituele vader. Ik bid dat het mensen tot Christus zal leiden en het niet een stimulans is om mij te eren.

Na veel uitstel van het idee om mijn eigen memoires te publiceren, bracht ik geruime tijd in de Engelse boekenwinkel van het klooster door. De boeken die ik vond waren een onuitputtelijke bron van leven schenkende wijsheid. Niet alleen de boeken die over het Jezusgebed gingen. De boeken die geschreven waren door ontelbare Kerkvaders waren zo rijk aan inhoud en zo ontroerend, dat ik het gevoel kreeg genoeg spiritueel voedsel voor een heel leven te hebben. Die boeken lezen jou in plaats van omgekeerd. In feite zou het volstaan om er maar één van te lezen: ze herhalen allemaal hetzelfde punt op verschillende manieren; en dit was al zo sinds het begin van het christelijke tijdperk. Zij zijn de 'vertalingen van het Evangelie' in het dagelijkse leven. Als het je lukt één boek te absorberen en de leer ervan in de praktijk om te zetten, dan ben je een heilige. Eén schrijver die ik vooral erg behulpzaam vond was de twintigste-eeuwse Servische bisschop Nikolai Velimirovich die door de kerk als heilig is verklaard.

Op allerlei manieren hielpen alle spirituele boeken die ik las me om te worstelen met de zonde van trots. Trots verjaagt de ziel weg van God. Trots is demonisch en veroorzaakt leed en eenzaamheid; dit kende ik al 36 jaren en in dit klooster bevond ik mezelf ik een trainingskamp voor zachtmoedigheid. Deemoed is het enige rijk, waar de demonen je niet kunnen volgen. Dat is wat ik geleerd had van Vader Zaccharias, een lid van Vader Sophrony's gemeente, die me altijd is bijgebleven. Zoals Vader Zacharia het zegt, deemoed is de hel voor de demonen.

Nu kom ik nog eens terug op die vraag, die mij altijd door andere christenen werd gesteld: 'Waarom gebeurt er niets als ik bid?' Het antwoord ligt uiteraard in het Jezusgebed. Tijdens mijn derde bezoek, stond Vader Sophrony me toe een glimp op te vangen van een 'open mysterie'. In het volgende boek keer ik niet alleen terug naar enkele van onze discussies, maar tevens naar wat hij schreef in zijn boek, *His Life is Mine*, want het vult aan wat ik voorheen misschien ben vergeten te vermelden over onze gesprekken. Wanneer ik notities maakte tijdens en na onze gesprekken, sloeg de Jerondas me liefdevol op mijn schouder en zei:

'Doe geen moeite met notities maken nu. Je zult ze vergeten. Maar wees niet bezorgd, want alles wat we hebben besproken zal je in mijn boeken terugvinden.'

Hij had groot gelijk! Ik weet ook niet hoe, maar tot mijn verdriet ben ik al die papieren met notities kwijtgeraakt, behalve het boek met zijn toewijding aan mij. Dus toen ik dat boek van hem met de titel *His Life is Mine* had uitgelezen, was ik zo aangedaan, dat ik het naar het Duits wilde vertalen. Ik beschouwde Duitsland als een spiritueel arm land. Vanwege Hitler en de nasleep van de oorlog, waren alle grote schrijvers uit Rusland of andere orthodoxe landen naar Frankrijk, Italië of Amerika vertrokken. Met als gevolg dat de rijke en leven schenkende gedachten in de boeken van die geweldige schrijvers in Duitsland nergens te vinden waren (erger nog: ironisch genoeg belandde Heilige Nicolai Velimirovich in een Duits concentratiekamp in Dachau! Maar wist deze gelukkig te overleven). Als geboren Duitser en na onder Duitsers geleden te hebben (ik werd in 1961 gevangengezet toen de Berlijnse muur werd gebouwd, omdat ik uitgerekend op die dag onderweg was naar Berlijn), voelde ik een sterke liefde voor de mensen waarvan ik wilde dat zij ook toegang zouden hebben tot zulke prachtige literatuur.

En dus vroeg ik om de Jerondas zijn zegen voor de vertaling. Om te beginnen glimlachte hij alleen maar—hij moet gedacht hebben 'die arme Klaus heeft geen idee'—maar nadat ik volhield, gaf hij mij zijn zegen. Die zegen had tot gevolg dat ik enorm gesteund werd in het volbrengen van deze taak: twee mensen hielpen me te 'perfectioneren' wat ik min of meer 'imperfect' voor elkaar had gekregen.

Een groot deel van het boek is over het Jezusgebed en alles wat Vader Sophrony me erover geleerd had was nu toegankelijk voor anderen.

Hij zei het volgende:

Het is niet genoeg om het gebed alleen maar met je lippen te zeggen. Het is vooral belangrijk dat je van Hem houdt, tot Wie je je richt. Dit kan niet door het automatisch repeteren van het gebed of zelfs door het alleen te denken. Als we niet met al onze kracht streven om Zijn geboden op te volgen, dan roepen we Zijn Naam voor niets aan. God waarschuwt ons er duidelijk voor om Zijn Naam niet tevergeefs te uiten (Ex. 20,7). Om de Naam van Jezus uit te spreken, moeten we ons niet alleen bewust zijn van de aanwezigheid van de levende God, maar tevens van Zijn ware wijsheid. Als mensen God de schuld geven van alle problemen, oorlogen en ongerechtigheden in de wereld ('waarom laat God het toe?'), dan gebeurt het omgekeerde; de mens kruisigde Jezus alweer, in plaats van dat hij zichzelf kruisigt met al zijn zonden. Want door Zijn vergiffenis zou de mens bevrijd worden van de spijt, waar hij zelf voor verantwoordelijk is. Dit is het hedendaagse drama. Aan de ene kant beschuldigt de mensheid God van al het kwaad in de wereld, terwijl aan de andere kant de christen zijn weg begint met het leren kennen van God om vervolgens voor zichzelf te bepalen of God de schuld heeft of zijn eigen hart.

De korte tijdspanne dat het heden is, die wij 'onze tijd' noemen, is ons gegeven om de weg terug naar het paradijs te vinden, vanwaar we werden verbannen door de zonde van Adam. Johannes de Doper vertelt ons hoe we dat doen (Matt. 4:17): 'Heb berouw, want het Koninkrijk der Hemelen is nabij.' Berouw kun je allen tonen als je je eigen zwakheden kunt toe- geven. En de erkenning van zwakheden is alleen mogelijk als we de Naam van Christus aanroepen in de Heilige Geest. Dit is de navelstreng die ons verbindt met God en waardoor we goddelijke kracht ontvangen, zonder welke we niets kunnen doen. Ik herhaal het nadrukkelijk: dit is onmogelijk bij elke willekeurige meditatietechniek.

Een theologie puur gebaseerd op theorie zonder enige toepassing op de praktijk, dat gebruikmaakt van het intellect in plaats van het hart voor zover het de Naam van Jezus aangaat, heeft altijd een leegte in de harten van christenen gecreëerd. Het is niet genoeg om je alleen de Naam van Jezus te herinneren, mentaal of psychologisch. Een dergelijk gebed is verdane tijd—net zoals dat de gebeden voor materiële winst niet verhoord worden.

De weg uit deze hopeloze wereld is het gebed, en één soort gebed is het 'Jezusgebed', dat enkel effectief is wanneer het in geloof gezegd wordt, wanneer wij onze zonden inzien en wanneer wij om vergeving vragen. Yoga en lichamelijke oefeningen kunnen ons niet bevrijden, ook al proberen sommige geleerden ons daarvan te overtuigen (1 Tim. 4:8); alleen gratie en ons geloof, in combinatie met een eindeloos geduld, zal ons bevrijden. Deze attributen lijken in onze beweeglijke wereld te ontbreken. We willen alles en wel zo snel mogelijk. Esoterisme biedt een belofte op onmiddellijk succes. Ik raad u dringend aan zo'n fout niet te maken. 'Wacht u voor de valse profeten, die tot u komen in schaapskleren, maar inwendig roofgierige wolven zijn' (Matt. 7:17). En zulke wolven hadden niet alleen mij verzwolgen in vorige tijden, maar door de publicatie van mijn boek in vele talen, was ik nu geconfronteerd met het alarmerende drama van mannen en vrouwen, die ten prooi waren gevallen aan de bovengenoemde wolven—zowel binnen als buiten de kerk. Als de algemene en wereldwijde afvalligheid in deze mate doorgaat, dan is het einde der tijden nabij.

Laat mij nog eens terugkeren naar mijn zoektocht door het hindoeïsme en boeddhisme. Dit soort meditatie liet me de 'andere wereld' ervaren en me een rijk binnentreden dat mijn begrip te boven ging. Het was een manier om gedachten uit te wissen, een manier om mezelf in een soort mystieke staat te bevinden buiten tijd en ruimte. Voor een tijd dacht ik wat rust gevonden te hebben en ik had het gevoel dat ik de eeuwigheid aanraakte. Maar de levende God, de God van alle waarheid, was nooit aanwezig bij deze ervaringen, die niets meer waren dan ijdele zelfliefde, waardoor wij monniken onszelf bewonderden—op ijdele wijze—alsof wij het centrum van het heelal waren. Zoals Vader Sophrony het zei: 'De beoefenaar bereikt een zelfvergoddelijking, in plaats van God als goddelijk te zien. Dat was dezelfde strategie die de val van Adam veroorzaakte. Een persoon was op subtiele wijze veranderd in een ding: door onpersoonlijke meditatie, kan men niet langer de persoonlijke God kennen en zo wordt men het slachtoffer van het idee dat men zelf een God is. Zodra hij verblind is door de gefascineerde schoonheid van bovengenoemde ervaringen, is men op weg naar zelfvernietiging, het geloof dat hij kan terugkeren naar de staat van voor zijn geboorte. In de oosterse religies is dat een onpersoonlijke. Men vernietigt zichzelf en wordt niet-bestaand, on-eenheid, terwijl God het tegenovergestelde uitvoert en de mens van een staat van niet-zijn naar een staat van zijn roept, door het IK BEN.

Daarom moet ons gebed altijd persoonlijk zijn, oog in oog. God schiep ons om middels gratie deel te hebben aan Zijn Goddelijke Wezen, *zonder* daarbij onze persoonlijke identiteit te vernietigen. Dit is wat bedoeld wordt met 'onsterfelijkheid' en dat kan worden bereikt als we de wereld kunnen loslaten. Helaas vind ik zowel in de wereld als onder vele verschillende christelijke sektes het tegenovergestelde: niemand probeert de wereld los te laten. Uit alle macht proberen de mensen, priesters en dominees ascetisme, leed en authentieke worsteling tegen wereldse invloeden te vermijden; smoesjes maken hen blind voor Gods plan, wat achter deze fenomenen ligt. Maar de boodschap is duidelijk: we moeten de wereld overwinnen in Jezus. Vervreemd van God zijn we de overwonnenen, slaven van de dood. Daarom is het een dwaze fout, ongeacht de reden, om in handen van valse leraren en profeten te vallen en de wijsheid van de Kerk te vervangen door hun menselijke ideeën en leringen en die Jezus af te wijzen. Op deze manier verandert Liefde voor de medemens in on- gevoeligheid en zelfliefde. Dit leidt tot vervreemding van onszelf, maar ook van degenen om ons heen, en zelfs van de mensheid, die als 'één' door God is geschapen. De grootste vijand van naastenliefde is trots en die heeft grote kracht. We moeten ernaar streven onze trots te overwinnen, want de wens naar macht betekent de dood van de ziel. Als we onze zucht naar macht en trots niet van binnenuit kunnen vernietigen, dan zijn al onze gebeden heiligschennis van de Naam van de Heilige. Deemoed is het enige medicijn tegen trots en lust voor macht, zoals Jezus ons heeft getoond.

Als we met heel ons hart ernaar streven de Aanwezigheid van God en Zijn Woord in het centrum van ons leven te houden, dan zullen we stukje bij beetje van onze zonden, passies en negatieve verbindingen bevrijd worden. Het ware christelijke gebed is het continu aanroepen van de Naam van Christus: 'Heer Jezus Christus, Zoon van God, ontferm u over mij, (een zondaar).' Dit 'gebed van het hart' zoals de Jerondas het steeds weer herhaalde, 'geleerd in goede tijden, is dan effectief op ons sterfbed en als onze hersenen niet langer goed werken. Door het ononderbroken gebed in de Naam van Jezus, kleden we onze ziel voor zijn reis naar het eeuwige leven. Zonder deemoed is geen integer gebed mogelijk. Nederigheid toont ons onze ware zelf.' Vervreemding van God is zijn eigen hel; de toestand waarin ik 36 jaar geleden leefde.

Maar als we onze ware gevallen toestand onder ogen zien en onszelf veroordelen, dan zal God ons rechtvaardigen. Als we excuses vinden om onszelf te rechtvaardigen of anderen verwijten maken, dan zal God ons veroordelen (Matt. 23:12). Dit is het mysterie van het leven: de Gratie van het gebed brengt redding en opent de deur naar het leven na de dood. Dit is het pad 'van het hoofd naar het hart'.

Het doel en de reden van dit boek is om te getuigen over het feit dat vergeving en transformatie altijd en overal mogelijk zijn, ongeacht de omstandigheid, als onze harten geraakt zijn door de liefde van de Vader, de Zoon en de Heilige Geest. De onbeschrijflijke liefde van God zweeft over ons zoals het dat ook deed nog voordat de wereld geschapen was. Wie zijn hart opent, bij hem zal die LIEFDE naar binnen komen, hier en nu.

*Heer Jezus Christus, Zoon van God, ontferm u over mij, een zondaar.*

www.ingramcontent.com/pod-product-compliance
Lightning Source LLC
Chambersburg PA
CBHW071339080526
44587CB00017B/2894